·全国高等院校重点规划教材·
·新时代大学生发展核心素养创新教材丛书·

大学生职业规划与就业创业"5G"体验式教程

主　编	顾定红	徐宏俊	孙　蕾
副主编	姚月霞	谢兆询	杨建国
编　委	刘　峰	吴静梅	刁　婧
	魏开伟	周小云	陈　芬
	魏　伟	李　琦	刘　福
	曹加文	朱　建	王　欢
	陈建隆	刘佳欣	郭　虹
	彭广海	潘纪龙	

北京理工大学出版社
BEIJING INSTITUTE OF TECHNOLOGY PRESS

版权专有　侵权必究

图书在版编目（CIP）数据

大学生职业规划与就业创业"5G"体验式教程／顾定红，徐宏俊，孙蕾主编．—北京：北京理工大学出版社，2019.9(2021.10重印)

ISBN 978-7-5682-7523-1

Ⅰ.①大⋯　Ⅱ.①顾⋯②徐⋯③孙⋯　Ⅲ.①大学生-职业选择-高等学校-教材　Ⅳ.①G647.38

中国版本图书馆CIP数据核字（2019）第190636号

出版发行／北京理工大学出版社有限责任公司	
社　　址／北京市海淀区中关村南大街5号	
邮　　编／100081	
电　　话／（010）68914775（总编室）	
（010）82562903（教材售后服务热线）	
（010）68944723（其他图书服务热线）	
网　　址／http：//www.bitpress.com.cn	
经　　销／全国各地新华书店	
印　　刷／北京虎彩文化传播有限公司	
开　　本／787毫米×1092毫米　1/16	
印　　张／13.25	责任编辑／王艳丽
字　　数／302千字	文案编辑／王艳丽
版　　次／2019年9月第1版　2021年10月第5次印刷	责任校对／周瑞红
定　　价／37.50元	责任印制／施胜娟

图书出现印装质量问题，请拨打售后服务热线，本社负责调换

序

这是一个创造的时代!

这是一个为创业人才提供机会和平台的时代!

20年前硅湖创校时,我就说:硅湖要"培育有多方思维、能力的创业型人才"。

今天,国家号召"大众创业、万众创新",倡导为青年一代人生出彩搭建舞台。

创业,让每一位选择到硅湖读书的孩子们,有了更多发展和成功的机会。

创造,让更多的青年人有了更多的选择权,可以选择做自己喜欢的事,可以去向往的地方。

青年兴则国家兴,青年强则国家强。

做好职业规划,面对各方的挑战,是每个大学生必须郑重作出抉择的人生课题。

人生道路是不平坦的,创业者更是必须具有超乎常人的胆略、勇气、智慧、眼光和承受挫折的毅力。

《大学生职业规划与就业创业"5G"体验式教程》用众多感人案例,由情入理,由感而发,励志立行,为大学生们作了很好的引领和指导。更为可贵的是,书中的"职场箴言"一半以上来自学生的学长,书中18个感人案例有12个是学长的亲身经历!他们把硅湖的校徽擦亮,也会增添学弟学妹们的勇气和自信!

我以他们为傲,也感谢编者的可敬用心!

20年,硅湖的满塘荷花,有时荷叶田田,有时残叶遍野,见证了硅湖创业的艰辛,也见证了硅湖学子的成长。

硅湖始终坚守"立德树人、产学一体,为未来培养创业型人才"的初心。

我相信:只要足够努力,梦想就一定会成为理想,需要的,是去做,而且是现在!

让我们在这里学习奋斗,来日共享跨越圆梦的喜悦。

是为序!

硅湖职业技术学院创办人 翟顺才

前 言

今天的中国，比历史上任何时期都更接近实现中华民族伟大复兴的光辉目标。但是，我们要全面实现建成小康社会奋斗目标，实现社会主义现代化，实现中华民族伟大复兴，就需要一批又一批德才兼备的有为人才为之奋斗。本书正是基于满足社会对大学生职业规划与就业创业指导的新需求而编写的。

为此，本书在以下几个方面做了探索并付出努力。

一、以人为本，关注学生的核心素养

从本质上讲，关注学生的核心素养，就是关注"教育要培养什么样的人"这一最根本的教育问题。本书不只是满足企业的用人需要，更关注学生个人成长与全面发展的需要。从传统教材着重为学生单纯解决就业问题转向关注学生职业和生命的可持续发展，激发个体潜能使其得以发挥，让学生享受职业发展所带来的快乐与幸福。

二、教材内容，注重实践与个体发展

本书在编写过程中，依据《教育部办公厅关于印发〈大学生职业发展与就业指导课程教学要求〉的通知》精神的要求和高职院校大学生认知水平的现状，在有利于学生自身发展的基础上，通过案例、体验和阅读等具体实践活动，引导大学生在"行"与"思"的过程中，结合个人的成长经历与阅历，形成自己独特的人生感悟，避免在认知逻辑上片面理解和"共识"，从而提高教材作为教学内容重要"载体"的有效性。

三、教材结构，采用"5G"体验式教学模式

本书在结构上采用了"5G"体验式教学模式，通过情景模拟和亲历的体验活动，增加学生对课程的学习兴趣和课堂乐趣，在发掘学生潜能的基础上，充分调动学生主动学习的积极性、参与性、创造性。

本书力求形成如下特色：

自主性。本书从感性导言入篇，通过分析点评贴近学生的相关案例，引发学生的兴趣与好奇心；让学生在亲历的体验活动中自我探索，自我感悟，达到自我主动成长的目标。

通俗性。本书对相关知识的介绍简单明了，言简意赅，破除了"满堂灌"冗长纯理论讲解的传统教科书模式。

贯通性。本书将大学生职业生涯规划、大学生就业和大学生创业融为一体，贯通于大学教学全过程，不仅拓宽了学生职场选择与适应能力，也在一定程度上达到了自我能力的提升。

本书视角独特、难度适中，既可作为各类本专科学校的职业生涯规划和就业创业指导课程教材，也可作为职场新人的自学参考用书。

本书在编写过程中，参阅了大量文献资料，吸收了近年来最新的科研成果，在此表以衷心感谢。

由于作者水平所限，书中难免有不当或不妥之处，恳请读者指正。

编　者

目 录

规划篇 ……………………………………………………………………………… （1）

第一章 树立正确的职业价值观 ……………………………………………… （3）

感性导言（1G）：最可取的职业 ……………………………………………… （3）
感人案例（2G） ………………………………………………………………… （4）
感动体验（3G）：职场宣言 …………………………………………………… （9）
感悟分享（4G）：人是要有点精神的 ………………………………………… （11）
感奋践行（5G） ………………………………………………………………… （11）
知识导航：树立正确的职业价值观 …………………………………………… （11）
扩展阅读 ………………………………………………………………………… （18）
练习与思考 ……………………………………………………………………… （20）

第二章 全面提升个人职业能力 ……………………………………………… （21）

感性导言（1G）：我能，我行 ………………………………………………… （21）
感人案例（2G） ………………………………………………………………… （22）
感动体验（3G）：我究竟有多能 ……………………………………………… （25）
感悟分享（4G）：莫给自己设限 ……………………………………………… （27）
感奋践行（5G） ………………………………………………………………… （28）
知识导航：全面提升个人职业能力 …………………………………………… （28）
扩展阅读 ………………………………………………………………………… （33）
练习与思考 ……………………………………………………………………… （43）

第三章 制订完善职业生涯规划 ……………………………………………… （44）

感性导言（1G）：让梦想走进现实 …………………………………………… （44）
感人案例（2G） ………………………………………………………………… （45）
感动体验（3G）：职业规划线 ………………………………………………… （50）
感悟分享（4G）：做自己的主人 ……………………………………………… （51）
感奋践行（5G） ………………………………………………………………… （52）
知识导航：制订完善职业生涯规划 …………………………………………… （52）
扩展阅读 ………………………………………………………………………… （69）
练习与思考 ……………………………………………………………………… （72）

就业篇 ··· （73）

第四章　充分做好就业前的准备 ··· （75）

　　感性导言（1G）：就业，你准备好了吗? ································ （75）
　　感人案例（2G） ·· （76）
　　感动体验（3G）："就业面对面" ·· （80）
　　感悟分享（4G）：积跬步至千里 ·· （83）
　　感奋践行（5G） ·· （84）
　　知识导航：充分做好就业前的准备 ·· （84）
　　扩展阅读 ·· （98）
　　练习与思考 ·· （100）

第五章　磨砺就业素质 ··· （101）

　　感性导言（1G）：造就高素质人才 ·· （101）
　　感人案例（2G） ·· （102）
　　感动体验（3G）："20 年后的我" ·· （106）
　　感悟分享（4G）：期盼 20 年后再相会 ·································· （107）
　　感奋践行（5G） ·· （107）
　　知识导航：磨砺就业素质 ·· （107）
　　扩展阅读 ·· （114）
　　练习与思考 ·· （118）

第六章　胜任职场要求 ··· （119）

　　感性导言（1G） ·· （119）
　　感人案例（2G） ·· （120）
　　感动体验（3G）：职业体验，预见未来的自己 ······················ （123）
　　感悟分享（4G）：胜任职场从体验开始 ································ （124）
　　感奋践行（5G） ·· （125）
　　知识导航：如何胜任职场要求 ·· （125）
　　扩展阅读 ·· （130）
　　练习与思考 ·· （132）

创业篇 ··· （133）

第七章　认真做好创业准备 ··· （135）

　　感性导言（1G）：创业，我来了 ·· （135）
　　感人案例（2G） ·· （136）
　　感动体验（3G）：创业，我行吗? ·· （141）
　　感悟分享（4G）：让人生更加完美 ·· （143）

感奋践行（5G）……………………………………………………（144）
　　知识导航：认真做好创业准备………………………………………（144）
　　扩展阅读………………………………………………………………（152）
　　练习与思考……………………………………………………………（155）

第八章　努力经营创业项目……………………………………………（156）
　　感性导言（1G）：在创业中，书写人生华章………………………（156）
　　感人案例（2G）………………………………………………………（157）
　　感动体验（3G）："错在哪里"………………………………………（161）
　　感悟分享（4G）：打破习惯…………………………………………（163）
　　感奋践行（5G）………………………………………………………（164）
　　知识导航：努力经营创业项目………………………………………（164）
　　扩展阅读………………………………………………………………（175）
　　练习与思考……………………………………………………………（180）

第九章　及时规避创业风险……………………………………………（181）
　　感性导言（1G）：风险无时不在，无处不在………………………（181）
　　感人案例（2G）………………………………………………………（181）
　　感动体验（3G）：创业风险自测……………………………………（186）
　　感悟分享（4G）：应对风险的妙招…………………………………（188）
　　感奋践行（5G）………………………………………………………（189）
　　知识导航：及时规避创业风险………………………………………（189）
　　扩展阅读………………………………………………………………（197）
　　练习与思考……………………………………………………………（199）

参考资料……………………………………………………………………（200）

规划篇

第一章　树立正确的职业价值观

感性导言（1G）：最可取的职业

（背景音乐）

你的理想会通过你未来的职业实现吗？

如何更好地通过自身劳动实现人生价值并创造社会价值？

这些问题是青年大学生最喜欢谈论和思考的话题。搞清这些问题，对于大学生确立人生目标，优化职业选择，实现并创造自己的社会价值，有着极为现实和非常重要的指导意义。

职业价值观指人生目标和人生态度在职业选择方面的具体表现，体现了一个人对职业的认识和态度以及他对职业目标的追求和向往。由于大学生个人的身心条件、年龄阅历、教育状况、家庭影响、兴趣爱好等方面的不同，因此，他们对各种职业都会有着不同的主观评价。从社会方面讲，由于社会分工的发展和生产力水平的相对落后，各种职业在劳动性质的内容上，在劳动难度和强度上，在劳动条件和待遇上，在所有制形式和稳定性等诸多问题上仍存在着较大差别。再加上传统的思想观念等的影响，各类职业在大学生心目中的声望地位便有了好坏与高低之分，这些评价就形成了他们的职业价值观，并影响着他们对就业方向和具体职业岗位的选择。所以，正确的职业价值观是大学生走向职场的第一步，如果这一步偏了，人生都会跑偏。

通过本章的学习，帮助大学生了解职业价值观的内涵与特征，了解职业价值观的演化与变迁，明白大学生职业价值观的特点及存在的问题，从而树立起正确的职业价值观。人们在从事职业时不是作为奴隶般的工具，而是在自己的领域内独立地进行创造；职业中不需要有不体面的行动（哪怕只是表面上不体面的行动），而是怀着崇高的自豪感去从事它；为了人类的完美和幸福而工作，并在这一过程中使自己也达到完美。这就是最可取的职业。

职场箴言

在选择职业时，我们应该遵循的主要指针是人类的幸福和我们自身的完美。不应认为，这两种利益是敌对的，互相冲突的，一种利益必须消灭另一种的；人类的天性本来就是这样的：人们只有为同时代人的完美、为他们的幸福而工作，才能使自己也达到完美。

——马克思

人生要想成功，首先要有明确的目标，目标设立后能执着追求。

——工程管理专业2006届毕业生
正川建筑装饰设计（上海）有限公司总经理陆爱森

感人案例（2G）

案例一

要让更多人买到绿色的农产品

安静

会计115班的学生安静是一个来自乡村的姑娘。

快毕业那年，爸爸有一次打电话给她说：今年家里种了很多红枣，自己吃不完，问同学要不要。当时市场上相继发生了"黑心油""毒米线""毒豆芽""毒凉皮"和三无产品"吸血鬼饮料"等一些食品安全问题。她的脑海中突然就萌生了卖"放心"土特产的想法……

她的信念就是要让城里人能买到纯正的绿色的农产品，确保食品安全，并希望通过自己的努力帮助村里人致富。

想法萌芽的第二天，她就在淘宝网上进行搜索，发现了"土鸡蛋""土猪肉"青菜等农产品琳琅满目，还不乏皇冠卖家，据此推断土特产应该有一定的市场前景。于是，她开始学习淘宝开店知识，学习摄影，还写了创业计划书，就这么说干就干了。

2014年毕业时，她的网店也正式开业了。主要经营红枣、葡萄干、核桃、巴旦木、无花果、特加仑、树上干杏等农家特产。"您好，我们的商品是无添加、无污染，全家都在吃、在用的。"这是她每天回复顾客最多的一句话，也是她引以为自豪的一句话。

刚起步时订单少，她每天骑电瓶车送货到15公里外的市区，再打电话让快递员来取。有一次下雪天骑车摔伤了腿，至今还留有后遗症。

渐渐地订单多了，她买了辆车，不管刮风下雨都准时去送货。很快，她的店铺就拿到了皇冠信誉。

当初开店时曾遥想什么时候能赚到三千元一个月的工资，什么时候有一万元？现在每一个梦想都实现了。下一步，她准备帮助村里人共同致富，对一些产品进行OEM（代加工）

生产，使商品销售越来越旺。

有感而发

快速发展的中国，为青年人干事业提供了足够的空间，只要有志气有闯劲，任何一位普通劳动者都可以在宽广舞台上展示自己的人生价值。刚毕业的女大学生安静择业成功的案例，就充分说明了这一点。

安静通过诚实劳动（获得皇冠信誉）实现了人生梦想，实现了自己的人生价值，在改变了家庭的经济状况的同时，也为他人的健康生活提供了安全服务。开网店卖绿色产品其劳动是光荣的，从事的职业也是光荣的。

作为中国特色社会主义新时代的大学生，我们要大力弘扬劳动精神，坚决反对一切不劳而获、投机取巧、贪图享乐的思想。

叩心自问

（1）学姐安静的职业理想是什么？
（2）为什么说劳动没有高低贵贱之分？

职场箴言

人类是劳动创造的，社会是劳动创造的。劳动没有高低贵贱之分，任何一份职业都很光荣。

——习近平

希望各位同学有了好的想法，就要坚持实施下去。马云说过：梦想是要有的，万一它实现了呢。当然想做到一定效果，还有很长很长的路要走，一起加油吧！

——国际商务专业2012届毕业生
乐活诚品网店主何露

案例二

为了实现有意义的工作

已过而立之年，依然洋溢着青春气息，幽默风趣、平易近人，谈笑间透露出一种邻家大哥的亲切，他就是陈新。经历了社会上一番艰辛打拼，28岁时在众人异样的目光中重返考场，走进了西安科技大学求学。如今，凭着梦想和坚毅又走上通往中科院的直博研究生之路。他，就是西安科技大学的大龄学生陈新。

一、青春梦想才开始，天有不测残忍破灭

2005年，寒窗苦读的陈新考上了攀枝花学院，带着欣喜，揣着梦想，他走进了大学校园，开始了新的生活。然而天有不测风云，2007年底，最疼爱他的爷爷不幸去世，家里的顶梁柱——父亲也因肺病离职，家庭收入的唯一来源终断了。陈新的生活费成了问题。

陈新与儿子的合影

不仅如此,由于要给父亲治病,家里欠下了一大笔外债,家庭的变故,给了陈新巨大的打击,男子汉的眼在流泪,心在流血,他开始失眠,怎么办?人生第一次感受到"生"的艰难。同学们劝他先休学吧,说不定家里好转了,还能来继续完成学业。但他知道,那是遥遥无期的无望等待。是不顾家庭的困难和父母的为难,忍受着良心的谴责继续求学?还是放弃前途和未来,用稚嫩的肩膀扛起这个家?在辗转反侧、日夜煎熬数日后,他终于做了一个艰难、痛苦却义无反顾的决定:放弃学业,支撑家业。

二、谋生路上尝尽苦涩艰辛,重振信心无悔人生

退学后,陈新从家乡湖南来到广州,开始了打工之旅。苦的、累的,只要能赚钱,什么样的活他都不在乎,他头脑中只有一个念头:让这个家富裕起来,让家人不再过苦日子。上天偏爱有心人,他的努力与孝心,不仅改变了家庭经济状况也迎来了姑娘的芳心,2010年陈新有了自己的新家,也欣喜地为人之父了。

陈新在感受人生幸福的同时,更感到肩上责任的重大。为了让家人过上更好的生活,他开始在极具危险性的土木行业打工,并且辗转6年之久。在寻求事业上的进步时学历始终是一道门槛,他四处碰壁,遭人白眼与歧视,每天在岗位上重复着危险而枯燥的工作成了陈新唯一的选择。

工作虽然艰辛乏味,但不能停止前进的脚步,凭借踏实肯干、勤奋好学的品格,陈新在公司站稳了脚跟,并被提拔为公司的基层管理人员,工资也比刚入职时有了很大的提高,过上了衣食无忧的小日子。

沿海大城市的纸醉金迷,太容易让人迷失自我,每当夜幕降临,灯火阑珊时,他望着窗外灯红酒绿喧闹嘈杂的马路,心里都很迷茫、痛苦。夜深人静时,有份遗憾总是不由自主浮上心头:难道就这样默默地过一辈子吗?曾经的梦和远方呢?追求梦想还是继续谋生?人生的又一次艰难的抉择摆在面前。无数次的犹豫与彷徨之后,陈新迈出了勇敢的一步。他说服了家人,做出了一个大家难以理解的决定:放弃现在的工作,重整旗鼓,考大学!

  2013年，陈新带着激动又沉重的心情，肩负着家庭的责任与亲人的希望，以及人生的赌注，开始重新拿起课本复习备考。信念像一把火，燃烧的热情使他不知疲倦，八个月来，他每天早上五点起床，晚上一点睡觉，最终，功夫不负有心人，他以超过湖南省一本线30分的成绩考入了西安科技大学地质与环境学院。

  2014年9月，陈新拿着录取通知书来到了西安科技大学，时隔7年，他重返大学校门，这一次，他褪去了8年前青春年少的稚嫩外衣，取而代之的是坚毅和从容。28岁，和比他小很多的弟弟妹妹坐在同一个教室里，陈新没有感到难为情。"每个人想走的路不同，我要学习，我需要时间去充实自己，我想让孩子看到他的父亲是一个勇于承担责任的男人，希望他可以选择自己喜欢的工作，做有意义的事回报社会，而不是像我之前那样被迫谋生。"在新的大学，陈新跟他的新同学说。

  从此，大家被他的故事感动，开始佩服身边的这位和蔼又倔强的大哥哥。在教室、图书馆、实验室、校园里看到的都是他勤奋而忙碌的身影，消瘦的身体、旺盛的精力、永远使不完的劲。

  经过社会的洗礼的陈新深知求学不易，成家后重返校园学习，要肩负的责任使他的学习之路充满坎坷。为了保证完成学业的同时照顾好家庭，他周末兼职家教，寒假在超市打工，暑假时间较长，他就远赴沿海城市打工。

  2015年4月孩子因为疏于照顾被开水烫伤，得知消息后，陈新内心充满了自责，"走上这条追梦的路，是不是得不偿失呢？"陈新第一次对自己重返校园的决定感到懊悔。陈新将自己做家教赚来的全部积蓄1000多元寄回家里，但是还是远远不够儿子的治疗费用。危难之际，学校、同学们向陈新伸出了援助之手帮助他渡过难关。同学和老师的鼓励坚定了他求学的信心，重重的困难并没有浇灭他心中的梦想，陈新把对家人孩子的愧疚和学校的感激化作了前进的动力。

三、汗水浇灌出了鲜花，结出了硕果

  陈新下定决心要把曾经"浪费"的时间全都"抢"回来。别人在朋友圈秀吃喝玩乐时，他在图书馆认真读书学习；别人在玩"王者荣耀"时，他在教室独自钻研高数题。陈新对数学有一种与生俱来的热情和天赋，他像一匹永不停息的骏马，奔跑在梦想的田野上，拼命追逐着前方的太阳。他在数学的海洋里遨游，越来越游刃有余，凭借高数考试100分（满分100分）、大学物理考试99分（满分100分）的成绩让同学们刮目相看。一次性通过了英语四级、六级考试，智育和综合在专业排名一直第一，先后获得一次国家奖学金、两次国家励志奖学金、四次一等奖学金、孙越崎奖学金、三好学生标兵、感动校园人物等，并在学科竞赛上获得全国大学生竞赛二等奖、陕西省高数竞赛二等奖、地质技能竞赛二等奖、化学实验竞赛优秀奖等。作为班长，他所在的班级经常被评为学校的十佳班级，优秀团支部。

  2017年10月，一个惊人的喜讯传来，陈新被保送到了中国科学院，攻读直博。今天的陈新经过了知识海洋的徜徉与浸润，重新绘出了人生的蓝图。他坚信能在地质工程专业上取得更大的成就。这一切都像是一场梦。他与过去苦难的岁月挥手告别了，一条新的人生大道铺就在眼前。只要积极上进、坚忍不拔、永不言弃，梦想就在前方！带着身边的同学一起学习、一起进步，陈新的梦想从最初只想考大学变成后来的读研读博的坚定信念。梦想有时候

太遥不可及，但信念却是让梦想绽放的最肥沃的土壤。

陈新说："我知道我和周围的学生相比，浪费了很多时间，因此我很缺时间。也知道每个年龄段都有自己应该做的事，当然承担的责任也不同，自己承受的压力很大，所以当我选择了要做这件事的时候就会全力以赴。"

陈新最喜欢的一句话是龙应台的《亲爱的安德烈》中所说的"孩子，我要求你读书用功，不是因为我要你跟别人比成绩，而是因为，我希望你将来会拥有选择的权利，选择有意义、有时间的工作，而不是被迫谋生。当你的工作在你心中有意义，你就有成就感。当你的工作给你时间，不剥夺你的生活，你就有尊严。成就感和尊严，给你快乐。"

（资料来源：新浪教育。原题为：《"大龄学生"求学记：28岁重新高考31岁保送直博生》）

有感而发

每个人都会拥有一份自己的职业，但这份职业是用来谋生还是创造更大的社会价值，不同的人会有不同的选择。对于案例中的陈新而言，恰是两者兼而有之。当家中遇到突发变故有难时，他，男儿当自强，主动放弃学业谋职求生与养家。

而当陈新经过6年多的拼搏，终于过上了衣食无忧的好日子时，他却选择了放弃工作重回校园读书。这为的是什么？

为的是实现自己的理想，获得一份钟爱的职业，为人类创造更大的社会价值，实现工作的意义和快乐。

亲爱的同学们，从陈新身上，你是否悟到：生活中无论遇到任何困难，都要矢志不移的坚持人类的幸福和我们自身的完美，未来要靠我们在职场中创造。

叩心自问

（1）从本案例中，你得到了什么启示？

（2）你上大学的职业梦想是什么？如何实现它？

职场箴言

各级教育，应于训练上一律励行劳动化，使青年心理上确立尊重职业之基础，且使获得较正确之人生观。

——蔡元培

每个毕业生都有过宏大的理想，都想过成为一名成功人士，但更多的注定要脚踏实地地做一名普通人。就业后我们与社会正面接触，不再像在学校里时能够得到老师的庇护。一切从小事做起，从点滴做起，不能好高骛远；少埋怨、少空谈、多干实事；对工作负责、对目标负责，对自己负责。

——汽车运用技术专业2012届毕业生
中国人民财产保险公司昆山中心支公司查勘定损员丁古全

感动体验（3G）：职场宣言

体验活动：

【活动目的】

（1）通过目标激励，让学生树立正确的职业价值观；

（2）通过体验，让学生互相传递正能量；

（3）通过体验，让学生树立不断完善自我、超越自我，为自己的职业目标不断努力的信心。

【活动准备】

（1）有桌椅的多媒体教室一个。

（2）笔人手一支。

（3）活页讲义人手一本。

【活动过程】

哈佛大学是美国本土历史最悠久的高等学府，也被公认为是当今世界最顶尖的高等教育机构之一。这所闻名遐迩的大学有三个非常著名的测试，其中有两个都和"理想"有关。如何让自己的理想通过自己的职业来实现呢，我们通过如下活动，首先为自己树立正确的职业价值观。

一、人生目标测试

有一年，一群意气风发的天之骄子从美国哈佛大学毕业了。他们的智力、学历、环境条件都相差无几。在临出校门前，哈佛对他们进行了一次关于人生目标的调查。结果是这样的：27%的人，没有目标；60%的人，目标模糊；10%的人，有清晰但比较短期的目标；3%的人，有清晰而长远的目标。

以后的25年，他们各自在生活中打拼。25年后，哈佛再次对这群学生进行了跟踪调查。结果又是这样的：3%有清晰且长远目标的人，25年间他们朝着一个方向不懈努力，几乎都成为社会各界的成功人士，其中不乏行业领袖，社会精英；10%有清晰但比较短期的目标的人，他们的短期目标不断地实现，成为各个领域中的专业人士，大都生活在社会的中上层；60%目标模糊的人，他们安稳地生活与工作，但都没有什么特别成绩，几乎都生活在社会的中下层；剩下的27%的人，他们的生活没有目标，过得很不如意，并且常常抱怨他人、抱怨社会、抱怨这个"不肯给他们机会"的世界。

二、学习动机调查

1960年，有学者对哈佛大学商学院1520名学生做了学习动机的调查，就一个题目：你到哈佛商学院上学就是为了赚钱，还是为了理想？结果有1245个人选择了"为了赚钱"，占到了81.9%，有275人选择了"为了理想"。

有意思的是，20年之后，人们对这1520名学生做了跟踪调查，结果让人大吃一惊：受调查的1520名学生中有101名成了百万富翁，而其中100名当时选择的是"为了理想"。

从上面的两个测试我们可以看出：人活着，应该有理想，因为有理想就有追求，生活才会有动力和方向。生活或是学习，累了的时候，不妨停下来，想一想自己想做些什么，想得到些什么，自己所希冀的一种生活应该是什么状态！

理想不宜太空太泛，不然离生活太远，会带来挫败感；亦不宜过于现实，否则享受不到它带给你的宁静以及实现时的那份喜悦。理想可以平凡，但不能庸俗。切实的理想应该是这样的。望之不似太远，触之不可即得，这样每付出一分努力，你都能切实地感觉到它离你近了。你踮一踮脚仿佛就能触及，你不断地踮脚，生活就总是处在不断地喜悦之中，同时也充满了希望。

有人把人生比作是一场自导自演的戏。那么，人生"剧本"就是我们的人生规划，主题就是我们的人生志向，主角就是我们为自己选定的人生角色，导演就是我们自己。

亲爱的同学们，你为自己选定过人生角色吗？你的理想又是什么？你的职业价值观是什么？你的职业会帮助你实现自己的理想吗？带着这样的问题，我们开始进入本次的体验活动："职场宣言"。

我的职场宣言

我是第____组的_____，我来自____（家乡）____的_____家庭，今天我要以一名大学生的身份，在这里大声宣告：

我的职场理想是成为一名_____（我要成为一个_____的人）为了实现这个人生目标，从今天起

我要_____；

我要_____；

我要_____；

我要_____；

为了实现这个人生目标，我需要树立_____的职业价值观。

总之，我要成为一个有能力、有担当的人，只有这样，我才能在职业生涯中真正实现自己的梦想！

同学们，请相信我！

宣告人：　　　　日期：

证明人：　　　　日期：

所有同学写好职场理想宣言之后，需签上自己的名字和日期，并在班级中找一位最信任的人作为自己的证明人。

每个小组在组长的带领下向自己的组员大声宣读自己的职场宣言，读完之后其他组员说："×××，我们相信你！"（在小组中宣读职场宣言时，可起立或站在椅子上。）

每个小组派一位代表上台向全班同学分享自己的职场宣言，读完后其他同学大声回答说："×××，我们相信你！"

感悟分享（4G）：人是要有点精神的

(1) "人是要有点精神的"这"精神"指的就是"理想、追求"。

理想信念是大学生心灵世界的核心，是大学生成人成才的思想关键。那么如何在自己的职业生涯中实现自己的理想，是我们需要思考的问题。如果我们已经确立了目标，有些可以实现，有些却永远是梦想；如果我们能力足够或更努力的话，有些理想就有可能不仅是梦想，而是变为现实，需要的是：去做，而且是现在。但是，还有一个前提，那就是在正确的职业价值观的引导下。通过刚才的体验活动，大家反思一下自己：

①你的职业价值观正确吗？
②你的职业会帮助你实现自己的理想吗？
③如何把职场宣言化为现实？
④你在本次活动中的感受是什么？

(2) 指导教师要求学生以小组为单位进行活动交流。
(3) 由各小组推荐或自荐一名同学上台进行大组分享。

职场箴言

只要你有一件合理的事去做，你的生活就会显得特别美好。

——爱因斯坦

一个人不管将来从事什么岗位，担任的职务有多么卑微，只要认定自己的目标，少一分抱怨，多一分坚持，那么是金子就一定会发光的。

——建筑工程造价专业2012届毕业生
浙江天瑞项目管理有限公司余杭分公司咨询部经理方敏强

感奋践行（5G）

《《《《《 知识导航：树立正确的职业价值观

第一节　大学生职业价值观的内涵与特征

生涯大师舒伯（Super，1970年）认为，职业价值观是个人追求的工作有关的目标，即个人在职业上所看重的工作特质或属性。它是个人价值观对职业相关问题的认知。大学生职业价值观是当代大学生选择职业的一种内心标尺，它反映了大学生择业心态、择业行为以及职业信念，也反映了他们的职业人生的认知以及对自己职业发展的意义的理解。职业价值观决定了大学生对职业的期望，影响着他们对职业方向和职业目标的选择，也决定着他们就业后的工作心态和劳动绩效水平,从而决定了他们的职业发展。

职业价值观的具体表现为:哪个职业好?哪个岗位适合自己?我的职业发展是如何?它具有以下特征:

(1) 个体差异性。由于每个人的年龄、教育、家庭、兴趣爱好等方面的不同,对各种职业有着不同的认识。对职业好坏的评价,都是建立在自身需要的基础之上的,由于每个人的需要存在差异性,个人职业价值具有个体差异性,因此每个人对职业的追求也不一样。

(2) 相对稳定性。价值观的形成与人们的世界观和人生观紧密联系。它是随着人们认知能力的发展,在环境、教育的影响下,逐步培养形成的。人的价值观一旦形成,便会相对稳定。但当自身状况和外界环境发生较大变化时,职业价值观也会随之而变。

(3) 阶段性。人的思想观念会随着不同时期和不同阶段有所变化,职业价值取向也会相应地呈现出不同的类型。从职业人生来看,大多数人的职业价值观是具有阶段性的,特别是随着某一阶段的自身需求满足后,新的职业价值观也就会随之产生并确定下来。

第二节 大学生职业价值观的演化与变迁

20世纪70年代末,我们国家实施改革开放的基本国策,整个社会不仅经历了经济体制的巨大变革,传统意识形态和价值观念亦受到巨大冲击。故从20世纪80年代开始,青年一代的职业价值观便成为研究热点。由于当时大学生就业实行国家"统包统分"制度,就业过程中自主选择余地小,故专门针对单个大学生的职业价值观研究较少,更多研究关注整个青年群体。中国社科院社会学研究所的一项调查表明,这一时期的青年职业价值观有两个重要特点:一是在职业选择中注重"自我实现"取向;二是职业评价中肯定不同职业的社会声望,但具体择业时"经济收入"往往更多被考虑。针对这两方面特点,有学者进行了深入分析并认为青年一代职业选择考虑的因素虽然是"个人兴趣、抱负",但由于我们国家当时尚未建立自由流动的职业体系,因此真正进行职业选择时,需要考虑的是如何放弃这些兴趣、抱负、特长以适应现实的职业结构。也就是在这种情况下,"经济收入"才被作为放弃"个人兴趣、抱负"的一种补偿成为青年的一种替代性价值选择。可见,由于就业制度的限制,这一时期大学生职业价值观中的个性需求尚处于被压抑状态。

进入20世纪90年代,大学生就业打破传统的"国家分配",转向"自主择业",新的就业制度以及当时社会经济的变革发展,使得大学生的职业价值观发生了巨大改变,表现出几个显著特点:第一,职业风险意识更强,有调查表明70%以上的大学生愿意选择"收入高,但有失业风险的工作";第二,就业倾向于金融系统和三资企业,国有企业受冷落,主要原因在于前者"经济收入"更具竞争优势;第三,功利主义倾向初现端倪,73%的毕业生概括自己的职业选择是所谓的"新三到"(到国外去,到沿海去,到赚钱最多的地方去)。而工作单位级别、地位、知名度、规模大小以及是否容易成名成家等都被列入"最不重要"的因素。可见,随着我们国家从计划经济逐步向市场经济转变,大学生的职业价值观发生了巨大变化,"现实主义倾向"逐步取代"理想主义倾向",择业过程中竞争意识、风险意识、自我意识得到彰显。

21世纪初，高校扩招使大学生面临越来越严峻的就业形势。而大学生职业价值观研究随着大学生"就业难"问题的加剧而变得日趋重要，诸多学者开始探索大学生职业价值观的评价工具，并展开系统研究。金盛华等在深度访谈和问卷调查基础上，建立了分为目的和手段的大学生职业价值观模型，并认为不同的目的性职业价值观会导致相同或不同的手段性职业价值观。龙立荣等提出并论证了大学生择业的社会生态模型，认为在中国制度背景和传统文化情境下，大学生择业决策的影响因素除了个人的职业自我属性外，外部提供的职业机会、外部就业机会的社会生态价值也是人们非常注重的优化匹配因素。吕厚超等则认为发展促进、家庭关照、企业状况、人事状况、职业保健、企业声望、生活享受、个人声望等是大学生职业价值观的八个维度。可以看出，进入21世纪，大学生职业价值观呈现出多元化的发展趋势，择业过程中注重自我、家庭、社会多方位的价值需求。

第三节　大学生职业价值观的特点及存在问题

一、大学生职业价值观的特点

（一）价值取向多元化，并具有矛盾性社会转型时期

大学生的职业选择处于不可避免的矛盾冲突之中：一方面，个人主体意识凸显，强调自我价值实现和物质经济因素。另一方面，深受集体主义和奉献精神的传统价值观教育，尊崇无私奉献、为人民服务的精神，同时又适逢拜金主义和功利主义引致的诱惑，喜欢挑战，期待实现自我价值，同时又受困于自己的保守思想而缺乏动力等。

（二）择业自主性增强，更加注重自我价值的实现

关于大学生择业方面的调查数据不约而同地显示出，自我才能的发挥、发展前途、与兴趣匹配与否等成了大学生在择业期间注重的因素。除此之外，工作单位的生存和人文环境、领导素质也成为考虑的范畴。上述自我意识的增强，体现了大学生在职业观念上的进步，关注自身的发展为职业生涯注入了动力。

（三）择业观与时俱进，选择更加务实，更富于时代感

现如今，职业的社会声望与社会地位等社会性因素在职业评价中的重要性有所下降，经济因素虽举足轻重但也退居其次，人们开始越来越多地重视个人发展和个人价值的实现。社会在进步，民主与权力意识在提高，大学生们的职业价值观也表现出强烈的时代感，大学生们更加务实，肯定个人的合理需要和利益。必须警惕的是，对金钱、物质财富、实惠的追求应保持合理的"度"。经济效益、工资待遇、经济收入如果成为当代大学生选择职业的首要标准，那么大学生的职业价值观就会从对权力的盲目崇拜走向对物质和金钱的盲目崇拜。

二、大学生职业价值观存在的问题

大学生职业价值与社会主义核心价值观倡导的价值观有一定的重合度，其主流价值观是积极向上的，但也存在偏离社会主导价值观的部分，主要表现为以下几个方面。

(一)职业目标定位不清晰

大学生对于专业的选择存在模糊概念,所学专业往往不是结合自身性格等选择的,而是随大流或听从家长意见。进入大学后,在专业学习的过程中,一方面注重自我感觉体验,用零碎、片面的信息判断专业发展及自身发展,产生消极情绪;另一方面,由于对职业环境缺乏了解,对自身专业的职业要求、岗位需求、职业前景缺乏重视,没有明确认识到自己在职业生活中的地位、权利、义务,尤其是对所学专业的存在价值和社会作用不甚了解。因此,大学生在职业选择上,呈现出选择的自我矛盾和多变现象。既希望能够学得一技之长,为以后就业提供保障,但又对自己所学专业没有兴趣,对以后从事的行业没有明确定位。大学生初入职场时,往往需要在一线岗位进行高强度劳动,因缺乏长期的职业目标与动力,重复的工作使他们看不到希望,频繁跳槽,错失积累职业发展所需经验的机会。

(二)职业决策能力不足

大学的价值观教育有利于锻炼学生独立思考、明辨是非和解决问题的能力。职业决策是指个体对自己将要从事的职业做出的选择,也是大学生必然面临的问题。在决策过程中,需要考虑自身的优势和劣势,并据此搜索相对应的职业信息,权衡各种可能选择的职业道路,做出最终决定。关于大学生职业决策自我效能的调查研究发现,他们对自身的职业决策信心总体处于中等偏上水平;而且,随着问题难度增加,自我效能感分数在降低。这与大学生的独立解决问题能力相关,受传统教育模式注重文本成绩的影响,大学生独自解决现实问题的训练机会不多,因此,在遇到重大决策时,大学生首先倾向于向亲人和朋友寻求帮助和意见,或是向经验较多者寻求有效解决问题的办法,而在求职就业过程中,如果外界的帮助有限,大学生不能也没有足够的信心做出有效的判断。

(三)职业精神缺失

随着社会的发展,劳动市场的评价标准逐步从资历、能力转向素质。职业精神是从事相关行业的素质的体现,包括对职业人基本的职业道德和作为专业人员的行业规范的认识。目前,大学生所具备的职业精神与社会要求还存在一定的差距。一项企业对已就业大学生职业精神的调查显示:企业对毕业生的"职业精神"的总体评价一般,认为大学生"职业精神"良好的仅占22.68%,20.08%的企业认为"职业精神"差。究其原因,一方面,受社会部分不正确职业价值观的影响,追求物质利益的过程中,出现忽视诚实守信、爱岗敬业、公平正义职业精神要求的现象;另一方面,受学校教育的影响,学生专业方面的职业精神教育有所欠缺,或教育方式方法陈旧不能取得较好的效果。对于大学生自身来说,职业精神教育只有在职业实践中才能呈现效果,而很难从日常成绩实现反馈,从而淡化了职业精神的重要性。

第四节 大学生如何树立正确的职业价值观

一、职业价值观的分类

根据不同的划分标准,人们对职业价值观的种类划分也不同。美国心理学家洛特克在其所著《人类价值观的本质》一书中，提出 14 种价值观：成就感、审美追求、挑战、健康、收入与财富、独立性、爱、家庭与人际关系、道德感、欢乐、权利、安全感、自我成长和社会交往。我国学者阚雅玲将职业价值观分为以下 12 类。

（1）收入与财富。工作能够明显有效地改变自己的财务状况，将薪酬作为选择工作的重要依据，工作的目的或动力主要来源于对收入和财富的追求，并以此改善生活质量，显示自己的身份和地位。

（2）兴趣特长。以自己的兴趣和特长作为选择职业最重要的因素，能够扬长避短、趋利避害、择我所爱、爱我所选，可以从工作中得到乐趣、得到成就感。在很多时候，会拒绝做自己不喜欢、不擅长的工作。

（3）权力地位。有较高的权力欲望，希望能够影响或控制他人，使他人照着自己的意思去行动；认为有较高的权力地位会受到他人尊重，从中可以得到较强的成就感和满足感。

（4）自由独立。在工作中能有弹性，不想受太多的约束，可以充分掌握自己的时间和行动，自由度高，不想与太多人发生工作关系，既不想治人也不想治于人。

（5）自我成长。工作能够给予受培训和锻炼的机会，使自己的经验与阅历能够在一定的时间内得以丰富和提高。

（6）自我实现。工作能够提供平台和机会，使自己的专业和能力得以全面运用和施展，实现自身价值。

（7）人际关系。将工作单位的人际关系看得非常重要，渴望能够在一个和谐、友好甚至被关爱的环境工作。

（8）身心健康。工作能够免于危险、过度劳累，免于焦虑、紧张和恐惧，使自己的身心健康不受影响。

（9）环境舒适。工作环境舒适宜人。

（10）工作稳定。工作相对稳定，不必担心经常出现裁员和辞退现象，免于经常奔波找工作。

（11）社会需要。能够根据组织和社会的需要响应某一号召，为集体和社会做出贡献。

（12）追求新意。希望工作的内容经常变换，使工作和生活显得丰富多彩，不单调枯燥。

二、职业分类

职业专家通过大量的调查，从人们的理想、信念和世界观角度把职业分为 9 大类：

1. 自由型（非工资工作者型）

特点：不受别人指使，凭自己的能力拥有自己的小"城堡"，不愿受人干涉，想充分施展本领。

相应职业类型：室内装饰专家、图书管理专家、摄影师、音乐教师、作家、演员、记者、诗人、作曲家、编剧、雕刻家、漫画家等。

2. 经济型（经理型）

特点：他们断然认为世界上的各种关系都建立在金钱的基础上，包括人与人之间的关系，甚至父母与子女之间的爱也带有金钱的烙印。这种类型的人确信，金钱可以买到世界上所有的幸福。

相应职业类型：各种职业中都有这种类型的人，商人为甚。

3. 支配型（独断专行型）

特点：相当于组织的一把手，飞扬跋扈，无视他人的想法，为所欲为，且视此为最大的快乐。

相应职业类型：进货员、商品批发员、旅馆经理、饭店经理、广告宣传员、调度员、律师、政治家、零售商等。

4. 小康型

特点：追求虚荣，优越感也很强。很渴望能有社会地位和名誉，希望常常受到众人尊敬。欲望得不到满足时，由于过于强烈的自我意识，有时反而很自卑。

相应职业类型：记账员、会计、银行出纳、法庭速记员、成本估算员、税务员、核算员、打字员、办公室职员、统计员、计算机操作员等。

5. 自我实现型

特点：不关心平常的幸福，一心一意想发挥个性，追求真理。不考虑收入、地位及他人对自己的看法，尽力挖掘自己的潜力，施展自己的本领，并视此为有意义的生活。

相应职业类型：气象学者、生物学者、天文学家、药剂师、动物学者、化学家、科学报刊编辑、地质学家、植物学者、物理学者、数学家、实验员、科研人员等。

6. 志愿型

特点：富于同情心，把他人的痛苦视为自己的痛苦，不愿干表面上哗众取宠的事，把默默地帮助不幸的人视为最大的快乐。

相应职业类型：社会学者、导游、福利机构工作者、咨询人员、社会工作者、社会科学教师、护士等。

7. 技术型

特点：性格沉稳，做事组织严密，井井有条，并且对未来充满平常心态。

相应职业类型：木匠、农民、工程师、飞机机械师、野生动物专家、自动化技师、机械工、电工、火车司机、公共汽车司机、机械制图员等。

8. 合作型

特点：人际关系较好，认为朋友是最大的财富。

相应职业类型：公关人员、推销人员、秘书等。

9. 享受型

特点：喜欢安逸的生活，不愿从事任何挑战性的工作。

相应职业类型：无固定职业类型。

三、确定职业价值观的因素

对自己的价值观,特别是对职业价值观进行分析时,我们可以参照学者们所提出的价值观类型与职业分类,看自己到底属于哪一种,何种职业更适合于自己。据此,来确定自己的职业价值观中主要的因素是什么。

第一,发展因素。包括符合兴趣爱好、机会均等、公平竞争、工作有挑战性、能发挥自身才能、工作自主性大、能提供培训机会、晋升机会多、专业对口、发展空间大、出国机会多等,这些职业要素都与个人发展有关,因此称之为发展因素。

第二,保健因素。包括工资高、福利好、保险全、职业稳定、工作环境舒适、交通便捷、生活方便等,这些职业要素与福利待遇和生活有关,因此称之为保健因素。

第三,声望因素。包括单位知名度、单位规模和权力大小、行政级别和社会地位高低等,这些职业要素都与职业声望地位有关,因此称之为声望因素。

职业价值观是一个复杂的多维度的心理因素,对职业的选择和衡量有多种要素的参与,但各要素起的作用是不同的。从当前的实际来看,许多调查显示,大学生的职业价值观越来越重视发展因素,而对保健因素和声望因素的重视程度则因人而异,差别较大。

四、正确处理五大关系

大学生在制订自己的职业规划和相关策略时,必须处理好职业价值观不同要素之间的关系,并根据不同时期、不同情况明确自己的职业核心需求。

第一,处理好职业价值观与金钱的关系。

金钱是一种成就的报酬,它是在确定职业价值观时首先要面对的问题。有些经济条件不太好的大学毕业生在求职时,将金钱作为首选价值观,从根本上讲这并未有错。但是对于一些人来说,拥有的知识、能力、经验和阅历还不足以使其一走上社会就获得大量金钱回报。怀有一夜暴富的心理是不正常的,更是危险的,容易被社会上的不法分子利用,甚至误入歧途。特别是面对严峻的就业形势,更应理性地降低对金钱的期望值,把眼光放远一些,应尽可能地将自我成长和自我实现作为在毕业求职时的首选价值观。

第二,处理好职业价值观与个人兴趣和特长的关系。

职业价值观、个人兴趣和特长是人们在择业时需要考虑的最重要的三个因素。在确定价值观时,一定要考虑它是否与自己的兴趣和特长相适应。据调查,如果一个人从事自己不喜欢的工作,有80%的人难以在他选择的职业上成功;而如果选择了自己喜欢的工作则可以充分调动人的潜能,获得职业发展的源动力。此外,选择一项自己擅长的工作,也会事半功倍。

第三,处理好职业价值观的排序与取舍的问题。

职业价值观的特性决定人们不会只有唯一的职业价值观,人性的本能也会驱使人们希望什么都能得到,但在现实生活中"鱼和熊掌是不可兼得的"。然而在职业选择中,人们却不能理性对待。既然是选择,就要付出代价,只有舍,才能得。所以,要对自己的职业价值观进行排序,找出你认为最重要、次重要的方面,并提醒自己不可能什么都得到。否则就会患得患失,终其一生也不清楚自己到底想要什么，更谈不上职业生涯的成功和对社会的贡献了。

第四，处理好职业价值观中个人与社会的关系。

人不能离开社会而独立存在，个人只有在工作中为社会做贡献才能实现自己的职业价值。当然我们并不是说要忽略择业中的个人因素，只去尽社会责任，这样不但不利于个人，也是社会的损失。例如，让一个富于科学创造力、不善言辞的学者去从事普通的教师工作，可能使国家损失一项重大的发明，而社会不过多了一个也许并不出色的老师。因此，我们反对只为个人考虑、毫不考虑国家和社会需要的职业价值观。

第五，处理好淡泊名利与追逐名利的关系。

当一个人有了名利才有资格去谈淡泊，没有名利说淡泊那叫"吃不到葡萄说葡萄酸"。名利是人的欲望使然，欲望可以使人成就大的事业，也可使人自我毁灭。以合理、合法、公正、公平的方式追名逐利在一定程度上对个人对社会都会有益，但它需要一定的度，该知足时则知足，该进取时则进取。

《《《《《 扩展阅读

青年在选择职业时的考虑

马克思

自然本身给动物规定了它应该遵循的活动范围，动物也就安分地在这个范围内运动，不试图越出这个范围，甚至不考虑有其他什么范围存在。神也给人指定了共同的目标——使人类和他自己趋于高尚，但是，神要人自己去寻找可以达到这个目标的手段；神让人在社会上选择一个最适合于他、最能使他和社会得到提高的地位。

能这样选择是人比其他生物远为优越的地方，但是这同时也是可能毁灭人的一生、破坏他的一切计划并使他陷于不幸的行为。因此，认真地考虑这种选择——这无疑是开始走上生活道路而又不愿拿自己最重要的事业去碰运气的青年的首要责任。

每个人眼前都有一个目标，这个目标至少他本人看来是伟大的，而且如果最深刻的信念，即内心深处的声音，认为这个目标是伟大的，那它实际上也是伟大的，因为神决不会使世人完全没有引导的人；神总是轻声而坚定地作启示。

但是，这声音很容易被淹没。我们认为是灵感的东西可能须臾而生，同样可能须臾而逝。也许，我们的幻想油然而生，我们的感情激动起来，我们的眼前浮想联翩，我们狂热地追求我们以为是神本身给我们指出的目标；但是，我们梦寐以求的东西很快就使我们厌恶——于是我们的整个存在也就毁灭了。

因此，我们应当认真考虑，所选择的职业是不是真正使我们受到鼓舞？我们的内心是不是同意？我们常受到的鼓舞是不是一种迷误？我们认为是神的召唤的东西是不是一种自欺？但是，不找出鼓舞的来源本身，我们怎么能认清这些呢？

伟大的东西是光辉的，光辉则引起虚荣心，而虚荣心容易给人以鼓舞或者一种我们觉得是鼓舞的东西。但是，被名利弄得鬼迷心窍的人，理智已经无法支配他，于是他一头栽进那不可抗拒的欲念驱使他去的地方；他已经不再自己选择他在社会上的地位，而听任偶然机会和幻想去决定它。

我们的使命绝不是求得一个最足以炫耀的职业，因为它不是那种使我们长期从事而始终不会感到厌倦、始终不会松劲、始终不会情绪低落的职业，相反，我们很快就会觉得，我们的愿望没有得到满足，我们的理想没有实现，我们就将怨天尤人。

但是，不只是虚荣心能引起对这种或那种职业突然的热情。也许，我们自己也会用幻想把这种职业美化，把它美化成人生所能提供的至高无上的东西。我们没有仔细分析它，没有衡量它的全部分量，即它让我们承担的重大责任；我们只是从远处观察它，而从远处观察是靠不住的。

在这里，我们自己的理智不能给我们充当顾问，因为它既不是依靠经验，也不是依靠深入的观察，而是被感情欺骗，受幻想蒙蔽。然而，我们的目光应该投向哪里呢？在我们丧失理智的地方，谁来支持我们呢？

是我们的父母，他们走过了漫长的生活道路，饱尝了人世辛酸。——我们的心这样提醒我们。

如果我们通过冷静的研究，认清所选择的职业的全部分量，了解它的困难以后，我们仍然对它充满热情，我们仍然爱它，觉得自己适合它，那时我们就应该选择它，那时我们既不会受热情的欺骗，也不会仓促从事。

但是，我们并不总是能够选择我们自认为适合的职业；我们在社会上的关系，还在我们有能力对它们起决定性影响以前就已经在某种程度上开始确立了。

我们的体质常常威胁我们，可是任何人也不敢藐视它的权利。

诚然，我们能够超越体质的限制，但这么一来，我们也就垮得更快；在这种情况下，我们就是冒险把大厦建筑在松软的废墟上，我们的一生也就变成一场精神原则和肉体原则之间的不幸的斗争。但是，一个不能克服自身相互斗争的因素的人，又怎能抗拒生活的猛烈冲击，怎能安静地从事活动呢？然而只有从安静中才能产生出伟大壮丽的事业，安静是唯一生长出成熟果实的土壤。

尽管我们由于体质不适合我们的职业，不能持久地工作，而且工作起来也很少乐趣，但是，为了恪尽职守而牺牲自己幸福的思想激励着我们不顾体弱去努力工作。如果我们选择了力不胜任的职业，那么我们决不能把它做好，我们很快就会自愧无能，并对自己说，我们是无用的人，是不能完成自己使命的社会成员。由此产生的必然结果就是妄自菲薄。还有比这更痛苦的感情吗？还有比这更难于靠外界的赐予来补偿的感情吗？妄自菲薄是一条毒蛇，它永远啃噬着我们的心灵，吮吸着其中滋润生命的血液，注入厌世和绝望的毒液。

如果我们错误地估计了自己的能力，以为能够胜任经过周密考虑而选定的职业，那么这种错误将使我们受到惩罚。即使不受到外界指责，我们也会感到比外界指责更为可怕的痛苦。

如果我们把这一切都考虑过了，如果我们生活的条件容许我们选择任何一种职业，那么我们就可以选择一种使我们最有尊严的职业；选择一种建立在我们深信其正确的思想上的职业；选择一种能给我们提供广阔场所来为人类进行活动、接近共同目标（对于这个目标来说，一切职业只不过是手段）即完美境地的职业。

尊严就是最能使人高尚起来、使他的活动和他的一切努力具有崇高品质的东西，就是使他无可非议、受到众人钦佩并高出于众人之上的东西。

但是，能给人以尊严的只有这样的职业，在从事这种职业时我们不是作为奴隶般的工具，而是在自己的领域内独立地进行创造；这种职业不需要有不体面的行动（哪怕只是表面上不体面的行动），甚至最优秀的人物也会怀着崇高的自豪感去从事它。最合乎这些要求的职业，并不一定是最高的职业，但总是最可取的职业。

但是，正如有失尊严的职业会贬低我们一样，那种建立在我们后来认为是错误的思想上的职业也一定使我们感到压抑。

这里，我们除了自我欺骗，别无解救办法，而以自我欺骗来解救又是多么糟糕！

那些主要不是干预生活本身，而是从事抽象真理的研究的职业，对于还没有坚定的原则和牢固、不可动摇的信念的青年是最危险的。同时，如果这些职业在我们心里深深地扎下了根，如果我们能够为它们的支配思想牺牲生命、竭尽全力，这些职业看来似乎还是最高尚的。

这些职业能够使才能适合的人幸福，但也必定使那些不经考虑、凭一时冲动就仓促从事的人毁灭。

相反，重视作为我们职业的基础的思想，会使我们在社会上占有较高的地位，提高我们本身的尊严，使我们的行为不可动摇。

一个选择了自己所珍视的职业的人，一想到他可能不称职时就会战战兢兢——这种人单是因为他在社会上所居地位是高尚的，他也就会使自己的行为保持高尚。

在选择职业时，我们应该遵循的主要指针是人类的幸福和我们自身的完美。不应认为，这两种利益是敌对的，互相冲突的，一种利益必须消灭另一种的；人类的天性本来就是这样的：人们只有为同时代人的完美、为他们的幸福而工作，才能使自己也达到完美。

如果一个人只为自己劳动，他也许能够成为著名学者、大哲人、卓越诗人，然而他永远不能成为完美无疵的伟大人物。历史承认那些为共同目标劳动因而自己变得高尚的人是伟大人物；经验赞美那些为大多数人带来幸福的人是最幸福的人；宗教本身也教诲我们，人人敬仰的理想人物，就曾为人类牺牲了自己——有谁敢否定这类教诲呢？

如果我们选择了最能为人类福利而劳动的职业，那么，重担就不能把我们压倒，因为这是为大家而献身；那时我们所感到的就不是可怜的、有限的、自私的乐趣，我们的幸福将属于千百万人，我们的事业将默默地、但是永恒发挥作用地存在下去，而面对我们的骨灰，高尚的人们将洒下热泪。

《《《《《 练习与思考

（1）你将如何处理个人兴趣与职业价值观之间的关系？

（2）通过阅读，谈谈如何树立正确的职业价值观。

第二章　全面提升个人职业能力

感性导言（1G）：我能，我行

（背景音乐）

一技在手，天下我有。

不吃饭则饥，不学艺则愚。

天下名山僧占多，世上百行技工贵。

星星使天空绚烂夺目，技能使终生立足不愁。

这些最平凡的话语都在告诫我们同一个浅显的道理，人没有一技之长便很难立世。换种角度说，我们要想养家糊口，要想有尊严地生活，必须有一技在身。大国工匠里的各位大拿们不仅是我们民族的骄傲，更是亿万年轻人崇拜和学习的楷模。

通过本章的活动体验，激发学生内在的潜能和动力，充分认识到人的潜能是无限的。职业能力也不是一成不变的，要在不断实践的基础上逐步提高与发展。正如俗话所说：没有做不到，只有想不到。只要我们努力人人皆可成才，如果我们更努力一点，个个都可成大拿。

通过本章的学习，帮助大学生了解职业能力的内涵与特征，了解职业能力的地位与拓展，了解与掌握职场必备的十项基本能力，以帮助大学生全面提升个人职业能力，从而在未来激烈的职场竞争中谋得先机，发挥专长，贡献力量，为社会创造价值。在国家需要的时候，证明自己：我能，我行。

职场箴言

要树立正确人才观，培育和践行社会主义核心价值观，着力提高人才培养质量，弘扬劳动光荣、技能宝贵、创造伟大的时代风尚，营造人人皆可成才、人人尽展其才的良好环境，努力培养数以亿计的高素质劳动者和技术技能人才。

——习近平

刚进公司时，我就像海绵一样不断地学习着新的知识，学习着如何做人，如何做事，学会与人合作。尽自己最大的努力去快速地做好师傅交代的每一件事，学会用不同的方法去处理不同的事。我最大的满足和成绩是得到师傅的肯定与认同。

——汽车运用技术专业2012届毕业生
广汽本田昆山前进店事故接待员沈燕

感人案例（2G）

案例一

第一个干"OM"的人

范永振

范永振是我校原建筑工程系2009级建筑工程技术专业学生，在校期间严格要求自己，积极要求进步；学习刻苦勤奋，曾是国家励志奖学金的获得者。

2011年，学校与苏州皇家整体住宅系统股份有限公司开展第一批"木结构订单班"的校企合作，专门为企业培养培训木结构建筑方向的人才，范永振同学怀着对低碳环保节能木结构的热爱，认定了木结构建筑将来的发展前景，积极报名并通过考察成了校企合作"木结构订单班"的首批学员。

进入公司实习时，他兢兢业业，任劳任怨，在老师和专家的指导和帮助下，业务能力不断提高。他的工作态度和学习能力很快得到了公司领导与同事的认可，并被推荐为公司代表到日本参加木结构建筑技术学习与培训。

入职以后，他曾经和同事一起在武进低碳示范小镇工地工作，当时公司新引进的日本OM太阳能设备，通过改变空气温度使室内气温长时间保持人体舒适度。这是最新引进的环保设备，当时的公司还没有安装能力，他就把去日本的学习成果和部门同事分享，并经领导批准，由他组织团队负责安装。

在这三个月里他既是技术员，又是工人，吃住在工地。因为前期设备供应商与设计师缺少交流，所以在施工中遇到了各种问题：现场情况和设计有出入；主体结构给设备预留的洞口不符；屋面设备不能用吊机吊装；设备安装好后不能正常运行……在这些问题面前他没有退缩，而是通过沟通协调逐步解决问题，最终圆满完成了既定任务。他个人也得到了公司的嘉奖。

有感而发

苏州皇家整体住宅系统股份有限公司是一家引进国外木结构建筑理念和技术，倡导绿色、环保、节能的木结构建筑公司，是国内低碳环保节能建筑领域著名公司，公司先后被认定为"江苏省省级技术中心""江苏省高新技术企业""苏州市创新先锋企业"，参与了《木结构施工技术规范》等多部国家规范、行业标准和施工工法的制定。公司的木结构建筑项目曾获得国内最高奖"鲁班奖"，多次获得联合国生态组织、加拿大木业协会、世博会组委会等组织颁发的特别奖。

范永振能在这样优秀的企业中取得骄人的成绩实属不易，没有两把"刷子"绝对不行。这两把"刷子"一是高技能，二是高素质。他是所有实习大学生中唯一被推荐到日本参加木结构建筑技术学习与培训的学生，具备了该职业所需要的较高的个人职业能力，有着比其他人更丰富的理论与实践经验。同时，他热爱自己的职业，乐于学习，勤奋工作，善于沟通，有着较高的职业素质。

叩心自问

（1）你从学长范永振身上学到了什么？
（2）在今天的中国，为什么人人都可以成才？

职场箴言

要引人敬意，就要研究一个十分专业的领域，在那个领域中，你是最顶尖的，至少是中国前十名，这样无论任何时候你都有话说，有事情可做。我俞敏洪原来想成为中国研究英语的前几名，但之后发现根本不可能。因此我就背单词，用一年的时间背诵了一本英文词典，成为中国单词专家，此刻我出版的红宝书系列，从初中到GRE词汇有十几本，年销量万册，稿费比我正式工作都高得多。

——俞敏洪

发展才是硬道理，学习是迈向成功的通行证。终身学习是在当今快速发展的社会中立足的资本，只有不断地学习和探索，才不被社会所淘汰。如果一个人不创新、不前进、不长大、不进步，只有"死路一条"。

——工程造价专业2012届毕业生
常州常建项目管理有限公司建筑监理潘树峰

案例二

学生+董事长

苏州靓尚广告传媒有限公司董事长史鑫亮

2013年，市场营销专业大一学生史鑫亮发现，微信拓展应用具有很大的商机。当时，微信的"圈子营销"模式已获得众多商家青睐，可是急缺打造平台的技术人员。

史鑫亮看准了这个市场，借助父母给的2万元启动资金，开始了一边读书一边创业的艰难行程。他接的第一单业务是为一家餐饮连锁店开发微信平台业务。用户只要登录该店的公共平台，就能查询餐厅信息、订餐、点菜，到店即可开吃。他用了一个多月的时间顺利完成了业务，除去制作成本后，第一桶金赚了1万多元。随后，他又成功拿下了江南公社、文峰美容美发等企业打造公众企业微信平台的订单。

当时，好的微信平台开发设计费用通常在4万~5万元，随着市场竞争的激烈，杀价愈演愈烈，甚至跌到了2万元。因为，做这种项目从技术上讲就是在不断重复，并无核心竞争力，更无法做强做大。他开始思考第一次转型……

在一次微型企业培训会上，有个老板说他们有自己的微信，却不会管理。史鑫亮抓住商机，公司转型做运营管家。两个多月中，相继和7个商家签约，涉及餐饮、租车、酒店、KTV等多个领域。

同做微信项目的一次性服务比，做运营管理后效益显著。客户可以选择根据粉丝数量付费，也可以选择按月缴纳微信管理月费。比如，通过粉丝数量盈利就是通过帮客户建立和维护微信平台，多一个有效粉丝就可提成0.5~1元不等。公司转型后开始迅速发展，他也进入到实习阶段，办公场所也从学生宿舍搬到了苏州吴江区黎里镇的一个商业大厦，团队人数飙升到了60多人。可此时，史鑫亮却在思考第二次转型——整合小企业组建大平台。

微信服务重在驾驭。你可以帮十家、百家公司做运营，但那都是在帮别人做，没有自己的核心竞争力。要建立自己的核心竞争力，就必须打造自己的平台，并把客户吸引到这个平台上。

于是，史鑫亮开始着手调整原有的业务板块，与相关企业强强联合，全力打造一个智慧社区平台，在这个平台上包含了市民吃穿住用行涉及的方方面面。史鑫亮认为，微信的平台价值在于背后的庞大用户数据资源，而要想获得这样的数据资源首先就要做好市民的服务工作。比如和街道办合作，市民以后可以直接连接到街道办信息系统，进行各项政务信息查询。如今，该项目已经通过内测并上线运营，公司的发展由此进入了一个新的时期。

有感而发

2013年的校园里创业者寥寥无几，大一的学生史鑫亮无疑是一个弄潮儿。

史鑫亮不仅是一个弄潮儿还是一个幸运儿。因为大学生这个群体社会实践经验与能力都比较欠缺，导致许多大学生创业项目在创业初期就自行夭折，即便在"大众创业"和"万众创新"的今天也是如此。

史鑫亮之所以幸运，除了家庭的帮助和指导外，主要靠的是个人的能力和良好的职业素质。

所以，本案例启示我们，现在社会人才济济，竞争激烈，大学生只有全面提升个人职业能力和职业素养，才能保证自己在未来激烈的职场竞争中立于不败之地或有一席之地。

叩心自问

（1）从学长的案例中你得到了哪些收获？

（2）你是如何看待大学生在校创业的？

职场箴言

职业教育，将使受教育者各得一技之长，以从事于社会生产事业，藉获适当之生活；同时更注意于共同之大目标，即养成青年自求知识之能力、巩固之意志、优美之感情，不惟以之应用于职业，且能进而协助社会、国家，为其健全优良之分子也。

——黄炎培

今天的就业就是积累明天创业的资本。大众创业，万众创新，创业应该是年轻人走入职场的一种常态，专注你所擅长的、内心真正喜欢的，不要害怕创业的压力，要充满自信并且脚踏实地，学会总结分析自己的不足去改变它。

——服装设计专业2012届毕业生

劲霸男装（上海）有限公司内搭品设计师陈克明

感动体验（3G）：我究竟有多能

体验活动：

【活动目的】

（1）通过体验让学生提高认识自我的能力。

（2）通过体验让学生寻找展现自我的优势。

（3）通过体验让学生挖掘发现自我的潜能。

【活动准备】

（1）呼啦圈5个。

（2）学生需着运动服，运动鞋。

（3）记录簿5本。

（4）《金琳琳呼啦圈》视频。

（5）配备助教一名。

【活动过程】

（1）指导教师提问全体男同学："一分钟，你能做标准的俯卧撑多少个？"很多男同学都会举起手抢着回答。

指导教师可以分别请不同小组的3到5位同学来回答，助教老师对学生的回答要做好相应的记录。如：有同学说可以做20个，有同学说可以做30个等。

指导教师请参与回答的同学到台上集合站成一排。他们代表各自的小组，当着全体同学的面，现场PK做俯卧撑。

同时，安排几位同学分别作为记时员和记录员。

当记时的同学发出开始的指令后，对应的记录员要分别记下他们的成绩。

当台上的同学PK时，台下的同学为自己的小组加油呐喊鼓劲。

一分钟时间到。

担任记录员的同学现场公布对应队员的成绩。

在大多数情况下，学生所做的俯卧撑个数会远远超出他在赛前所报的数字。

（2）指导教师请现场的同学认真地想一想，仔细地猜一猜，一分钟俯卧撑最多能做多少个。

学生中没有人回答能超出100个的，大多数人的回答在50和70之间。

指导教师：根据青年网2014年1月18日的一则新闻报道中公布的信息为一分钟俯卧撑世界纪录199个。

闻听此言，学生都炸开了锅：哇，这么多呀！

在一片惊诧声中，助教从后台送上几只呼啦圈到台上。

（3）指导教师面向全体同学发问：一分钟内，你能转呼啦圈多少圈？

这一次同学们似乎胆子大了许多，有人说：50、60、80，没有人低于50以下，最多的报了100个。

指导教师以小组为单位，请报出数字的同学登台，进行五人一组的PK。

同时，安排几位同学分别作为计时员和记录员。

当记时的同学发出开始的指令后，对应的记录员要分别记下他们的成绩。

当台上的同学PK时，台下的同学为自己的小组加油呐喊鼓劲。

时间到。

担任记录员的同学现场公布对应小组的成绩。

这一次实际运动的数字和预报的数字出入不是太大，多数同学都基本完成了任务，个别同学还估"冒"了。

指导教师：这一次我不问大家一分钟转呼啦圈最多能转多少圈了，我问大家一次最多能同时转起多少个呼啦圈？

同学们都小心翼翼地不再抢答了。

老师微笑着说：好，不用大家费心猜了，请看大屏幕。

助教开始播放《金琳琳呼啦圈》视频。

指导教师：视频中的女孩叫金琳琳，1988年6月11日出生，黑龙江省哈尔滨人。小姑娘自八岁起开始练习呼啦圈，并自此对呼啦圈入迷。她给自己定下的第一个目标就是要挑战同时转动213个呼啦圈的吉尼斯世界纪录。2006年，金琳琳在中央电视台《想挑战吗？》栏目中挑战成功，同时转动了242个呼啦圈。2007年3月14日，金琳琳在湖南卫视《谁是英雄》栏目中的现场表演中，同时转动246个呼啦圈，打破世界纪录。2007年5月1日，在中央电视台《挑战群英会》中，再次刷新世界纪录：280条呼啦圈持续旋转21秒。2009年9月20日，金琳琳在中央电视台《想挑战吗？》栏目中，再度现场刷新自己的纪录，同时转动285个呼啦圈，并且坚持了20秒。2011年2月2日在中央电视台春节晚会上她同时转动呼啦圈305个，并坚持了23秒，再次刷新由金琳琳自己保持的吉尼斯世界纪录。

金琳琳以纤纤细腰将超过她体重一半多的三百多个金属呼啦圈，腾空旋转起来。数百条呼啦圈瞬间变成一座闪闪发光的金属罩。人不见了，只有一股银色旋风，悬空而立，呼呼生风，令人难以置信。画面如银蛇飞舞，给人以震撼的视觉冲击，可谓美不胜收。

但比这个画面更令人惊叹的是金琳琳为什么能一次次地超越自己。

感悟分享（4G）：莫给自己设限

（1）指导教师体验活动感悟分享提示语（参考）：

人生最可悲的莫过于没有生存希望及目标；人生最可怕的是给自己设限。改变命运的不是机遇而是我们的认知和态度。有些事，相信自己能，也就能了；相信自己行，也就真的行了。有些事情不是我们做不到，只是我们没想到。

①当你在体验活动中突破自己后，你有什么样的感觉（指导教师着重请前后对比反差最大的同学上台谈活动感受）？

②金琳琳一次次的自我突破让你明白了什么？

③本次体验活动你有哪些收获？

（2）指导老师要求学生以各小组为单位进行活动交流。

（3）由各小组推荐或自荐一名同学上台进行大组分享。

职场箴言

要么全力以赴地干，要么早点滚蛋，在任何一个位置混日子迟早会有人拿你开刀，你要明白，做企业不是做慈善，如果你愿意被慈善，我建议你去要饭。

——董明珠

努力学习，不断进取，全面提高自身专业素质是今后走入职场必不可少的一环。技术水平的提高；管理方式的改善；责任感、集体荣誉感的培养；安全知识的学习；个人的综合素质的提高，这些东西都要靠平时努力学习，一点一滴的积累，忌拔苗助长事倍功半。

——服装设计专业2017届毕业生
莎美娜服装制衣有限公司助理设计师王玉洁

感奋践行（5G）

《《《《《 知识导航：全面提升个人职业能力

第一节　职业能力的内涵与特征

一、职业能力概念

职业能力是人们从事某种职业的多种能力的综合。职业能力主要包含三个部分：职业品格、职业技能、职业知识。职业技能是职业能力的核心，职业知识是运用职业技能的基础，而职业品格是决定职业技能的内在因素。由此，职业能力可以定义为个体将所学的知识、技能和态度在特定的职业活动或情境中进行类化迁移与整合所形成的能完成一定职业任务的能力。

二、职业能力分类

由于职业能力是多种能力的综合，因此，我们可以把职业能力分为一般职业能力、专业职业能力和综合职业能力。

一般职业能力。一般职业能力主要是指一般的学习能力、文字和语言运用能力、数学运用能力、空间判断能力、形体知觉能力、颜色分辨能力、手的灵巧度、手眼协调能力等。此外，任何职业岗位的工作都需要与人打交道，因此，人际交往能力、团队协作能力、对环境的适应能力，以及遇到挫折时良好的心理承受能力都是我们在职业活动中不可缺少的能力。

专业职业能力。专业职业能力主要是指从事某一职业的专业能力。在求职过程中，招聘方最关注的就是求职者是否具备胜任岗位工作的专业能力。例如：你去应聘教学工作岗位，对方最看重你是否具备最基本的教学能力。

综合职业能力。这里主要介绍国际上普遍注重培养的"关键能力"，主要包括四个方面：

1. 通用能力（跨职业的专业能力）

从以下三方面可以体现出一个人跨职业的专业能力：一是运用数学和测量方法的能力；二是计算机应用能力；三是运用外语解决技术问题和进行交流的能力。

2. 方法能力

一是信息收集和筛选能力；二是掌握制订工作计划、独立决策和实施的能力；三是具备准确的自我评价能力和接受他人评价的承受力，并能够从成败经历中有效地吸取经验教训。

3. 社会能力

社会能力主要是指一个人的团队协作能力、人际交往和沟通的能力。在工作中能够协同他人共同完成工作，对他人公正宽容，具有准确裁定事物的判断力和自律能力等，这是胜任岗位和在工作中开拓进取的重要条件。

4. 个人能力

随着中国经济体制改革的深入、法制的不断健全完善，人的社会责任心和诚信将越来越被重视，一个人的职业道德会越来越受到全社会的尊重和赞赏，爱岗敬业、工作负责、注重细节的职业人格会得到全社会的肯定和推崇。

三、核心职业能力

核心职业能力应具有以下特征。

1. 专业精通性强

精通性是核心职业能力的最显著特征。它要求从业者有较高的专业素养，熟知工作流程中任何一个环节，能快速发现并合理解决问题，工作效果好。

2. 专业的可塑性强

随着科学技术的进步，从业者面临的将是一个充满变化的工作环境，要求从业者有较强的适应专业变化的能力，熟知专业发展现状，并能合理预测专业发展的趋势等。

3. 能力的单一性，是一个或相关的几个能力

核心职业能力宜少、宜专、宜强，不可滥、散、弱，否则就不能称为核心职业能力。这种能力可能体现在一方面或与此相关的几个方面，但涉及面相对有限，其贵在专。就某个具体专业而言，其必然包含基础职业能力和专业职业能力，基础职业能力范围较宽，专业职业能力要求较窄，核心职业能力多指专业职业能力。

核心职业能力强调专业的岗位性、专业性、精通性，是从事专项工作所必需的技术能力，往往直接与专业岗位有关。关键能力强调的重点是基础性、通融性，是种通识能力。核心职业能力强调专业的精通性，而不求知识的广博性，提倡"一招鲜，吃遍天"，反对"样样通、样样松"。

第二节 职业能力的地位与拓展

一、职业能力是胜任其职业岗位的必要条件

任何一个职业岗位都有相应的岗位职责要求，一定的职业能力则是胜任某种职业岗位的必要条件。因此，求职者在进行择业时，首先要明确自己的能力优势以及胜任某种工作的可

能性。条件允许的情况下，可以由专业职业指导人员帮助分析，根据求职者的学历状况、职业资格、职业实践等来确定求职者的职业能力，必要时可以通过心理测试作为参考，在基本确定求职者的职业能力和发展的可能性的基础上帮助求职者进行职业选择。

二、职业实践和教育培训是职业能力发展的前提

1. 职业实践促进职业能力的发展

职业能力是在实践的基础上得到发展和提高的，一个人长期从事某一专业劳动，能促使人的能力向高度专业化发展。例如，计算机文字录入人员，随着工作的熟练和经验的积累，录入的速度会越来越快，准确性也会越来越高。个体的职业能力只有在实际工作中才能不断得到发展、提高和强化。

2. 教育培训促进职业能力的提高

个体职业能力除了在实践中磨炼和提高之外，另外最有效的提高途径就是接受教育和培训。像我们所熟悉的职业教育、专科教育、大学本科教育、研究生教育等，学生通过专业学习有关知识和技能，对以后更好地胜任本职工作会有极大的帮助。此外，职业培训已经日益走入人们的生活，在广大劳动者的职业生涯中发挥着重要作用。专家认为，职业培训热是我国经济社会发展的必然。对国家而言，劳动者素质和企业竞争力的提高，无疑是经济发展社会进步的最大推动力量。

3. 职业能力、职业发展与职业创造间的关系

职业能力是人的发展和创造的基础。前面讲到能力是成功地完成某种任务或胜任工作的必不可少的基本因素，没有能力或能力低下，就难以达到工作岗位的要求，不能胜任。个体的职业能力越强，各种能力越是综合发展，就越能促进人在职业活动中的创造和发展，就越能取得较好的工作绩效和业绩，越能给个人带来职业成就感。

第三节 职场必备十项基本能力

大学生进入职场除了要有专项的职业技能外，还需具备十项基本通用能力，才能在职场中做到游刃有余，脱颖而出。

一、善于沟通的能力

要有"一言兴邦"的沟通能力，知道如何用最合适的方式表达，知道哪些话该说，哪些话不该说。成功的沟通是双向的，既要有好的表达能力，也要有好的倾听能力。只有沟通，并且善于沟通，才能更好地了解对方，建立良好的人际关系。

二、慎独自律的能力

一个自律的人，会让目标决定自己的行为，而非他的情绪。面对金钱的诱惑时，他能想到"君子爱财，取之有道"；面对工作还是娱乐的选择时，他能果断地对享受说"不"。高

度自律的人懂得"断舍离"，会更加专注在自己的目标上。

三、高效工作的能力

在同样的时间里，谁能更好更快地做好工作，谁就能创造更多价值。面对大大小小的各类工作事项，要学会合理安排规划。在上班之前，可以按轻重缓急给工作排序；在工作结束之后再进行整理回顾，看看哪些地方还可以提高效率。

四、终身学习的能力

学无止境，要摸索适合自己的学习方法。要不断开动脑筋，懂得灵活变通。要善于借鉴他人好的学习技巧，让自己不断进步。还要培养自己的创新能力，在职场中，面对一个问题时不拘泥于传统经验，而是会开动脑筋，想出多种解决办法，并选择最佳方案。

五、掌控时间的能力

时间就是金钱，要掌握个人时间的主导权。要做到守时，无论上班、下班、约会都要守时。这既是一种礼貌的体现，更是一种自我素质的体现。现在的守时最好在约定时间10分钟以内到达或完成，太早和太迟都不好。守时在工作中表现为按时完成工作任务，不拖延，不懈怠。

六、独立思考的能力

不要随波逐流，要有鉴别能力，别人的观点只能作为参考，最终还是要自己做决定。要培养自己的科学思维，学会客观、全面、辩证地看问题，这样在做选择时就不会那么犹豫不决。要学会和自己独处，静下心来反思，做你自己最好的朋友。

七、抵抗压力的能力

要锤炼自己的心理素质，练就一颗平常心，不以物喜，不以己悲。在工作取得成绩时能不浮躁，在工作遇到挫折时能不气馁。要从小事做起，脚踏实地，一步一个脚印，把小事做好，才能做大事。

八、团队合作的能力

团队精神，就是大局意识、服务意识和协调意识"三识"的综合体。优秀员工会先集体后个人，秉承团队精神，让所在集体形成"1+1大于2"的效果。他们会做到相互信任，相互包容，相互补台，相互谦让。

九、敢于负责的能力

要有对工作负责的责任感。在面对急难险重的任务时要挺身而出，勇挑重担。在面对问题、出现失误时不掩饰、不找借口，主动承认错误并分析失误原因。有责任会让一个员工在工作中不断完善自我，不断进步。

十、平衡生活的能力

要善于在工作和生活之间找到一个平衡点，不要把工作上的压力带回家。留出休整的空间；与他人交谈倾诉、阅读、冥想……在工作之外可以培养一种有益身心的兴趣爱好，持之以恒地交替应用你喜爱的方式并建立理性的习惯，逐渐体会它对你身心的裨益。

第四节　大学生职业能力的综合测评

一、职业能力测评的重要作用

职业能力测评是人才素质测评的重要组成部分，是大学生就业过程中正确定位、充分发挥自己潜能、实现人生抱负、走向成功的关键步骤，是大学生职业生涯规划指导工作的有效手段。

各种职业对人的能力的要求各不相同，而人的能力也存在很大的个体差异。因此，如果大学生能对自己的职业能力做出恰当的评价，就可以结合自己的职业兴趣，选择适合自己的职业，并在选定的职业中充分施展自己的才华和优势，还可以利用在校期间学习的机会积极补充相应欠缺的能力。因此，将职业能力测评应用到大学生职业生涯教育中是非常必要的。

在影响职业选择的内在因素中，能力中的技能部分是可以通过有意识的努力和练习来改变的。因此，对技能部分的培养和塑造有助于大学生更有针对性地进行自我规划，更独立地择业。

二、职业能力测评的具体应用

（1）运用能力测评，可以使学生了解自己在能力方面的差距，从而不断改进和提高自身能力。

大学生职业能力本质上是一种表现力，是毕业生把握并获取就业机会、赢得欣赏的实际能力和竞争优势。它包括工作能力、适应能力、求职能力，还包括职业素养、相关实践经验、心理承受能力、交流沟通能力、应变能力、抗挫能力、敬业精神、合作能力、意志品质和健康心理等。因此，提升就业能力，要求学生不仅要专注专业知识的学习，更需要锻炼和加强其他各方面的能力，以增强在职场中的竞争力，其中，提升职业能力是大学生自我发展的关键点。笔者曾选取了一所学校，在新生入校时对其进行自我认知的问卷调查，结果显示80%的学生对自己的专业以及未来要从事的职业不明确。因此，笔者认为，在进行职业生涯规划教育时，可以引进职业能力测评系统。学生完成能力测评后，报告会列出其最擅长的技能，并对这些技能给出适当的解释。学生可以通过对自己擅长的技能和未来职业对技能的要求的比较，有针对性地进行补足，同时可以发挥自己能力的优势，为将来的职业发展打好坚实的基础。

（2）运用测评，学生能够了解社会普遍看重的能力及各个职业对能力的具体要求，做到知己知彼。

以北森公司的 CareerSky 大学生职业规划系统为例来说，在技能探索部分，该系统从六个方面引导学生进行自我探索。这六个方面分别是：学习技能、解决复杂问题能力、资源管理技能、社交技能、系统技能和技术技能。并在每个学生测评报告中列出当前工作市场上普遍"热门"的能力，即预算管理、公共（人际）关系、督导（促）他人、公共评论写作、公众演讲、组织/管理/调整、应对最后期限的压力、与他人面谈、磋商/仲裁、教学/教导。同时，在职业探索中，该系统列出了各类职业在能力方面的具体要求，学生既可以了解各行业需求的能力，也可以了解自己所学专业将来要从事的职业的要求，以便有目的地加以培养和锻炼，增加就业竞争力。

（3）运用能力测评，可以帮助学生明确未来人生的奋斗目标，确立职业发展方向。

大学生的职业生涯规划要真正产生作用，必须制订出合理的行动规划，而合理行动规划的制订首先要以找到职业目标与自身现实的差距为前提。当一个人的能力和工作的要求相匹配时，最容易发挥自己的潜能，并且获得一种满足感。相反，当一个人去做自己力所不及的工作时，就会感到焦虑，甚至产生挫败感。运用能力测评系统，学生在完成能力测评后，系统会根据测评结果给出适合的职业选择，学生可以据此认清形势，准确定位，合理规划大学的学习，提高就业满意度。

《《《《《 扩展阅读

大学四年应是这样度过
李开复

今天，我回复了"开复学生网"开通以来的第 1000 个问题。关掉电脑后，始终有一封学生来信萦绕在我的脑海里，挥之不去。

开复老师：

就要毕业了。回头看自己所谓的大学生活，我想哭，不是因为离别，而是因为什么都没学到。

我不知，简历该怎么写，若是以往我会让它空白。

最大的收获也许是……对什么都没有的忍耐和适应……

这封来信道出了不少大三、大四学生的心声。大学期间，有许多学生放任自己、虚度光阴，还有许多学生始终也找不到正确的学习方向。当他们被第一次补考通知唤醒时，当他们收到第一封来自应聘企业的婉拒信时，这些学生才惊讶地发现，自己的前途是那么渺茫，一切努力似乎都为时已晚……

这"第四封信"是写给那些希望早些从懵懂中清醒过来的大学生，那些从未贪睡并希望把握自己的前途和命运的大学生，以及那些即将迈进大学门槛的未来大学生们的。在这封信中，我想对所有同学说：大学是人一生中最为关键的阶段。从入学的第一天起，你就应当对大学四年有一个正确的认识和规划。为了在学习中享受到最大的快乐，为了在毕业时找到自己最喜爱的工作，每一个刚进入大学校园的人都应当掌握七项学习：自修之道、基础知识、实践贯通、兴趣培养、积极主动、掌控时间、为人处事。只要做好了这七点，大学生临到毕业时的最大收获就绝不会是"对什么都没有的忍耐和适应"，而应当是"对什么都可以有的自信和渴望"。只要做好了这七点，你就能成为一个有潜力、有思想、有价值、有前途的快乐的毕业生。

大学：人生的关键

大学是人生的关键阶段。这是因为，进入大学是你终于放下高考的重担，第一次开始追逐自己的理想、兴趣。这是你离开家庭生活，第一次独立参与团体和社会生活。这是你不再单纯地学习或背诵书本上的理论知识，第一次有机会在学习理论的同时亲身实践。这是你第一次不再由父母安排生活和学习中的一切，而是有足够的自由处置生活和学习中遇到的各类问题，支配所有属于自己的时间。

大学是人生的关键阶段。这是因为，这是你一生中最后一次有机会系统性地接受教育。这是你最后一次能够全心建立你的知识基础。这可能是你最后一次可以将大段时间用于学习的人生阶段，也可能是最后一次可以拥有较高的可塑性、集中精力充实自我的成长历程。这也许是你最后一次能在相对宽容的，可以置身其中学习为人处世之道的理想环境。

大学是人生的关键阶段。在这个阶段里，所有大学生都应当认真把握每一个"第一次"，让它们成为未来人生道路的基石；在这个阶段里，所有大学生也要珍惜每一个"最后一次"，不要让自己在不远的将来追悔莫及。在大学四年里，大家应该努力为自己编织生活梦想，明确奋斗方向，奠定事业基础。

自修之道：从举一反三到无师自通

记得我在哥伦比亚大学任助教时，曾有位中国学生的家长向我抱怨说："你们大学里到底在教些什么？我孩子读完了大二计算机系，居然连 VisiCalc 都不会用。"

我当时回答道："电脑的发展日新月异。我们不能保证大学里所教的任何一项技术在五年以后仍然管用，我们也不能保证学生可以学会每一种技术和工具。我们能保证的是，你的孩子将学会思考，并掌握学习的方法，这样，无论五年以后出现什么样的新技术或新工具，你的孩子都能游刃有余。"

她接着问："学最新的软件不是教育，那教育的本质究竟是什么呢？"

我回答说："如果我们将学过的东西忘得一干二净时，最后剩下来的东西就是教育的本质了。"

我当时说的这句话来自教育家 B. F. Skinner 的名言。所谓"剩下来的东西"，其实就是自学的能力，也就是举一反三或无师自通的能力。大学不是"职业培训班"，而是一个让学生适应社会，适应不同工作岗位的平台。在大学期间，学习专业知识固然重要，但更重要的还是要学习独立思考的方法，培养举一反三的能力，只有这样，大学毕业生才能适应瞬息万变的未来世界。我认识的不少在中国读完大学来美国念研究生的朋友。他们认为来美国后，不论是学习、工作还是生活他们最缺乏的是独立思考的能力，因为在国内时他们很少独立思考和独立决策。

上中学时,老师会一次又一次重复每一课里的关键内容。但进了大学以后,老师只会充当引路人的角色,学生必须自主地学习、探索和实践。走上工作岗位后,自学能力就显得更为重要了。微软公司曾做过一个统计:在每一名微软员工所掌握的知识内容里,只有大约10%是员工在过去的学习和工作中积累得到的,其他知识都是在加入微软后重新学习的。这一数据充分表明,一个缺乏自学能力的人是难以在微软这样的现代企业中立足的。

自学能力必须在大学期间开始培养。许多同学总是抱怨老师教得不好,懂得不多,学校的课程安排也不合理。我通常会劝这些学生说:"与其诅咒黑暗,不如点亮蜡烛。"大学生不应该只会跟在老师的身后亦步亦趋,而应当主动走在老师的前面。例如,大学老师在一个课时里通常要涵盖课本中几十页的信息内容,仅仅通过课堂听讲是无法把所有知识学通、学透的。最好的学习方法是在老师讲课之前就把课本中的相关问题琢磨清楚,然后在课堂上对照老师的讲解弥补自己在理解和认识上的不足之处。

中学生在学习知识时更多的是追求"记住"知识,而大学生就应当要求自己"理解"知识并善于提出问题。对每一个知识点,都应当多问几个"为什么"。一旦真正理解了理论或方法的来龙去脉,大家就能举一反三地学习其他知识,解决其他问题,甚至达到无师自通的境界。

事实上,很多问题都有不同的思路或观察角度。在学习知识或解决问题时,不要总是死守一种思维模式,不要让自己成为课本或经验的奴隶。只有在学习中敢于创新,善于从全新的角度出发思考问题,学生潜在的思考能力、创造能力和学习能力才能被真正激发出来。

《礼记·学记》上讲:"独学而无友,则孤陋而寡闻。"也就是说,大学生应当充分利用学校里的人才资源,从各种渠道吸收知识和方法。如果遇到好的老师,你可以主动向他们请教,或者请他们推荐一些课外的参考读物。除了资深的教授以外,大学中的青年教师、博士生、硕士生乃至自己的同班同学都是最好的知识来源和学习伙伴。每个人对问题的理解和认识都不尽相同,只有互帮互学,大家才能共同进步。

有些同学曾告诉我说,他们很羡慕我在读书时能有一位获得过图灵奖的大师传道授业。其实,虽然我非常推崇我的老师,但他在大学期间并没有教给我多少专业知识。他只是给我指明了大方向,让我分享他的经验,给我提供研究的资源,并教我做人的方法。他没有时间也没有必要指导我学习具体的专业知识。我在大学期间积累的专业知识都是通过自学获得的。刚入门时,我曾多次红着脸向我的师兄请教最基本的知识内容,开会讨论时我曾问过不少肤浅的问题,课余时间我还主动与同学探讨、切磋。"三人行必有我师",大学生的周围到处是良师益友。只要珍惜这些难得的机会,大胆发问,经常切磋,我们就能学到最有用的知识和方法。

大学生应该充分利用图书馆和互联网,培养独立学习和研究的本领,为适应今后的工作或进一步的深造做准备。首先,除了学习老师规定的课程以外,大学生一定要学会查找书籍和文献,以便接触更广泛的知识和研究成果。例如,当我们在一门课上发现了自己感兴趣的课题,就应当积极去图书馆查阅相关文献,了解这个课题的来龙去脉和目前的研究动态。熟练和充分地使用图书馆资源，这是大学生特别是那些有志于科学研究的大学生的必备技能之一。读书时，应尽量多读一些英文原版教材。有些原版教材写得深入浅出，附有大量实例，比中文教材还适于自学。其次，在书本之外，互联网也是一个巨大的资源库，大学生们可以借助搜索引擎在网上查找各类信息。"开复学生网"开通半年以来，我发现很多同学其实并没有很好地掌握互联网的搜索技巧，有时他们提出的问题只要在搜索引擎中简单检索一下，就能轻易找到答案。还有些同学很容易相信网上的谣言，而不会利用搜索引擎自己查考、求证。除了搜索引擎以外，网上还有许多网站如大学生必备网和社区也是很好的学习园地。

自学时，不要因为达到了学校的要求就沾沾自喜，也不要认为自己在大学里功课好就足够了。在21世纪的今天，人才已经变成了一个国际化的概念。当你对自己的成绩感到满意时，我建议你开始自学一些国际一流大学的课程。例如，美国麻省理工学院（MIT）的开放式课程已经在网上无偿发布出来，大家不妨去看看MIT的网上课程，做做MIT的网上试题。当你可以自如地掌握MIT课程时，你就可以更加自信地面对国际化的挑战了。

总之，善于举一反三，学会无师自通，这是大学四年中你可以送给自己的最好的礼物。

基础知识：数学、英语、计算机、互联网

我曾经说过，中国学生的一大优势是扎实的基础知识，如数学、物理等。但是，最近几年，同学们在目睹了很多速成的例子（如丁磊、陈天桥等）之后，也迫切希望能驶上成功的快车道。这渐渐形成了一种追求速成的浮躁风气。有许多大学生梦想在毕业后就立即能做"经理""老板"，还有许多大学生入学时直接选择了"管理"专业，因为他们认为从这样的专业毕业后马上就可以成为企业的管理者。可不少学生进入了管理专业后，才发现自己对本专业的学习毫无兴趣。其实，管理专业和其他专业一样，都是传授基础知识和基本方法的地方，没有哪个专业可以保证学生在毕业时就能走上领导岗位。无论同学们所学的是哪个专业，大学毕业才是个人事业的真正开始。想做企业领导或想做管理工作的同学也必须从基层做起，必须首先在人品方面学会做人，在学业方面打好基础。

如果说大学是一个学习和进步的平台，那么，这个平台的地基就是大学里的基础课程。在大学期间，同学们一定要学好基础知识，其中包括数学、英语、计算机和互联网的使用，以及本专业要求的基础课程（如商学院的财务、经济等课程）。在科技发展日新月异的今天，应用领域里很多看似高深的技术在几年后就会被新的技术或工具取代。只有对基础知识的学习才可以受用终身。另一方面，如果没有打下好的基础，大学生们也很难真正理解高深的应用技术。最后，在许多的中国大学里，教授对基础课程也比对最新技术有更丰富的教学经验。

数学是理工科学生必备的基础。很多学生在高中时认为数学是最难学的，到了大学里，一旦发现本专业对数学的要求不高，就会彻底放松对数学知识的学习，而且他们看不出数学知识有什么现实的应用或就业前景。但大家不要忘记，绝大多数理工科专业的知识体系都建立在数学的基石之上。例如，要想学好计算机工程专业，那至少要把离散数学（包括集合论、图论、数理逻辑等）、线性代数、概率统计和数学分析学好；要想进一步攻读计算机科学专业的硕士或博士学位，可能还需要更高的数学素养。同时，数学也是人类几千年积累的

智慧结晶，学习数学知识可以培养和训练人的思维能力。通过对几何的学习，我们可以学会用演绎、推理来求证和思考的方法；通过学习概率统计，我们可以知道该如何避免钻进思维的死胡同，该如何让自己面前的机会最大化。所以，大家一定要用心把数学学好，不能敷衍了事。学习数学也不能仅仅局限于选修多门数学课程，而是要知道自己为什么学习数学，要从学习数学的过程中掌握认知和思考的方法。

21世纪里最重要的沟通工具就是英语。有些同学在大学里只为了考过四级、六级而学习英语，有的同学仅仅把英语当作一种求职必备的技能来学习，甚至还有人认为学习和使用英语等于崇洋媚外。其实，学习英语的根本目的是掌握一种重要的学习和沟通工具。在未来的几十年里，世界上最全面的新闻内容，最先进的思想和最高深的技术，以及大多数知识分子间的交流都将用英语进行。因此，除非你甘心做一个与国际脱节的人，英语学习是至关重要的。在软件行业里，不但编程语言是以英语为基础设计出来的，最重要的教材、论文、参考资料、用户手册等资源也大多是用英语写就的。学英语绝不等于崇洋媚外。中国正在走向世界，中国需要学习西方的先进思想和先进科学技术，学好英语才是真正的爱国。

很多中国留学生的英语考试成绩不错，也高分考过四级、六级、托福，但是留学美国后上课时却很难听懂课程内容，和外国同学交流就更加困难。我们该如何学好英语呢？既然英语是最重要的沟通工具，那么，最重要的学习方法就是尽量与实践结合起来，不能只"学"不"用"，更不能只靠背诵的方式学习英语。读书时，大家尽量阅读原版的专业教材（如果英语不够好，可以先从中英对照的教材看起），并适当地阅读一些自己感兴趣的专业论文，这可以同时提高英语和相关专业的知识水平。其次，提高英语听说能力的最好方法是直接与那些以英语为母语的外国人对话。现在有很多在中国学习和工作的外国人，他们中的不少人为了学中文，很愿意与中国学生对话、交流，这是很好的学习机会。此外，大家不要把学英语当作一件苦差事，完全可以用有趣的方法学习英语。例如，可以多看一些名人的对话或演讲，多看一些小说、戏剧甚至漫画。初学者可以找英文原版的教学节目和录像来学习，有一定基础的则应该看英文电视或电影。看一部英文电影时，最好先在有字幕的时候看一遍，同时查生词、熟悉句式，然后在不加字幕的情况下再看一遍，仅靠耳朵去听。听英文广播也是很好的练习英文听力的方法，大家每天最好能抽出半小时到一小时的时间收听广播并尽量理解其中的内容，有必要的话还可以录下来反复收听。在互联网上也有许多互动式的英语学习网站，大家可以在网站上用游戏、自我测试、双语阅读等方式提升英语水平。总之，勇于实践、持之以恒是学习英语的必由之路。

信息时代已经到来，大学生在信息科学与信息技术方面的素养也已成为他们进入社会的必备基础之一。虽然不是每个大学生都需要懂得计算机原理和编程知识，但所有大学生都应能熟练地使用计算机、互联网、办公软件和搜索引擎，都应能熟练地在网上浏览信息和查找专业知识。在21世纪里，使用计算机和网络就像使用纸和笔一样是人人必备的基本功。不学好计算机，你就无法快捷全面地获得自己需要的知识或信息。

最后，每个特定的专业也有它自己的基础课程。以计算机专业为例，许多大学生只热衷于学习最新的语言、技术、平台、标准和工具，因为很多公司在招聘时都会要求这些方面的基础或经验。这些新技术虽然应该学习，但计算机基础课程的学习更为重要，因为语言和平台的发展日新月异，但只要学好基础课程（如数据结构、算法、编译原理、计算机原理、数据库原理等）就可以万变不离其宗。有位同学生动地把这些基础课程比拟为计算机专业的内功，而把新的语言、技术、平台、标准和工具比拟为外功。那些只懂得追求时髦的学生最终只知道些招式的皮毛，而没有内功的积累，他们是不可能成为真正的高手的。

虽然我一向鼓励大家追寻自己的兴趣，但在这里仍需强调，生活中有些事情即便不感兴趣也是必须要做的。例如，打好基础，学好数学、英语和计算机的使用就是这一类必须做的事情。如果你对数学、英语和计算机有兴趣，那你是幸运儿，可以享受学习的乐趣；但就算你没有兴趣，你也必须把这些基础打好。打基础是苦功夫，不愿吃苦是不能修得正果的。

实践贯通："做过的才真正明白"

上高中时，许多学生会向老师提出"为什么？有什么用？"的问题，通常，老师给出的答案都是"不准问"。进入大学后，这些问题的答案应该是"不准不问"。在大学里，同学们应该懂得每一个学科的知识、理论、方法与具体的实践、应用如何结合起来，尤其是工科的学生更是如此。

有一句关于实践的谚语是这样说的："我听到的会忘掉，我看到的能记住，我做过的才真正明白。"

无论学习何种专业、何种课程，如果能在学习中努力实践，做到融会贯通，我们就可以更深入地理解知识体系，可以牢牢地记住学过的知识。因此，我建议同学们多选些与实践相关的专业课。实践时，最好是几个同学合作，这样，既可经过实践理解专业知识，也可以学会如何与人合作，培养团队精神。如果有机会在老师手下做些实际的项目，或者走出校门打工，只要不影响课业，这些做法都是值得鼓励的。外出打工或做项目时，不要只看重薪酬待遇（除非生活上确实有困难），有时候，即便待遇不满意，但有许多培训和实践的机会，我们也值得一试。

以计算机专业为例，实践经验对于软件开发来说更是必不可少的。微软公司希望应聘程序员的大学毕业生最好有十万行的编程经验。理由很简单：实践性的技术要在实践中提高。计算机归根结底是一门实践的学问，不动手是永远也学不会的。因此，最重要的不是在笔试中考高分，而是实践能力。但是，在与中国学生的交流过程中，我很惊讶地发现，中国某些学校计算机系的学生到了大三还不会编程。这些大学里的教学方法和课程的确需要更新。如果你不巧是在这样的学校中就读，那你就应该从打工、自学或上网的过程中寻求学习和实践的机会。

培养兴趣：开阔视野，立定志向

孔子说："知之者不如好之者，好之者不如乐之者。"我在"给中国学生的第三封信"中曾深入论述了快乐和兴趣是一个人成功的关键。如果你对某个领域充满激情，你就有可能在该领域中发挥自己所有的潜力，甚至为它而废寝忘食。这时候，你已经不是为了成功而学习，而是为了"享受"而学习了。在"第三封信"中，我也曾谈到我自己是如何在大学期间放弃了我不感兴趣的法律专业而进入我所热爱的计算机专业学习的。

有些同学问我，如何像我一样能找到自己的兴趣呢？我觉得，首先要客观地评估和寻找自己的兴趣所在：不要把社会、家人或朋友认可和看重的事当作自己的爱好；不要以为有趣的事就是自己的兴趣所在，而是要亲身体验它并用自己的头脑做出判断；不要以为有兴趣的事情就可以成为自己的职业，例如，喜欢玩网络游戏并不代表你会喜欢或有能力开发网络游戏；不要以为有兴趣就意味着自己有这方面的天赋，不过，你可以尽量寻找天赋和兴趣的最佳结合点，例如，如果你对数学有天赋但又喜欢计算机专业，那么你完全可以做计算机理论方面的研究工作。

最好的寻找兴趣点的方法是开阔自己的视野，接触众多的领域。唯有接触你才能尝试，唯有尝试你才能找到自己的最爱。而大学正是这样一个可以让你接触并尝试众多领域的独一无二的场所。因此，大学生应当更好地把握在校时间，充分利用学校的资源，通过使用图书馆资源、旁听课程、搜索网络、听讲座、打工、参加社团活动、与朋友交流、使用电子邮件和电子论坛等不同方式接触更多的领域、更多的工作类型和更多的专家学者。当年，如果我只是乖乖地到法律系上课，而不去尝试旁听计算机系的课程，我就不会去计算机中心打工，也不去找计算机系的助教切磋，就更不会发现自己对计算机的浓厚兴趣。

通过开阔视野和接触尝试，如果你发现了自己真正的兴趣爱好，这时就可以去尝试转系的可能性，尝试课外学习、选修或旁听相关课程；你也可以去找一些打工或假期实习的机会，进一步理解相关行业的工作性质；或者，努力去考自己感兴趣专业的研究生，重新进行一次专业选择。其实，本科读什么专业并不能完全决定毕业后的工作方向，正如我所强调的那样，大学期间的学习过程培养的是你的学习能力，只要具备了这种能力，即使从事的是全新的工作，你也能在边做边学的过程中获取足够的知识和经验。

除了"选你所爱"，大家也不妨试试"爱你所选"。有些同学后悔自己在入学时选错了专业，以至于对所学的专业缺乏兴趣，没有学习动力；有些同学则因为追寻兴趣而"走火入魔"，毕业后才发现荒废了本专业的课程；另一些同学因为在学习上遇到了困难或对本专业抱有偏见，就以兴趣为借口，不愿意面对自己的专业。这些做法都是不正确的。在大学中，转系可能并不容易，所以，大家首先应尽力试着把本专业读好，并在学习过程中逐渐培养自己对本专业的兴趣。此外，一个专业里可能有很多不同的领域，也许你对专业里的某一个领域会有兴趣。现在，有很多专业发展了交叉学科，两个专业的结合往往是新的增长点。因此，只要多接触、多尝试，你也许就会碰到自己真正感兴趣的方向。"数字笔"的发明人王坚博士在微软亚洲研究院负责用户界面的研究，可是谁又能想到他从本科到博士所学的都是心理学专业，而用户界面又正是计算机和心理学专业的最佳结合点。另一方面，就算你毕业后要从事其他的行业，你依然可以把自己的专业读好，这同样能成为你在新行业中的优势。例如，有一位同学不喜欢读工科，想毕业后进入服务业发展，我就建议他先把工科读好，将来可以在服务业中以精通技术作为自己的特长。

人生的路很长，每个人都可以有很多不同的兴趣爱好。在追寻兴趣之外，更重要的是要找寻自己终身不变的志向。有一本书的作者曾访问了几百个成功者，问他们有哪件事是他们今天已经懂得，但在年轻时却留下了遗憾的事情。在受访者的回答中，最多的一种是："希望在年轻时就有前辈告诉我、鼓励我去追寻自己的理想和志向。"相比之下，兴趣固然关键，但志向更为重要。例如，我的志向是"使影响力最大化"，多年以来，我有许多兴趣爱好，如语音识别、对弈软件、多媒体、研究到开发的转换、管理学、满足用户的需求、演讲和写作、帮助中国学生等等，兴趣可以改变，但我的志向是始终不渝的。因此，大家不必把某种兴趣当作自己最后的目标，也不必把任何一种兴趣的发展道路完全切断，在志向的指引下，不同的兴趣完全可以平行发展，实在必要时再做出最佳的抉择。志向就像罗盘，兴趣就像风帆，两者相辅相成、缺一不可，它们可以让你驶向理想的港湾。

积极主动：果断负责，创造机遇

创立"开复学生网"时，我的初衷是"帮助学生帮助自己"。但让我很惊讶的是，更多的学生希望我直接帮他们做出决定，甚至仅在简短的几句自我介绍后就直接对我说："只有你能告诉我，我该怎么做。"难道一个陌生人会比你更知道自己该怎么做吗？我慢慢认识到，这种被动的思维方式是从小在中国的教育环境中培养出来的。被动的人总是习惯性地认为他们现在的境况是他人和环境造成的，如果别人不指点，环境不改变，自己就只有消极地生活下去。持有这种态度的人，事业还没有开始，自己就已经被击败，我从来没见过这样消极的人可以取得持续的成功。

从大学的第一天开始，你就必须从被动转向主动，你必须成为自己未来的主人，你必须积极地管理自己的学业和将来的事业，理由很简单：因为没有人比你更在乎你自己的工作与生活。"让大学生活对自己有价值"是你的责任。许多同学到了大四才开始做人生和职业规划，而一个主动的学生应该从进入大学时就开始规划自己的未来。

积极主动的第一步是要有积极的态度。大家可以用我在"第三封信"里推荐的方法，积极规划自己的人生目标，追寻兴趣并尝试新的知识和领域。纳粹德国某集中营的一位幸存者维克托·弗兰克尔曾说过："在任何特定的环境中，人们还有一种最后的自由，就是选择自己的态度。"

积极主动的第二步是对自己的一切负责，勇敢面对人生。不要把不确定的或困难的事情一味搁置起来。比如说，有些同学认为英语重要，但学校不考试就不学英语；或者，有些同学觉得自己需要参加社团磨炼人际关系，但是因为害羞就不积极报名。但是，我们必须认识到，不去解决也是一种解决，不做决定也是一个决定，这样的解决和决定将使你面前的机会丧失殆尽。对于这种消极、胆怯的作风，你终有一天会付出代价的。

积极主动的第三步是要做好充分的准备：事事用心，事事尽力，不要等机遇上门；要把握住机遇，创造机遇。中国科技大学校长朱清时院士在大三时被分配到青海做铸造工人。但他不像其他同学那样放弃学习，整天打扑克、喝酒。他依然终日钻研数理化和英语。六年后，中国科学院要在青海做一个重要的项目，这时朱校长就脱颖而出，开始了他辉煌的事业。很多人可能说他运气好，被分配到缺乏人才的青海，才有这机会。但是，如果他没有努力学习，也无法抓住这个机遇。所以，做好充分的准备，当机遇来临时，你才能抓住它。

积极主动的第四步是"以终为始"，积极地规划大学四年。任何规划都将成为你某个阶段的终点，也将成为你下一个阶段的起点，而你的志向和兴趣将为你提供方向和动力。如果不知道自己的志向和兴趣，你应该马上做一个发掘志向和兴趣的计划；如果不知道毕业后要做什么，你应该马上制订一个尝试新领域的计划；如果不知道自己最欠缺什么，你应该马上写一份简历，找你的老师、朋友打分，或自己审阅，看看哪里需要改进；如果毕业后想出国读博士，你应该想想如何让自己在申请出国前有具体的研究经验和学术论文；如果毕业后想进入某个公司工作，你应该收集该公司的招聘广告，以便和你自己的履历对比，看自己还欠缺哪些经验。只要认真制订、管理、评估和调整自己的人生规划，你就会离你自己的目标越来越近。

掌控时间：事分轻重缓急，人应自控自觉

除了积极主动的态度，大学生还要学会安排自己的时间，管理自己的事务。一位同学是这么描述大学生活的：

"大学和高中相比似乎没有什么太大的区别，每天依旧是学习，每次考试后依旧是担心考试成绩……不同的只是大学里上网的时间和睡觉的时间多了很多，压力也小了很多。"

这位同学并不明白，"时间多了很多"正是大学与高中之间巨大的差别。时间多了，就需要自己安排时间、计划时间、管理时间

安排时间除了做一个时间表外，更重要的是"事分轻重缓急"。在《高效能人士的七个习惯》一书中，作者史蒂芬·柯维提出，"重要事"和"紧急事"的差别是人们浪费时间的最大理由之一。因为人的惯性是先做最紧急的事，但这么做会导致一些重要的事被荒废掉。例如，我认为这篇文章里谈到的各种学习都是"重要的"，但它们不见得都是老师布置的必修课业，采纳我的建议的同学们依然会因为考试、交作业等紧急的事情而荒废了打好基础、学习做人等重要的事情。因此，每天管理时间的一种好方法是，早上确定今天要做的紧急事和重要事，睡前回顾一下，这一天有没有做到两者的平衡。

每个人都有许多"紧急事"和"重要事"，想把每件事都做到最好是不切实际的。我建议大家把"必须做的事"和"尽量做的事"分开。必须做的事要做到最好，但尽量做的事尽力而为即可。建议大家用良好的态度和宽广的胸怀接受那些你暂时不能改变的事情，多关注那些你能够改变的事情。此外，还要注意生物钟的运行规律，按时作息，劳逸结合，这样才能在学习时有最好的状态。

大学四年是最容易迷失方向的时期。大学生必须有自控的能力，让自己交些好朋友，学些好习惯，不要沉迷于对自己无益的习惯（如网络游戏）里。一位积极、主动的中国学生在"开复学生网"上劝告其他同学："不要玩游戏，至少不要玩网络游戏。我所认识的专业水平比较高的大学朋友中没有一个玩网络游戏的。沉迷于网络游戏是对于现实的逃避，是不愿面对自己不足的一面。我认为，要脱离网络游戏，就得珍惜自己宝贵的大学时间，找到自己感兴趣的方向，做一些有意义并能给自己带来满足感的事情。"

为人处世：培养友情，参与群体

很多大学生入校时都是第一次离开父母，离开自己生长的环境。进入校园开始集体生活后，如何与同学、朋友以及社团的同事相处就成了大学生学习内容的一部分。大学是大家最后一次可以在相对宽松的环境中学习、培养、训练如何与人相处的机会。在未来，人们在社

会里、在工作中与人相处的能力会变得越来越重要，甚至超过了工作本身。所以，大学生要好好把握机会，培养自己的交流意识和团队精神。

"人际交往能力不够强，人际圈子不够广，但又没有什么特长可以引起大家的注意，在社团里也不知道怎么和其他人有效地建立联系。"这是一些大学生在人际交往方面经常遇到的困惑。对于如何在大学期间提高人际交往能力，我的建议是：

第一，以诚待人，以责人之心责己、以恕己之心恕人。对别人要抱着诚挚、宽容的胸襟，对自己要怀着自我批评、有过必改的态度。与人交往时，你怎样对待别人，别人也会怎样对待你。这就好比照镜子一样，你自己的表情和态度，可以从他人对你流露出的表情和态度中一览无遗。你若以诚待人，别人也会以诚待你。你若敌视别人，别人也会敌视你。最真挚的友情和最难解的仇恨都是由这种"反射"原理逐步造成的。因此，当你想修正别人时，你应该先修正自己。你想别人怎么对你，你就应该怎么对人。你想他人理解你，你就要首先理解他人。

第二，培养真正的友情。如果能做到第一点，很多大学时的朋友就会成为你一辈子的知己。在一起求学和寻求自身发展的道路上，这样的友谊弥足珍贵。交朋友时，不要只去找与你性情相近或只会附和你的人做朋友。好朋友有很多种：乐观的朋友、智慧的朋友、脚踏实地的朋友、幽默风趣的朋友、激励你上进的朋友、提升你能力的朋友、帮你了解自己的朋友、对你说实话的朋友等。此外，大学时谈恋爱也可以教你如何照顾别人，增进同理心和自控力，但恋爱这件事要随缘，不必为了谈恋爱而谈恋爱。

第三，学习团队精神和沟通能力。社团是微观的社会，参与社团是步入社会前最好的磨炼。在社团中，可以培养团队合作的能力和领导才能，也可以发挥你的专业特长。但更重要的是，你要做一个诚心诚意的服务者和志愿者，或在担任学生工作时主动扮演同学和老师之间沟通桥梁的角色，并以此锻炼自己的沟通能力，为同学和老师服务。这样的学习过程也不会很轻松，挫折是肯定有的，但是不要灰心，大学社团里的人际交往是一种不用"付学费"的学习，犯了错误也可以重头来过。

第四，从周围的人身上学习。在班级里、社团中，多观察周围的同学，特别是那些你觉得交往能力和沟通能力特别强的同学，看他们是如何与人相处的。比如，看他们如何处理交往中的冲突、如何说服他人和影响他人、如何发挥自己的合作和协调能力、如何表达对他人的尊重和真诚、如何表示赞许或反对，如何在不冒犯他人的情况下充分展示个性等。通过观察和模仿，你渐渐地会发现，自己的人际交往能力会有意想不到的改进。在学校里，每一个朋友都可以成为你的良师，他们的热心、幽默、机智、博学、正直、沟通、礼貌等品德都可以成为你的学习对象。同时那些你不喜欢的人和事也可以为你敲响警钟，警告你千万不要做那样的人和事。当然，你也应当慷慨地帮助每一个朋友，试着做他们的良师和模范。

第五，提高自身修养和人格魅力。如果觉得没有特长、没有爱好可能会成为自己人际交往能力提高的一个障碍，那么，你可以有意识地去选择和培养一些兴趣爱好。共同的兴趣和爱好也是你与朋友建立深厚感情的途径之一。很多在事业上有所建树的人都不是只会闭门苦读的书呆子，他们大多都有自己的兴趣和爱好。我在微软亚洲研究院的同事中就有绘画、桥牌和体育运动方面的高手。业余爱好不仅是人际交往的一种方式，还可以让大家发掘出自己在读书以外的潜能。例如，体育锻炼既可以发挥你的运动潜能，也可以培养你的团队合作精神。如果真的没有什么兴趣爱好，那么，多读些好书丰富自己的知识也可以改进自己的人际交往能力，因为没有什么比智慧和渊博更能体现一个人的人格魅力了。

所以，学会与人相处，这也是大学中的一门"必修课"。

对大学生们的期望：

踏入大学校门时，你还是一个忙碌的、青涩的、被动的、为分数读书的、被家庭保护着的中学毕业生。

就读大学时，你应当掌握七项学习，学好自修之道、基础知识、实践贯通、兴趣培养、积极主动、掌控时间、为人处世。

经过大学四年，你会从思考中确立自我，从学习中寻求真理，从独立中体验自主，从计划中把握时间，从交流中锻炼表达，从交友中品味成熟，从实践中赢得价值，从兴趣中攫取快乐，从追求中获得力量。

离开大学时，只要做到了这些，你最大的收获将是"对什么都可以拥有的自信和渴望"。你就能成为一个有潜力、有思想、有价值、有前途的中国未来的主人翁。

所以，我认为大学四年应是这样度过。

《《《《《 练习与思考

（1）结合自己的生活实际，谈谈如何提高个人的职业能力和职业素养。

（2）通过阅读，谈谈如何度过自己的大学生活。

第三章　制订完善职业生涯规划

感性导言（1G）：让梦想走进现实

（背景音乐）

在职场中成功的人和不成功的人就差一点点：成功的人可以无数次修改方法，但绝不轻易放弃目标；不成功的人总改目标，就是不改方法。

比尔·盖茨13岁开始计算机编程设计，18岁考入哈佛大学，一年后从哈佛退学与好友保罗·艾伦一起创办了微软公司，比尔·盖茨担任微软公司董事长、CEO和首席软件设计师。在这一行业中至今已经干了43年，其中有23年成为《福布斯》美国富豪榜首富。

我校原建筑工程系2009级建筑工程技术专业学生范永振怀着对低碳环保节能木结构事业的热爱，认定了木结构建筑将来广阔的发展前景，在平凡的岗位上勤奋钻研，努力工作，一步一个台阶，在公司中第一个完成了新引进的日本OM太阳能设备的安装，现已成为公司的技术大拿。同是2009级的服装设计专业学生张娟，由于喜欢而把进入拉谷谷（Lagogo）定位为自己的职业理想，在校期间努力学习，一步一个脚印，不仅实现了自己的梦想，还在从业的岗位上实现了人生的价值，成为一个很受客户欢迎，在业内颇为知名的品牌设计师。

上述成功的案例告诉我们，职业规划对于未来的职业发展有着极为重要的意义。

通过本章的学习，帮助大学生了解职业规划的意义及未来职业发展路径，帮助大学生探索与了解自我个性特征，从而顺利完成职业发展规划书的撰写，为他们进入职场在思想上和心理上提前做好准备。争取让梦想变成现实。

职场箴言

将所有的梦想写在纸上，就像列购物清单一样，而且越明细越好。这会决定你要做什么，只要努力下去梦想就会变成现实。

——比尔·盖茨

就业过程中一定要结合自身优势，定位自身发展方向，依据个人目标，制定可行性方案，努力奋斗，构建知识体系，培养良好的职业素养，提高个人能力，实现自我的大发展。

——建筑工程技术专业2009级毕业生
苏州皇家整体住宅系统股份有限公司工程师范永振

感人案例（2G）

案例一

做自己喜欢做的事

张娟

Lagogo 是第一家在美国上市的中国服装企业，华瑞集团旗下的自主运营品牌。它诞生于 2008 年，是源于巴黎都会的时尚女装品牌。它致力于为 23～30 岁的年轻女性打造清新、时尚、自信的形象，使她们散发独有魅力。

Lagogo 品牌一直追求个性化的设计，通过别致的花型、时尚的花版来表现产品风格，并充分运用现代都市色彩的饱和度及明快的色彩对比。款式方面突出多元、多层次的组合方式。硬朗率性的直线条，强调中性性感的品牌形象，注重细节设计，工艺上结合时尚元素，她以时尚、摩登、大都市感的设计传递出不经意的性感的女性形象，是将设计渗透人文文化的时尚品牌。

服装设计专业 2009 级学生张娟是一个非常爱美的女孩子，从入学起就梦想着进入 Lagogo，这是她学习的最大动力。在当时，她还不敢奢望自己能成为 Lagogo 的品牌设计师。

同时，她也深知从事服装设计是比较辛苦和非常劳神的，必须做好充分的思想准备，她告诫自己要有耐心、细心和恒心。

在校期间她努力学习，各门成绩都排名在前，并能简单运用 CAD、AI 专业绘图设计软件。毕业后，她如愿来到了上海 Lagogo 时装有限公司。

虽然专修了服装设计专业，可刚刚步入岗位的她依然不能马上上手，很多在校学的东西跟岗位实际无法挂钩。服装设计是一门实用艺术，不是只懂得画出漂亮的效果图就可以了，更重要的是能把你的设计以实物的形式制作展示出来。这就要求服装设计师不仅仅能够画出一个服装的款式，更重要的是要知道怎么实现自己的设计构想，比如应用什么样的面辅料、什么样的制作工艺、版型的调整、图案的设计、装饰等。于是，她经常到工厂学习服装的制作工艺和流程，到商场看不同类型、季节服装的面辅料选用、搭配，多看设计类的书籍和资料，掌握基本的色彩搭配原理等。经过两年多的努力，她逐渐适应了岗位需求，得到了领导的认可和同事的好评。

许多初学者在做设计时，常常为不能获得创意而感到很苦闷，张娟也是如此。但她认为这是一种正常现象。因为，人的思维能力增强要通过不断的学习和实践才能获得，人脑对某类信息接受和储存得越多，相关的思维能力也就越强。为了提升自己的创意能力，她特别注重做好专业类资料的收集和积累，并为自己总结出几点职业要求：要善于学习，在模仿中提高；要善于敏感，在实践中触发心动；要善于观察，树立起自己的审美观；要追逐时尚，不落潮流；要主动交流，享受团队的快乐与荣誉。

经过6年多的职场磨炼，张娟现已经成长为上海Lagogo时装有限公司的技术骨干，成了深受客户欢迎的品牌设计师。

 有感而发

张娟的职业规划是刻在心里的。

她爱美，像所有的女孩子一样希望能将自己打扮得漂亮一点。于是，她选择了自己钟爱的服装设计专业，虽然她知道干这行很辛苦。

入学以后她就希望自己通过所学毕业时能进入Lagogo。她清楚像Lagogo这样的世界名牌公司不是谁想进就能进的，在当时她只想着只要能进Lagogo干啥都行。

为了实现这一目标，她在校期间心无旁骛，一门心思用于学习。各门功课成绩都很优秀，并在老师的帮助下，掌握了现代化的电脑制图与设计程序，这为她顺利通过Lagogo的入职考试打下了很好的基础。

当她如愿进入Lagogo后，不是嚷嚷着要去当设计师，而是听从公司分配从最基础的助理员（打杂）做起。她跑工厂，下车间，工作中任劳任怨，无论多忙、多苦，她从无半点怨言。相反，在这一期间，她还利用工作之便虚心向各类人员求教，熟悉各类服装制作工艺和流程，了解各种面辅料在制作过程中的不同特性和不同的处理方法，以及版型调整、花型与装饰在实际中处理的注意事项。天道酬勤，张娟这段时间的付出为她日后成为品牌设计师储备了许多实践方面的经验。有些经验可以说是她独有的。

当她幸运地进入到设计行列中，常常为不能获得创意而感到苦闷时，她就像列购物清单一样，列出了要善于学习，在模仿中提高等系列解决方案。她非常清楚自己要做什么，要分几步做，坚持不懈的努力终于让梦想变成了现实。

所以，当我们选择职业时，要像张娟学习，做自己喜欢做的事，让职业发展的规划镌刻在心里。

▶ 叩心自问

（1）你从学姐张娟身上学到了什么？
（2）你是如何规划自己职业生涯的？

职场箴言

在学校和生活中，工作的最重要的动力是工作中的乐趣，是工作获得结果时的乐趣以及对这个结果的社会价值的认识。

——爱因斯坦

就业过程是一个非常复杂的过程，往往会遇到这样或那样的困难与挫折，这就要求我们努力培养良好的心理承受能力，学会坚持，勇敢地迎接未来生活的种种挑战。信心是成功的第一要诀，要相信自己的能力，相信自己能够胜任工作，要发挥自己的优势，扬长避短，要给人感觉到，我是热爱生活、热爱事业的。

——汽车运用与技术专业2015届毕业生
北京股商投资有限公司销售经理权新

案例二

为了职业发展要慎选专业

邹英杰

2016年高考成绩出榜，湖北新洲一中邹英杰语文126分、数学144分、英语147分、理综288分，总分705分，名列全省第三，距离省理科状元只差2分。

2013年，邹英杰在新洲一中第一次参加高考，考了664分，被清华大学录取。2015年因为对大学专业实在不感兴趣，主动退学回来重新备战高考。昨天，武汉晚报记者赶到新洲采访了这位逆袭黑马。

对专业不感兴趣申请退学

邹英杰很瘦，很腼腆，就是一个高中生的样子。很难想象，马上满20岁的他，在大学里已经上了一年半的学。

三年前，他被清华大学录取时，给他选择的只有五六个专业，他挑了精密仪器和技术专业。大一学的是基础课，成绩在年级排前十，可到了大二，开始接触专业课，他发现与自己的兴趣差得很远，越学越没有劲。他跟老师和辅导员谈了几次，老师劝他再坚持一下，去年3月实在坚持不住了，他向学校提出了退学申请。

"不喜欢这个专业，可以申请转专业啊？"记者问。

"我觉得还不如重新考，选择面宽些。"他说。

"你有把握还能考到清华这样的学校吗？"

"我觉得第一次高考没发挥好。"

"你觉得耽误一年半，值得吗？"

"这个时间是赶得回的。"

邹英杰的决定让全家人都不解，但无人能改变。"他很独立，喜欢的东西就会坚持到底。"父亲邹中员说，在儿子很小的时候，他和妻子就到广东打工，从小学到高中，儿子都是独立学习，不识字的爷爷奶奶只能照顾他生活。儿子决定重新高考，他们夫妇也决定回家打工，多陪陪儿子。

重回高中角色转变很快

邹英杰把退学的想法告诉了当年新洲一中教过自己的化学老师汪东才，并说非常想回母校重新学习再考一次。

"你既然想好了，母校永远支持你。"邹英杰又回到了新洲一中，进入汪老师所带的高三班级。说实话，当时的邹英杰还是有点心理压力。但很快，班上第一次摸底考试，他就拿了第一名，压力一下子就减轻了许多；再加上老师和同学的支持，邹英杰很快适应了学校生活，将所有的精力都投入到学习中了。

"我发现他和以前在学校读书时变化很大。"汪老师说，"首先是他的性格变得开朗了，以前胆子小，说话声音很小，现在和老师、同学交流很融洽；其次是他学习的目标性很强，知道自己这次回来一定要比上次考得好；第三，他的自学能力明显比其他同学要强，这可能与他在大学一年半的熏陶有关，包括独立找资料、图书馆自习等；第四，他知道自己需要什么，没有太在意别人的想法。"

这次高考完，邹英杰觉得没什么失误，自己估分有700分左右。"考完后，他就开始思考接下来的大学规划了。"汪老师说，明显感觉邹英杰成熟了许多。

清华北大专业随便挑

"我昨天听到孩子高考成绩后,高兴得一晚上都没睡好,三年前的心理负担终于可以放下了。"父亲邹中员说,儿子第一次高考前的二月调考考了 695 分,是全市第一,可是高考只考了 664 分,其他平时比他差的同学都比他考得好,"都怪我那天没照料好他。"

老邹说,当时他在考点附近租了一间房子,儿子第一门考完回租住地,平时一楼大门都是开着的,房东老太太天天在家,偏巧那天不在,儿子从来没带过大门钥匙,就在楼下喊爸爸。老邹在四楼租的房间里炒菜,没听见儿子的叫声,儿子只好到外面转了很久,找到公用电话才给爸爸打通了电话,等孩子吃完饭已经没时间午休了,又得赶下一场考试。

从此,老邹一直很自责,昨天他再次提及此事,邹英杰忙安慰说:"那只是一次意外。"

这次,邹英杰完全能够掌握自己的命运。昨天下午,清华大学和北京大学的招生人员都找到了邹英杰,希望他能进自己学校,专业可以随便挑。

"你有没有什么建议,跟正在填报志愿的准大学生说呢?"记者问。

"选专业时,如果有特别的兴趣可根据兴趣来。大多数同学可能都没有什么特别感兴趣的专业,这时就只能按分数来选择了,进了大学再慢慢适应。"邹英杰说。

记者专访时邹英杰表示:退学原因不为其他,只为选择一个自己喜欢的、感兴趣的专业。"如果继续就读,养活自己没有问题,但是想在这一行有所发展,就很难了。我不愿意这么将就。"邹英杰如是说。

(参考资料:长江网-武汉晚报记者
王震通讯员陶火应 2016-06-24)

有感而发

专业选择非常重要。因为专业决定着今后所从事的职业。专业选择是职业定位及人生发展的第一步,它不仅关系到在大学学什么,更关系到今后干什么。

邹英杰由于对专业不感兴趣选择了退学重考,以达到明天有更好的职业发展的目的,作为他本人来讲是成功的。但对多数大学生而言,该案不可复制或尽量不要复制。因为,现在大学一般都是有转专业机会的,有的学校是刚进校就可提出转专业申请,有的则是大一下学期才开放申请,因此如果有转专业打算,最好进校后先向老师或辅导员了解清楚,早些做好准备。

做自己喜欢做的事情总是令人愉快的,也更容易激发自己的潜能和创造力。所以,为了将来的职业发展大学生要慎重选择专业。

借助本案,我们给出两条建议。

建议一:选专业时,如果自己有特别的兴趣可根据兴趣来;

建议二:选专业时,如果没有什么特别的兴趣,可根据自身的条件和社会的需求思考后再定。

叩心自问

(1)你认为邹英杰选择用复读来实现自己专业的梦想,值吗?

(2) 你热爱自己将来要从事的职业和现在所学的专业吗？

职场箴言

塑造核心竞争力的基本前提是发现自己的兴趣点，客观看待自己的优势与劣势，进而合理规划职业生涯。

——覃彪喜

我相信，每个人都有他最美最棒的优点，当你做出正确选择的时候好运就会到来，当你通过自己的努力和付出使自己不断强大，靠自己的双手把握每一次机会时，命运一定会改变，成功一定会到来。

——营养与食品卫生专业2018届毕业生
太仓智趣信息科技有限公司教师周倩倩

感动体验（3G）：职业规划线

体验活动：
【活动目的】
（1）通过体验让学生提高认识自我的能力。
（2）通过体验让学生寻找展现自我的优势。
【活动目的】
（1）通过体验，促进学生的自我反思和探索，深化对自我职业规划的认识；
（2）通过体验，激发学生实现美好人生目标，规划职业发展的行为动机；
（3）通过体验，让学生初步学习职业规划，认识到职业规划的重要性。
【活动准备】
（1）红蓝黑水笔各一支或彩色笔（参与者）；
（2）白色的A4纸每人一张（参与者）；
（3）静心音乐《夜宁静》。
【活动过程】
（1）指导教师引导学生坐定后，让学生在放松的姿态中闭上眼睛，然后由助教播放静心音乐《夜宁静》，帮助学生迅速进入安静状态。

音乐结束后，学生睁开眼睛。

（2）指导教师导语（参考）：

每个人的生命历程，就像一条不断延伸的路线，通向我们未来，这就是我们的生命线。每个人的职业生涯中，也有一条不断延伸的路线，这就是我们的职业规划线。你的职业发展方向走向哪里呢？下面，我们通过一个活动，让我们自己来描绘……

（3）绘制职业规划线。学生将白色的A4纸横放在面前的桌子上，在纸的正中部用黑色的水笔从左至右画一道长长的横线，线要尽可能地长。在线的尽头标上箭头，让它成为一条有方向且不可逆转的横线。

然后,要求学生在线条的起点处,写上"0"这个数字,在线条的箭头旁边(终点),写一个自己预计退休的年龄,也就是自己职业发展基本接近尾声的阶段,可以写成自己的退休年龄,或更长一些也可以。接着,在"0"点下方标上 A,终点下方标上 D,现在岁数点的下方标上 B。在线的上方中间部位快速写下标有自己姓名的职业规划线。

步骤完成之后,纸上的情况是这样的(退休年龄以 65 为例):

AB 线段是已经过去的生命岁月,BD 线段是你需要重点关注的与职场紧密相关的生命岁月。

下面,请你闭上眼睛,在脑海中细细搜索,在过往的岁月中,找到三件对自己有重要影响的事件,在 AB 段中加点标注出来,在线的上方用红色笔标注正向事件,在线的下方用蓝色笔标注负向事件。标注完了,请你再次闭上眼睛,憧憬未来,在 BD 段中标注自己未来最希望实现的三个愿望,同样用红蓝两色区分心情。

学生开始绘制自己的职业规划线……

(4) 20 分钟后,指导教师引导学生进行评估和展望(略)。

感悟分享(4G):做自己的主人

(1) 指导教师体验活动感悟分享提示语(参考):

如果我们将每个人职业规划线中过往的上下点依照时间顺序连接起来,就能看到职业生涯过程的跌宕起伏,在每一个时间节点上,我们都可以讲一段生命的故事。

此刻,我们站在当下的这一点展望自己未来的职业发展,并期望实现的各个篇章主题,请记住职业规划线不是掌握在别人手里,它只有一个主人,就是你自己。无论这条线是长是短,每一笔都由你来涂画。生命只给你时间与空间,如何填满它是你自己的事。亲爱的同学们,请好好珍惜吧!在职业发展的路上不论遇到什么都把此刻当作一个章节纳入生命的篇章,以主导者的行动整合职业的结构,实现自己的梦想。

①在你过往的经历中,你最难忘记的一件事是什么?

②在你今后的职业发展中,你个人认为必须完成的最重要的三件事是什么?

③通过本次体验活动,你最大的感悟是什么?

(2) 学生以各小组为单位进行活动交流。

(3) 由各小组推荐或自荐一名同学上台进行大组分享。

职场箴言

你应将心思精心专注于你的事业上,日光不经透镜屈折,集于焦点,绝不能使物体燃烧。

——毛姆

工作总是辛苦的，这些日子里，我有过不耐烦，有过急躁，有过吐槽，甚至动过转行的念头，但在每完成一栋楼后，在每学习到一个新的技能后，我的内心是很有成就感的，这应该就是工作带来的美好。

——工程造价专业2018届毕业生

舜杰建设（集团）有限公司工程造价员朱奕勉

感奋践行（5G）

《《《《《 知识导航：*制订完善职业生涯规划*

第一节　职业生涯规划概述

所谓职业生涯，是指一个人一生连续从事的职业经历。它是个阶段性的系统发展过程。职业生涯不仅仅是职业活动，而且包括与职业有关的行为和态度等内容。大学毕业就是职业生涯的开始。跨进高等学府的大门，大学生就要为此做好充分的准备。制订一个科学的职业生涯规划，对于选择最佳职业生活、优化职业生涯过程、创造最大的人生价值，将会大有裨益。

一、职业生涯各阶段划分

职业生涯阶段的划分，各国专家学者有不同的划分理论和方法，主要可分为按年龄层次划分、按专业层次划分和按管理层次划分三种类型。

美国职业心理学家和职业指导专家萨珀（Super）从终身发展的视角出发，结合职业发展形态，把个人整个一生的职业发展过程分为五个阶段：即成长（growth）阶段、探索（exploration）阶段、确立（establishment）阶段、维持（maintenance）阶段和脱离（decline）阶段。其中，成长阶段（18岁之前）是以幻想、兴趣为中心，对自己所理解的职业进行选择和评价；在探索阶段（18~24岁），个体逐步对自己的兴趣、能力和职业的社会价值、就业机会进行考虑，开始进入劳动力市场或开始从事某种职业；进入确立阶段（25~44岁），个体对选定的职业进行尝试，从变换工作到适应和稳定，把基本上适应的职业确定为自己的终身职业；接下来的维持阶段（45~60岁），个体已经在工作中取得了一定的成绩和地位，一般不再寻求新的职业领域，而是朝着既定的目标前进；最后是脱离阶段（60~65岁）以后，个体职业生涯接近尾声或退出工作领域。

我国职业指导专家也提出了与之相类似的划分方法，即根据职业发展进程，把每个人的职业生涯大致分为职业准备期、职业选择期、职业适应期、职业稳定期和职业结束期五个阶段。

（一）职业准备期

职业准备期是个人形成了较为明确的职业意向后，在从事职业的心理、知识和体能方面做准备及等待就业的时期。每一个择业者都有着选择一份理想职业的愿望和要求，准备充分的，就能够很快地找到自己理想的职业，顺利地进入职业角色。

（二）职业选择期

职业选择期是个人在职业准备的基础上实际选择职业的时期，也是由潜在的劳动者变为现实的劳动者的关键时期。职业的选择不仅是择业者个人挑选职业的过程，同时也是社会挑选劳动者的过程，只有个人与社会成功结合、相互认可，职业选择才算结束。

（三）职业适应期

择业者刚刚踏上职业岗位，必然是有个适应的过程，要完成从择业者到职业工作者的角色转变。在这一时期，个人要尽快适应新的角色，适应新的工作环境、工作方式，树立良好的第一印象，建立和谐的人际关系。

（四）职业稳定期

职业稳定期是个人相对稳定地从事职业工作的时期。这个时期，个人的职业生活能力处于最旺盛的时期，是创造业绩、成就事业的黄金时期。当然，职业的稳定不是绝对的，特别是在科技发展日新月异、人才流动日趋快速的今天，就业单位和职业岗位发生变化是很正常的。需要指出的是，在职业稳定期，由于科学技术进步产业结构调整等因素，个体容易进入"职业发展高原期"，因此需要接受继续教育，不断学习、不断提高。

（五）职业结束期

由于年龄或身体状况等原因，个体逐渐丧失职业能力或职业兴趣，从而结束职业生活的时期是职业结束期。

二、职业规划的定义及特性

所谓职业规划，是指个人发展与组织发展相结合，对决定个人职业生涯的主客观因素进行分析、总结和测定，确定一个人的事业奋斗目标，并选择实现这一事业目标的职业，编制相应的工作、教育和培训的行动计划，对每一步骤的时间、顺序和方向做出合理的安排。换句话说，职业规划是指个体根据社会经济发展需要，即就业环境和本人实际情况，对自己一生的职业发展道路所做的设想和设计，是对个人职业前途的瞻望。职业规划分个人职业规划和组织职业规划两方面。个人职业规划又分为择业规划与调整职业规划，两者都是在一定的社会环境和自身条件制约下，个人在社会中寻找自己位置的主动行为。它要求个人根据社会环境和自身条件，将自己定位在一个最能发挥自己长处的位置，可以最大限度地实现自我价值，并与社会价值相统一。其实质是追求最佳职业生涯发展道路的过程。

良好的职业规划设计应具备以下特性。

（一）自我性

首先，自我性体现在自我认知是职业规划的起点，职业规划的目的不仅是帮助个体实现职业发展目标，更重要的是要引导个体正确认识自我、评价自我，寻求自我定位，实现自我完善；其次，职业规划始终恪守以"我"为主的原则，自我设计、自我管理、自我服务。

（二）个性化

人的个性化差异和价值追求、职业素质、能力、适应性等的不同决定了职业规划应量体裁衣。大学生职业规划要适合自己的最佳奋斗目标和有效的行动方案，倡导多元化，鼓励独特性、多样性。从性格角度说，性格外向者往往希望未来职场生活丰富多彩；而性格内向者则希望职业旅途平静似水，从一而终。

（三）目标化

职业规划是通过一个个目标链绘制个体的人生发展蓝图，规划目标就成了其中的关键环节，而目标设计是否科学、合理直接影响职业生涯的实现。美国心理学家佛隆（V. H. Vroom）认为，人总是通过选择一定的目标，并努力去实现它来直接或间接满足自身需要的，设置目标是一种强有力的激励。目前，国际上流行的确定目标的方法是 SMART 方法，其中，S 是 Specification（明确性），即目标要具体明确，便于把握；M 是 Measurable（可测量性），即目标是可以衡量的，要有定量数据，可操作性强；A 是 Attainable（可实现性），即目标要合理，难度适宜；R 是 Rewarding（挑战性），即目标要有意义和价值；T 是 Time-Tangets（时限性），即目标要在特定的时间内完成。

（四）阶段性

职业规划的目标化特点决定了它是分阶段、逐步实现的，而不是一蹴而就的。每个阶段都有一定的特征和职业发展任务，如果前一阶段职业发展任务不能很好地完成，就会影响后一阶段的职业发展任务，导致职业选择时发生障碍。因此，大学生的职业规划应根据个体的学业、心理、生理、能力、素质和实践等发展特点分为三个阶段：适应建立阶段（大一），大学生要适应大学生活，掌握学习策略、方法，实现角色转变，夯实职业生涯发展的基础，然后在自我认知、自我评估的基础上，制订学业规划、素质发展计划、职业发展目标等，充实职业生涯发展的内涵。实践阶段（大二至大三），主要是通过见习、实习和社会实践等形式，培养自己的职业发展能力、竞争能力，增强对职业的适应性，并以之检验目标实现的可能性与不足等，以便校正目标和策略。实现阶段（大四），主要是完成学业目标，制定择业策略，掌握择业技巧，选择职业目标，实现就业、创业。上述三个阶段，环环相扣、缺一不可。

（五）开放性

职业规划不是闭门造车，而是集中多方智慧，融合多种资源的结晶，既有老师、学生、家长和企业等参与，又要有成功学长的导航启迪。

三、职业规划的目的和意义

良好的职业规划可以完善个体对自我的认识，帮助个体明确目标、制订学习计划、合理择业，然后通过努力使自己各阶段的目标变成现实。从一定意义上来说，职业规划对一个人事业的成功与否具有决定作用，尤其是处于青年时代的大学生，正处于左右摇摆、寻找个人定位与发展方向的阶段。因此，大学生能否根据自身的条件和所处的客观环境，认真分析自身的优势和不足，合理进行职业规划，将直接影响未来的发展。

职业规划的目的不只是协助个人按照自身的条件找一份工作，更重要的是在详细评估内外环境的优势和限制的情形下，帮助个人真正了解自己，为自己筹划未来，在"衡外情、量己力"的情形下，设计出符合自己特点的、合理而又可行的职业生涯发展方向，最大限度地实现自我价值。

在高等教育改革日益深入的今天，国家和社会越来越关注大学生的就业问题，大学生的职业规划是让学生结合自身情况以及眼前的机遇和挑战，为自己确立职业目标，选择职业道路，并为实现职业生涯目标而确定教育、发展计划和行动方案。其意义可以归纳为以下几点。

（一）实施战略举措，经营美好未来

职业规划就是对人才与职业进行匹配的设计与再规划过程。职业生活本身就是一个动态的不断发展变化的过程。职业规划不是应变之策，而是经营未来。有效的职业规划，有利于明确人生未来的奋斗目标。目标明确，才能激励人们去奋斗，并积极创造条件去实现目标。

（二）把握自己，争取成功

职业规划是以人的认识为基础和前提的，如何从一个学生转变成一个精干的职业人员，对于大学生来说，还有很长的一段路要走。现实竞争的残酷，并不允许个人慢慢地成长，它要求每个人不仅要看清自己，还要看清前方，快速地成长起来。对于大学生来说，可以有困惑和迷茫，但绝对不允许放弃自己、放弃努力。

（三）明确目标，追寻人生价值的实现

职业规划就是我们每个人根据自己的实际工作能力和专业知识，大致设计好一个最适合自己的、将要为之奋斗的目标。在前进的道路上，把目标分解为阶段性的短期、中期、远期目标，然后通过自己一步步的努力实现阶段目标。在前进的过程中客观地衡量、评估、提升自己，直至达到既定目标后再设定新的目标，渐行渐高，那个前方的目标就是我们所追寻的人生价值。

四、大学生职业规划设计的原则

要制定出科学的职业规划方案，必须在设计时贯彻如下十条原则。

（一）清晰性原则

考虑目标、措施是否清晰、明确，实现目标的步骤是否切实可行。

（二）挑战性原则

目标或措施是否具有挑战性，还是仅保持其原来状况而已。

（三）变动性原则

目标或措施是否有弹性或缓冲性，是否能随着环境的变化而做调整。

（四）一致性原则

主要目标与各个分目标是否一致，目标与措施是否一致，个人目标与组织发展目标是否一致。

（五）激励性原则

目标是否符合自己的性格、兴趣和特长，是否能对自己产生内在的激励作用。

（六）合作性原则

个人的目标与他人的目标是否具有合作性与协调性。

（七）全程原则

拟定职业规划时必须考虑到生涯发展的整个历程，做全程的考虑。

（八）具体原则

职业生涯各阶段的路线划分与安排，必须具体可行。

（九）实际原则

实现职业生涯目标的途径很多，在设计时必须要考虑到自身特点、社会环境、组织环境以及其他相关的因素，选择切实可行的途径。

（十）可评量原则

职业规划设计应有明确的时间限制或标准，以便评量、检查，使自己随时掌握执行状况，并为设计的修正提供参考依据。

五、职业规划设计的要点

"知己知彼，百战百胜。"所谓"知己"，就是自我认识与自我了解。"知己"包括了解自己的性格、兴趣、特长、智商、情商、气质、价值观等。"知彼"就是熟悉周围的环境，特别是与生涯发展有关的职业世界。"知彼"包括了解组织环境、组织发展战略、人力资源需求、晋升发展机会、政治环境、社会环境、经济环境等。"知己"与"知彼"相互关联，在此基础上确定的个人生涯目标要符合现实，而不是一厢情愿；对从事的职业要感兴趣，而不是被动地去干；所从事的工作能发挥专长、优势；对工作的环境能够适应，工作干起来游刃有余。能做到以上几点就说明职业规划设计不仅做到了"知己""知彼"，还做出了正确的"抉择"。抉择包括职业抉择、路线抉择、目标抉择、行动措施抉择。所以，"知己""知彼"与"抉择"就是职业规划设计要把握好的要点。

（一）知己：自我优势分析

1. 你曾经做过什么

你已有的人生经历和体验，如在学校期间担当的职务，曾经参与或组织的实践活动，这些可以从侧面反映出一个人的素质状况。在自我分析时，要善于利用过去的经验选择、推断未来的工作方向与机会。

2. 你学习了什么

在学校期间，你从所学的专业课程中获得了什么。专业也许在未来的工作中并不起多大作用，但在一定程度上会决定你的职业方向，因而尽自己最大的努力学好专业课程是职业规划的前提条件之一。

3. 你最成功的是什么

你可能做过很多事情，但最成功的是什么？为何成功？是偶然还是必然？通过分析，可以发现自我性格优越的一面，譬如坚强、果断，以此作为个人深层挖掘的动力之源和魅力闪光点，这是职业规划的有力支撑。

（二）知己：自我劣势分析

1. 性格弱点

一个独立性强的人会很难与他人默契合作，而一个优柔寡断的人绝难担当企业管理者的重任。正如卡耐基所说："人性的弱点并不可怕，关键要有正确的认识，认真对待，尽量寻找弥补、克服的办法，使自我趋于完善。"

2. 经验或经历中所欠缺的方面

也许你曾多次失败，仍然找不到成功的捷径；需要你做某项工作，而之前从未接触过，说明经历的欠缺。欠缺并不可怕，怕的是自己还没有认识到，而一味地不懂装懂。

（三）知彼：环境分析

1. 对社会大环境的认识与分析

当前社会政治、经济发展趋势；社会热点职业门类与需求状况；自己所选择的职业在当前与未来社会中的地位情况；社会发展趋势对自己职业的影响。

2. 对自己所选企业的外部环境分析

所从事行业的发展状况及前景；自己所选企业在本行业中的地位与发展趋势；所面对的市场状况。

（四）知彼：人际关系分析

个人职业过程中将同哪些人交往，其中哪些人将对自身发展起重要作用，是何种作用，这种作用会持续多久，如何与他们保持联系，可采取什么方法予以实现；工作中会遇到什么样的同事或竞争者，如何相处。

外因是变化的条件，内因是变化的依据。既知己，又知彼，职业规划设计就有了成功的基础。未来发展往往不能离开历史的演变，只要从历史的足迹中探寻未来的步伐，在职场上就一定能稳步发展、游刃有余。

第二节　探索自己个性特征

成功心理学的理论告诉我们，判断一个人是否成功，最主要看他是否最大限度地发挥了自己的优势。因此，若想获得职业的成功，首先要学会识别、发现自己天生的才干与优势。

一、性格探索

近年来，许多用人单位在选人时出现一种新观念，他们认为，性格比能力重要。其原因是，如果个人能力不足，可通过培训提高，但个人的性格不好，要改变起来可就困难多了，所以在招聘新人时，往往将性格的测试放在首位。当性格与职业相吻合时，才会有进一步对其能力进行测试考察的意愿。

对性格引起重视的另外一个原因是，性格是个性中具有核心意义的成分，几乎涉及人的心理过程及个性特征的各个方面。观察一下日常生活中的人群，我们就可以发现千差万别的性格特征。

性格的态度特征不同：有的人诚实、正直、谦逊；有的人自私、虚伪、自傲；有的人勤奋、认真、创新；有的人懒惰、自卑、墨守成规。性格的意志特征不同：有的人自制、果断、勇敢；有的人冲动、盲目、怯懦；有的人顽强、严谨、坚持；有的人优柔寡断、虎头蛇尾、轻率马虎。性格的情绪特征不同：有的人情绪体验深刻，易被情绪支配、控制力较弱，对工作影响较大；有的人情绪体验微弱，意志控制能力强，不易被情绪左右，情绪对工作影响较小；有的人情绪稳定持久，情绪起伏波动较小；有的人则易激动，情绪不稳，在成功面前忘乎所以，在失败面前又可能垂头丧气；有的人经常精神饱满，朝气蓬勃，乐观向上；有的人则经常抑郁低沉，无精打采。

大学生在选择职业时，应根据自己的性格，选择适合个人性格特点的职业和工作。一般来说，外向型性格的人更适合与外界广泛接触的职业，如管理人员、律师、政治家、推销员、记者、教师等。内向型性格的人比较适合从事有计划的、稳定的、不需要与人过多交往的职业，如科学家、技术人员、会计师、统计员、资料管理人员、办公室职员等。在实际生活与工作中，纯属于外向型或纯属于内向型的人并不多，大部分人属于混合型性格。因而，在实际过程中，应根据个人的性格与职业的要求，具体情况具体处理，不能一概而论。

当然，人的性格在一定阶段还具有可塑性，对此，每个人在职业选择时都应当做适当"评估"。

二、兴趣探索

不同的人有不同的兴趣，不同的职业也需要不同的兴趣特征，一个擅长技能操作的人，靠他灵巧的双手，在技能操作领域得心应手，但如果硬要他把兴趣转移到书本的理论知识上来，他就会感到无用武之地。正是这种兴趣上的差异，构成人们选择职业的重要依据。所以，兴趣在职业活动中的作用应引起人们的重视，特别是对即将选择职业的大学生，更应引起注意。

1. 兴趣可以激发人的潜能与智力

兴趣是一种强大的精神力量，它可以使人集中精力去获得知识，并创造性地开展工作。当一个人对某种事物发生兴趣时，就能调动整个身心去积极地感知、观察事物，积极思考，大胆探索，情绪高涨，想象丰富，并具有克服困难的意志。

2. 兴趣可以提高人的工作效率

一个人对某一工作有兴趣时，枯燥的工作也会变得丰富多彩，趣味无穷。兴趣使工作不再是一种负担，而是一种享受。兴趣可以调动人的全部精力，使人以敏锐的观察力、高度集中的注意力、深刻的思维和丰富的想象力投入工作，从而有助于工作效率的提高。据研究，如果一个人对某一工作有兴趣，就能发挥他全部才能的80%～90%，并且长时间保持高效率工作不感到疲倦；而对工作没有兴趣的人，只能发挥其全部才能的20%～30%，而且容易筋疲力尽。多方面的兴趣可以使人善于应对多变的环境，如需变换工作，只要自己感兴趣，也能很快熟悉并适应新的工作。

3. 兴趣是行动的动力

英国著名人类学家古道尔女士从小喜欢生物，她中学毕业后，对黑猩猩产生了强烈兴趣，于是她不畏艰险，只身进入热带森林与黑猩猩一起"生活"了10年之久，并获得了极宝贵的第一手资料，为揭开黑猩猩的秘密做出了贡献。

在学校里被人骂为"傻瓜""低能儿"而被勒令退学的爱迪生，在发明的王国里却显示了杰出的才华。在课堂上"智力平平"的达尔文，在大自然的怀抱里显得异常聪明和敏锐，成为进化论的创始人。谁找到了自己最感兴趣的工作，谁就等于踏上了通向成功的道路。因为对一个人来说，对工作感兴趣就有钻劲，有钻劲就会出成就。这就是兴趣的作用所在。

由上面的分析可以看出，兴趣对事业的发展至关重要，所以兴趣是职业选择应考虑的重要因素之一。为便于大家根据自己的兴趣选择合适的职业，下面将加拿大职业分类词典中的十种职业兴趣类型与职业的吻合做一简要介绍。

（1）喜欢与事物打交道。相应的职业如制图、勘测、工程技术、建筑、机器制造、精算师、会计等。

（2）喜欢与人接触。相应的职业如记者、推销员、服务员、教师、行政管理、外交联络等。

（3）喜欢从事有规律的工作。相应的职业如邮件分类、图书管理、档案管理、文字录入、统计等。

（4）喜欢从事社会福利和助人工作。相应的职业如律师、咨询、科技推广、医生、护士等。

（5）喜欢做领导和组织工作。相应的职业如行政、企业管理、学校领导和辅导员等。

（6）喜欢研究人的行为。相应的职业如心理学、政治学、人类学、人事管理、思想政治教育等研究工作以及教育管理工作。

（7）喜欢从事科学技术事业。相应的职业如生物、化学、工程学、物理学、地质学等研究工作。

（8）喜欢抽象的和创造性的工作。相应的职业如社会调查，经济分析、各类科学研究工作、化验、新产品开发等。

（9）喜欢操作机器的技术工作。相应的职业如飞行员、驾驶员、机械制造、建筑、石油、煤炭开采等。

(10) 喜欢具体的工作。相应的职业如室内装饰、园体、美容、开发、手工制作、机械维修、厨师等。

三、能力探索

（一）能力的定义

能力是人成功地完成某种活动所必备的直接影响活动效率的个性心理特征。例加，画家必须具备色彩鉴别能力、形象记忆能力、估计比例的能力。现代心理学上所指的能力，有两种意义：一种是指个人已经具备并在行为上表现出来的实际能力，又称之为成就。例如，某人会说英语，能操作电脑等。另一种是个人将来可能发展并表现的潜在能力，又称之为性向。如人们常说，某人是"可造之材"，或某人具有文学、音乐方面的"天赋"，就是这种意义。潜在能力是实际能力形成的基础和条件，实际能力是潜在能力的展现，二者有着密切的联系。

（二）能力的发展

1. 能力发展的一般趋势

心理学研究表明，在人的一生中，能力的发展趋势如下：在总体趋势上，学习能力是随着年龄的增长而变化的。美国心理学家桑代克曾绘制过学习能力与年龄的关系曲线，指出学习能力到23岁左右达到最高峰，一直延续到45岁，此时的学习能力并不低于18岁的学生，但45岁以后，学习能力就显著下降。根据美国心理学家贝利的研究，从出生到14岁以前，人的智力发展一直随年龄增长呈直线上升，随后才减慢增长的速度。智力的发展速度是不均衡的。通常，3~4岁呈等速发展，之后改为负加速（即随年龄增加而渐减）发展。心理学家本特纳（R. Pintner）指出，从出生到5岁是智力发展最迅速的时期；5~10岁，发展也很快，并且容易测量；再过5年，发展就逐渐减慢。美国著名心理学家、教育学家布鲁纳（Bruner）根据对1000名被试者跟踪研究提出，从出生到5岁是人的智力发展最为快速的时期，若把一个人的智力，以17岁时的水平设定为100%，那么，5岁之前就可达到50%，5~8岁又增长30%，剩余的20%是8~17岁获得的。智力发展有关键期，也有相对稳定性，儿童、青少年时期是智力发展最重要的时期。能力结构中不同成分的发展是不一致的。通常感知能力达到高峰和下降的时间比较早，而推理能力发展较慢，下降也较迟。心理学家塞斯顿在考察了七种基本能力的基础上发现，知觉速度、空间知觉、推理能力、计算能力和记忆能力发展较早，语词理解和语词流畅发展较迟。

2. 能力发展的个体差异

人与人之间在能力发展上存在着明显的个体差异。研究能力发展的个体差异，可为教师因材施教，让学生"各尽所能"提供理论依据。一般认为，能力发展的个体差异主要表现在类型、发展水平和表现早晚三个方面。

（1）能力类型的差异。

能力类型差异是指个体的能力结构差异，表明每个人的能力各有所长。能力是由多种因素构成的，各种因素发展的不平衡性，导致人的能力发展存在质的差异。能力类型差异在性别上也有明显表现，研究发现，女性在知觉速度、语言理解、机械记忆能力、形象思维和模仿能力等方面占有优势，而男性在空间想象力、理解记忆能力、抽象逻辑思维能力和创造能力等方面占有优势。

（2）能力发展水平的差异。

能力发展水平差异是指个体之间同种能力的发展在量上存在着差异，表明每个人的能力有高低之别。能力发展水平的差异主要指智力发展差异（即一般能力差异）。美国心理学家推孟等曾对2904个儿童进行智力测试，将结果按智商高低把人的智力划分为九类，如表3-1所示。

表3-1　智力的分类

智商	类别
140以上	天才
120~140	上智
110~120	聪颖
90~110	中材
80~90	迟钝
70~80	近愚
50~70	低能
25~50	无能
25以下	白痴

智力在人口中的表现呈正态分布：两头小，中间大。智商为90~110者称为中等智力，约占总人数的50%；智商在130以上者称资赋优异，智商在70以下者称智能不足，它们在全人口中各占2%~3%。资赋优异又称智力超常，是指智力高度发展或某方面才能异常突出。研究发现，资赋优异者的求知欲旺盛，兴趣浓厚，观察细致，注意力集中，记忆力强，思维敏捷灵活，富有创造性，自信好胜。资赋优异者的智力因素和非智力因素都优于同年龄常态儿童的水平。智能不足又称智力落后或智力低常。现代心理学常根据智商、社会适应、问题发生时间三个指标判定儿童是否为智力低常。智能不足者并不是某一种心理活动水平低，而是整个心理能力的低下。为便于开展教育，我国心理学工作者将智能不足者从程度上分为4级：极重度（智商为20~25）、重度（智商为25~40）、中度（智商为40~55）、轻度（智商为55~70）。

（3）能力表现早晚的差异。

个体能力发展有早有晚，有些人在童年期就表现出某方面的优异能力，称为能力的早期表现，也称人才早熟。能力的早期表现在音乐和美术领域中最常见。有些人的才能表现较晚，常被称为"大器晚成"。人的能力表现虽有早晚差异，但就多数人来说，中年时期才是成才或出成绩的最佳年龄。美国心理学家莱曼曾研究了几千名科学家、艺术家和文学家的年龄与成就，认为25～40岁是个体成才的最佳年龄。他的研究还表明，从事不同学科的人最佳创造的年龄是不同的。

3. 能力倾向对职业选择的影响

就每个人的能力而言，有大有小，在选择职业时，能力倾向具有特别重要的意义。从能力差异的角度来看，在职业选择时应遵循以下几个原则。

（1）能力类型与职业类型相吻合。

人的能力类型是有差异的，因而应注意能力类型与职业类型的吻合。比如，从思维能力来看，形象思维型的人比较适合从事文学艺术方面的职业和工作；抽象思维型的人比较适合于从事哲学、数学等理论性较强的职业和工作；而具体动作思维型的人则比较适合于从事机械等方面的工作。

（2）能力水平要与职业层次相吻合。

对一种职业或职业类型来说，由于所承担的责任不同，又可分为不同层次，不同的层次对人的能力有不同的要求。因而，在根据能力类型确定了职业类型后，还应根据自己所达到或可能达到的能力水平确定相吻合的职业层次。只有这样，才能使能力与职业的吻合具体化。

（3）优势能力与职业选择相吻合。

每个人都有一个由多种能力组成的能力系统。在这个能力系统中，各方面能力的发展是不平衡的，常常是某方面的能力占优势，而另一些能力则不太突出。大学生在进行职业选择时，应主要考虑自己的最佳能力，选择最能运用其优势能力的职业。

四、气质探索

气质是指人们心理活动的速度、强度、稳定性和灵活性等方面的心理特征。气质对人们所从事的职业并不具有决定性作用，其作用主要表现在对工作性质和效率的影响上。不同职业对人的气质特点也有一定的要求。因此，在职业选择中不仅要考虑自己的职业兴趣和职业能力，还要考虑自己的职业气质特点。

人们一般把气质分为四种，即胆汁质、多血质、黏液质和抑郁质，四种不同的气质类型具有不同的心理特征。

胆汁质的心理特征属于兴奋而热烈的类型，表现为有理想，有抱负，有独立见解，反应迅速，行为果断，表里如一。在言语、面部表情和体态上都给人以热情直爽、善于交际的印象。不愿受人指挥而喜欢指挥别人。且认准目标，就希望尽快实现，遇到困难也不折不挠，有魄力，敢负责。但往往比较粗心，自制力较差，容易感情用事，有时有刚愎自用、鲁莽粗率的表现。由于神经过程的不平衡，会使工作带有明显的周期性，能以极大的热情投身于事业，一旦筋疲力尽，情绪顿时转为沮丧而心灰意冷。

多血质的心理特征属于敏捷而好动的类型。由于神经过程平衡且灵活性强，这种人更易于适应环境的变化，性格开朗、热情，善于交际。在群体中精神愉快，相处自然，常常能机智地解脱窘境。在工作和学习上肯动脑筋，常表现出较强的工作能力和较高的办事效率。对外界事物有广泛的兴趣、不安于循规蹈矩的工作，情绪不够稳定，易于浮躁，时有轻诺寡信、见异思迁的表现。

黏液质的心理特征属于缄默而安静的类型。由于神经过程平衡且灵活性低，反应较迟缓，无论环境如何变化，都能保持心理平衡。凡事力求稳妥、深思熟虑，一般不做无把握的事，具有很强的自我克制能力。与人交往时，态度持重适度，不卑不亢，不爱抛头露面或做空泛的清谈。行动缓慢而沉着，有板有眼，严格恪守既定的生活秩序和工作制度。因此，能够高质量完成那些需要长时间地集中注意力的工作。其不足之处是过于拘谨，不善于随机应变，常常墨守成规、故步自封。

抑郁质的心理特征属于呆板而羞涩的类型，精神上难以承受神经紧张，常因微不足道的小事引起情绪波动。情绪体验的方式较少，极少在外表流露自己的情感，但内心体验却相当深刻。性格孤僻，与人交往拘束，喜欢独处，兴趣爱好少，在友爱的集体里，可能是一个很易相处的人。对力所能及的工作能认真完成，遇事三思而后行，求稳不求快，因而显得迟缓刻板。学习、工作易疲倦，在困难面前怯懦、自卑、优柔寡断。

气质带有自然的属性，它们之间并没有好坏之分。任何一类气质的人在现实生活中，既可以是优秀的人才，也可能成为碌碌无为之辈，问题的本质不在于气质类型及其心理特征，而在于对生活的信念和追求。大学生在择业时，要根据需要对气质类型做进一步划分。根据现有研究成果，可以把职业气质分为下面十二类，每种气质类型都有与之对应的一系列典型职业。

（1）变化型。这种人在新的工作情境中感到愉快。他们喜欢工作内容经常有些变化，在有压力的情况下他们工作得很出色。他们善于将注意力从一件事情转移到另一件事情上。适合这一气质特点的典型的职业有记者、推销员、演员等。

（2）重复型。这种人适合连续不停地从事同样的工作，他们喜欢按照别人安排好的计划或进度办事，喜欢重复的、有规则的、有标准的职务。适合这一气质特点的典型的职业有纺织工、印刷工、装配工、电影放映员、机械工及中小学教师等。

（3）服从型。这种人喜欢按别人的指示办事，他们不愿自己独立做出决策，而喜欢让他人对自己的工作负起责任。适合这一气质特点的典型的职业有秘书、办公室职员、翻译人员等。

（4）独立型。这种人喜欢计划自己的活动和指导别人的活动。他们在独立的和负有职责的工作氛围中感到愉快，喜欢对将来发生的事情做出决定。适合这一气质特点的典型的职业有管理人员、律师、警察、侦查人员等。

（5）协作型。这种人在与人协同工作时感到愉快，他们喜欢得到同事的认可。适合这一气质特点的典型的职业有社会工作者与咨询人员等。

（6）孤独型。这种人喜欢单独工作，不愿与人交往。适合这一气质特点的典型的职业有校对、排版、工艺雕刻师等。

（7）劝服型。这种人喜欢设法让别人同意自己的观点。一般通过谈话或写作来表达自己的看法，他们对于别人的反应有较强的判断力，且善于影响他人的态度、观点和判断。适合这一气质特点的典型的职业有政治辅导员、行政人员、宣传工作者、作家等。

（8）机智型。这种人在紧张的和危险的情况下能很好地执行任务。他们在危险的状况下能自我控制，在意外的情境中能工作得很出色，当事情出了差错时，他们不易慌乱。适合这一气质特点的类型的职业有驾驶员、飞行员、警察、消防员、救生员、潜水员等。

（9）经验决策型。这种人喜欢根据自己的经验做出判断。当别人犹豫不决时，他们能当机立断做出决定，他们喜欢处理那些能够直接经历或直觉到的事情。适合这一气质特点的典型的职业有采购、供应、批发、推销、个体摊贩等。

（10）事实决策型。这种人喜欢根据事实来做出决策。他们要求根据充分的证据来下结论，他们喜欢使用调查、测验、统计数据来说明问题，引出结论。适合这一气质特点的典型的职业有化验员、检验员、自然科学研究者等。

（11）自我表现型。这种人热衷于能表现自己的爱好和个性的工作，他们喜欢通过自己的工作来表达自己的理想。适合这一气质特点的典型的职业有演员、诗人、音乐家、画家等。

（12）严谨型。这种人注重细节的精确，他们喜欢按一套规则和步骤将事情尽可能做得完美。他们倾向于严格、努力地工作，以便能看到自己出色地完成的工作的效果。适合这一气质特点的典型的职业有会计、出纳、统计、档案管理等。

第三节　未来职业发展的路径

很多人进入职场的时候会拿到一个职位目标，比如绩效是多少，要完成什么任务，然后冲着这个就开始埋头工作了。一年下来，沾沾自喜，因为完成了任务还拿到了绩效工资或奖金。但是为什么完成？为什么给这个任务？期间自己到底有没有增值？完全没想过！许多大学生毕业生刚入职场时，一直在低水平的勤奋。

职场中最重要的管理，其实是方向上的管理。所以，我们要学会自己做定位，结合组织要求来工作，这样才是上班，而不是让"班上你"。

一、熟悉现代组织形态

想象一个玻璃金字塔，从上到下分三层，每层分8个片区，中间有一个电梯，这大概就是现代典型的组织形态。

8个片区意味着8个不同的部门、三层则对应执行、管理、决策的三个组织形态。如果你站在CBD的楼顶往下一看，每一个小格子间都对应一个小公司，而每个公司都有一个小型金字塔。

那么在这个金字塔中该如何发展，如何定位自己？下面是这个金字塔的平面图：

市场：品牌、广告、公关、商务合作等；

销售：直销、分销、电销、会销渠道、代理等；

研发：研究、开发、设计、产品经理等；

生产：生产、制作、写代码、种植、服务等；

服务：客服、提供服务、知识服务等；

财务：管钱、算账、避税、资本运营等；

人力：人的选用育留、薪资福利、企业文化等；

行政：场地、物品采购、行政事务等。

其中，财务、研发、生产的专业性要求比较高，需要专业的学历或者证书。市场、销售、服务、人力和行政，更多都是专业知识+综合能力的体现，经过一段时间的在职学习，完全可以相对灵活地走动。而管理则按照彼得·德鲁克的说法是第九项职能：管理是让人和事情更好地匹配起来的专业职能，需要通过专业系统的学习。

这是平面图，再看看截图。要知道的是，上二楼的电梯门只在中间。所以要往上走，你需要关注什么人比较容易上电梯。越是核心的部门越容易上电梯，电梯门肯定是朝向那些更加核心的部门。

各部门越核心的人距离中心越近，越容易上电梯。但是核心并不需要你最专业，一个销售团队里的负责人，并不一定是业绩最好的人，但是他往往是业绩还不错，并且愿意花时间、精力带别人和做管理的人。

还有就是任何公司，请注意是任何公司，与管理层接触多，更亲近的人更容易上电梯。忠诚度和亲密度始终是信任与合作的前提。

所以，职场中最好的发展路径方式就是，成为在核心部门，在团队头部，经常和高层接触的人。

二、用"职场四看"设计路径

了解了地图，我们再看看路径。组织内发展主要有四条路可走。

（一）向上发展

在组织内承担更大的责任，带更大的团队，做更大的事。

（二）向深发展

专业发展，在团队里做得更加精深。一方面专业本身是一种专业竞争力，在足够专业的公司里，专业岗可以一直做下去。另一个方面，更专业也是靠近管理岗的重要手段。

（三）左右发展

转换职能，进入更适合你的领域。如果你向上、向深都看不到让你激动的方向，也许你可以左右挪动一下，看看有没有新的切入点对你更合适。比如原来敲代码的人，也许发现自己更适合做产品设计，甚至销售，这时候就可以做左右移动。

（四）向外发展

如果你的核心价值无法在组织里获得，那么，向外就是个好方式。你可以创造你的第二套职业系统；你也可以去寻求家庭工作平衡，比如结婚生娃；你也可以通过兴趣重新探索自己……

这4条职业发展路径方向顺序清晰，可以帮助大学生将来在职场中少走弯路并更容易成功。

举一个 Andy 的故事，他在一家上市的教育公司做 CEO，下面是他分享的自己的职业经历。

Andy 的起点不高，但是路径很清晰，一开始就是做专业——在一家小公司做审计，然后做了 2 年跳到四大公司做审计，然后逐渐进入到和上市审计相关的团队。进入团队以后，一直在刻意提高自己的项目管理能力，一方面在项目管理者角度能看到更多的深度（高度深度协同），一方面也为了未来做管理打下基础。

有那么 2 年左右的时间，公司内斗很厉害。大家都没有什么发展，他也不着急，定位职业外发展——大量时间学习注册会计师，混各种投资人和 CEO 的圈子，没事去分享公司避税、上市的坑，提升人脉、增加通用技能。

等到内斗结束，他顺理成章地进入一家为公司上市的团队，跑清楚了所有流程，也理解了另外的证监会、法律、投资人关系等业务。在做完第二家公司的上市案子以后，直接跳过去，做 CEO 了。

Andy 从一个无名学校的会计系学生到百亿级企业的 CEO，时间仅用了 12 年。小公司审计 2 年，四大审计 4 年，管理者带团队 2 年，内斗观望又 2 年，上市公司团队每年带一个一共 2 个 2 年。

Andy 职业发展的路径有非常清晰的思路，"角度－深度－高度－角度"，找到个切入点，让自己更专业，然后在管理上一个台阶，然后继续找角度，做专业……遇到发展受阻，就向外发展提高综合能力。方向决定效率，视野决定了心量。

第四节　撰写职业生涯规划书

一、撰写职业生涯规划书的准备工作

（一）确立志向

志向是事业成功的基本前提，没有志向，事业的成功也就无从谈起。俗话说："志不立，天下无可成之事。"纵观古今中外，各行各业的佼佼者，都有一个共同的特点，即具有远大的志向。立志是人生的起跑点，反映着一个人的抱负、胸怀、情趣和价值观，影响着一个人的奋斗目标及成就。所以，确立志向是制订职业规划的关键，也是大学生职业规划中最重要的一点。

（二）准确评估

准确评估包括两个方面的内容，即自我评估和职业生涯机会的评估。准确评估是进行职业规划的基础。自我评估就是对自己做全面分析，通过自我分析，认识自己，了解自己，因为只有认识了自己，明确了自己的长处，才能对自己的职业做出正确的选择。通常自我评估包括自己的兴趣、特长、性格、学识、技能、智商、情商、思维方式、道德水准以及组织管理、协调、活动能力等内容。职业生涯机会的评估主要分析内外环境因素对自己职业发展的

影响。每个人都处在一定的环境之中，离开了这个环境，便无法生存与成长。所谓"时势造英雄"，说的就是环境对人的作用。在制订个人的职业规划时，要分析环境条件的特点、环境的发展变化情况、自己与环境的关系、自己在这个环境中的地位、环境对自己提出的要求以及环境对自己有利的条件与不利的条件等。只有对这些环境因素充分了解，才能做到在复杂的环境中避害趋利，使职业规划具有实际意义。

（三）选择职业

通过自我评估、职业生涯机会的评估，认识自己，分析环境，在此基础上对自己的职业或目标职业做出选择。也就是说，在职业选择时，要充分考虑到自身的特点，还要充分考虑到环境因素对自己的影响。

通常，职业生涯方向的选择需要考虑以下几个问题：

我想往哪个方面发展？

我能往哪个方面发展？

我可以往哪个方面发展？

我的职业选择能帮助我实现人生的最终目标吗？

我是否有一种途径可以让现有的职业与人生的基本目标相一致？

分析自我、了解自己，分析环境、了解职业世界，使自己的性格、兴趣、特长与职业相吻合，这一点对即将步入社会，选择职业的大学生非常重要。这里必须考虑到一步到位和渐进两种可能。人们都希望一下就找到适合自己发展的工作，一步到位，但人生常常也要经历长时间的努力才可能找到适合自己发展的职业。这种情况就是渐进，慢慢接近目标，而且这种情况更为普遍。

（四）确立职业生涯路线

在选定职业（或目标职业）后，还需考虑向哪一路线发展。发展路线不同，对人的各方面条件的要求也就不同。即使同一职业，也有不同的岗位，有的人可在管理方面大显身手，成为一名卓越的管理人才；有的人适合做研究，可在某一领域有所突破，成为一名专家学者；有的人适合经营，可在商海中建立功勋，成为一名经营人才。如果一个人不具有管理才能，却选择了行政管理路线，这个人就很难成就事业。由此可见，职业生涯路线的选择，也是职业生涯发展能否成功的重要步骤之一。

（五）设定职业生涯目标

生涯目标的设定是职业规划设计的核心。一个人事业的成败，很大程度上取决于有无正确、适当的目标。没有目标，如同大海中毫无方向的孤舟，对前途一片茫然；只有树立了目标，才能明确奋斗方向，目标犹如海洋中的灯塔，引导你避开险礁暗石，走向成功。目标分短期目标、中期目标、长期目标和人生目标。短期目标又分日目标、周目标、月目标、年目标，中期目标一般为3~5年，长期目标般为5~10年。

（六）制订行动计划与措施

在确定了生涯目标后，行动便成了关键的环节。没有达成目标的行动，就不能达成目标，也就谈不上事业的成功。这里所指的行动，是指落实目标的具体措施，主要包括工作、训练、学习等方面的措施。例如，为达成找到理想工作的目标，你计划采取什么措施提高你的就业竞争力；在潜能开发方面，采取什么措施开发你的潜能等，都要有具体的计划与明确的措施，并且这些计划要特别具体，以便于定时检查。

如果你从一名财务人员做起，但你的5年、10年或20年的个人职业规划是希望成为一名理财规划师。那么，你应该问自己下列几个问题：

我需要哪些特别的培训和学习才能使我有资格做一名理财规划师？

为使自己的发展道路顺畅，需要排除的内部和外部障碍有哪些？

我目前的上司在这方面能给我帮助吗？

我周围的人在这方面能给我帮助吗？

在目前的公司，我最终成为理财规划师的可能性有多大？是否比在其他公司机会更大？

（七）评估与反馈

影响职业生涯规划的因素很多，有的变化因素是可以预测的，而有的变化因素难以预测。在此状况下，要使职业生涯规划行之有效，就必须不断地进行评估、修订与反馈。其修订的内容包括：职业的重新选择；生涯路线的选择；人生目标的修正；实施措施与计划的变更等。

成功的职业生涯规划需要时时审视内外环境的变化，并且调整自己的前进步伐，目标只是为个人的前进指引方向。而人是目标的创造者，可以在不同时间、不同环境下对职业规划做出调整，让它符合个体的理想。在今天，人类的工作方式不断推陈出新，每个个体除了学习新的技术技能和知识外还得时时审视自己的不足，及时反馈，修正自己的目标，才能立于不败之地。

二、职业规划书的内容及格式

职业生涯规划书就是大学生对自己的职业生涯发展目标的选择，实施计划及行动方案的书面表达。撰写职业生涯规划书必须包括以下几项基本内容。

（1）个人职业生涯规划书必须有封面、扉页、目录、前言或引言，扉页填写真实姓名、性别、学校、班级、联系电话、E-mail等相关信息。

（2）自我分析或自我剖析。自我分析主要是依据心理学的测评系统对自己的心理素质、人格特征等进行测评，再结合自己的兴趣、爱好及以往的经历等加以综合评价，给自己"画像"。自我分析包括以下四方面的内容。

①客观分析：依据心理测评系统和软件，对自己的智力、职业兴趣、人格特质、职业倾向和能力、职业价值观等进行测评，形成分析报告。

②主观分析：主要包括兴趣爱好、性格特点、各方面的能力和潜质及特殊才能、个人价值观和追求的自我分析。另外还包括他人对自己的评价内容。

③以往的经历和目前的处境分析：以往的经历包括学习与工作经历，尤其是曾经取得的引以为荣的成绩以及对自己影响特别大的事件；目前的处境分析就是对与自己职业生涯发展有密切关系的一些环境因素进行分析，比如家庭情况、对自己有帮助的人和事等。

④根据自我分析的结果，进行自我分析小结。

（3）外部环境分析。进行职业生涯规划时，我们必须全面、客观、正确地分析和了解自己所处的环境和将要面临的环境。外部环境包括：家庭环境、学校环境、社会环境（经济环境、文化环境、人们的价值观念、就业环境和社会政治制度）、行业环境（职业的特点和要求、现有从业人员的情况、所在行业的发展情况、前景与趋势及其对从业人员的要求，未来有哪些行业可能会对自己的目标职业有需求）。

（4）职业定位。职业目标的设定是指在自我剖析及对外部环境进行分析的基础上，确立自己明确的职业定位。综合自我分析和职业分析的主要内容，得出本人职业定位的SWOT分析，如表3-2所示。

表3-2 SWOT分析表

	优势因素（S）	弱势因素（W）
内部环境因素	沟通能力强……	过于呆板……
	机会因素（O）	威胁因素（T）
外部环境因素	学校声誉好、名气高，获得工作的机会相对多……	竞争激烈，人力资源管理类人才剧增……

（5）目标实现策略。目标实现策略即行动计划，即通过各种积极的措施与行动去争取职业生涯规划目标的实现。也就是说，在职业生涯规划书中，对如何实现自己的职业生涯发展目标制订一个比较详细而又切实可行的行动计划和策略方案。

①制订填写行动计划一览表。

②制订详细的执行计划：明确职业规划各个阶段的目标，并以发展目标为准绳，确定行动策略，平衡各个目标，使其协调发展。

（6）评估调整。职业规划是一个动态的过程，在职业规划过程中要根据实际情况总结经验和教训，修正对自我的认知和对最终职业目标的界定。评估调整包括以下几个方面。

①评估内容：自我认知的评估、职业目标评估、职业路径评估、实施策略评估。

②评估时间：根据实际情况设好评估时间。

③评估出现或可能出现的危险因素，调整、修正备选方案。

（7）结束语。

《《《《《 扩展阅读

不做人生规划——你离挨饿只有三天

徐小平

靠自己的劳动赢得生存就是成功

难以找到工作的青年，一般有三种情况：一是缺少求职技巧的人；二是缺乏就业竞争力的人；第三种人我觉得最糟糕——他们认为"仅为生存工作是可耻的"，认为"大学生去当家政，扫厕所，去卖肉……是丢人的行为。"这种丢人的感觉，恰恰是最丢人的！

生存永远在成功之前，换言之，靠自己的劳动赢得生存，本身就是一种成功。假如上帝暂时没有给你很多机会，就让你扫厕所，那么你就必须面对现实，把厕所扫好。我在美国就扫过厕所。如今职场竞争激烈，人必须树立最基本的就业价值观：靠自己的劳动生存，永远是最基本的追求！只有把胃填饱之后，才有机会充实头脑，提升自己。

伟大出于平凡，辉煌也来自卑微，微软离破产永远只有半年，你离挨饿或许只有三天。首先要生存下来，才能更好地追求其他梦想。

我有个亲戚，大学刚毕业，去搬电脑，我说祝贺你了，就从搬运工做起。哪个旅馆的总裁不是从端盘子、打扫房间开始的？沃尔玛的创始人，就从一个小杂货店起家。美国著名影星史泰龙、施瓦辛格，在成名之前都曾做过裸体模特，李嘉诚14岁就肩负养家糊口的重大责任，天天琢磨下一顿吃什么……当年我这个北大教师，一心想成为音乐家或者哲学家，但到了美国，也感到生存的艰难。我洗碗扫地，给必胜客送外卖，就差流浪街头了。把滚烫的比萨在没有变冷变硬之前送到客户手上，成了我唯一的艺术追求——同事笑我：送个比萨也这么激情！可是我感到自豪。激情不是浮躁，不是幻想，激情是执着当下，全身心投入，激情是做好眼前事的一种素质。

我承认浮躁是一种时代必然。同样教育背景的人，有人月薪几万人民币，有人1000元人民币，人心不可能不浮躁，但是，你必须把手头的工作做好，才可能真正进入一个成功者的境界。所谓成功者，并不单纯指百万富翁，也包括那些完美地完成一件工作，进而完成每件工作的人。

人生的伟大目标都是从养活自己开始，立足生存，追求梦想，这就是从卑微的工作干起的基本意义所在。

骑驴找马的人，也不该虐待驴

任何人都必须有敬业精神，能把小事干好的人，成功的概率更大。永远不要抱怨工作有多么无聊、渺小，只要开始工作，就有改进、提升和扩充自己的机会。譬如背英语单词，一天背1000个单词，你肯定背不下来，会精神崩溃，但如果一天背几十个单词，就能轻松做到，以少积多。反过来，假如你一开始就想做比尔·盖茨，学哲学的一上来就想超过黑格尔，忽略手头的工作，最终可能会一事无成。

可以骑驴找马，但不要虐待那匹驴。要么放弃这头驴，既然要了，你就要把它当成自己的旅伴和爱人，认真对待。

再回头说说扫厕所，你能把你负责的厕所弄得干净明亮，卫生清洁标准也比以前提升一个星甚至两个星，就意味着职位的提升和薪水的增加。新东方发展早期，俞敏洪从讲台到灶台，从教室到厕所，什么都管，他还曾发明一个"熏醋疗法"，驱除了厕所里面难以驱除的异味，至今"俞敏洪会扫厕所"还在被新东方的元老们传诵。

新东方还有一个出名的"扫地王"张少云。他来自贫穷的农村，在新东方实用英语学院读了两年非正式的大专英语，毕业后就在新东方看教室、打扫卫生，但他发誓"扫地也一定要扫出出息来，扫出前途来！"他一边干好本职工作，一边确定了在新东方教书的目标，在家里挂了一个小黑板，模拟课堂，一遍一遍地讲，一遍一遍地写，坚持了一年多。到了 2002 年初，他把这小黑板带到新东方大楼，直接给招聘主管老师模拟讲课，一举成功。现在，张少云已经成为新东方学校最优秀的讲师之一。

不管做什么工作，一个人的工作做到别人没法替代的程度，就算成功。这种骑驴的态度，这种认真精神和敬业精神，才会感动上帝，也是个人能得到最大发展的直接原因。

要抛弃"普洛克路斯忒斯之床"

我在新书《邮箱里的灯光》(《骑驴找马》修订版）里提出一个重要的思想：如果简单地以学历为准绳设计未来，人生的路就变得很窄；如果用市场需求来考虑、来测量自己，机会就会很多。这个思想，是针对中国社会依然盲目地追求高学历、追求留学、追求名校的风气而提出的。

我在书中讲了则希腊神话故事《普洛克路斯忒斯之床》：恶魔普洛克路斯忒斯有一张床，他守在路口，见到行人就把他们抓来放在床上量一量，太长就用斧子砍去脚，短了就拉长，以便符合床的标准。结果被他丈量过的人，没有一个不是一命呜呼。

为了符合社会公认的许多"神圣"但已经过时的人才标准，很多人也宁可把自己拉长或锯短。比如英语学习者，不把能否进行英语交流当作标准，而把四级六级当作标准。事实是，成功并没有公式化的标准和模式。设想一下，假如姚明的父母是个学历迷，强迫他学士、硕士、博士读到底才打职业篮球的话，相当于要他接受"普洛克路斯忒斯之床"的标准，那么今天就没有 NBA 的姚明了。

谈谈具体的案例。甲是家境窘迫，拿到法学学位又去考研。乙刚刚法硕毕业，就急着出国。他们都是以学位为中心，而不是以就业为中心，这样做违反市场规律。现在不少青年陷入追求高学位的盲目状态，认为出国是上品，考研是中品，就业是下品。

学历崇拜，出国崇拜，是坑害中国青年的一张普洛克路斯忒斯之床。这张床，威胁着当代中国青年奋斗的命运。以学位为中心来奋斗，是学位集体无意识，拿到学位未必得到前途；以就业资格为中心，是市场人才新规则，得到资格就可以获得工作，从而迈出成功第一步！

黑夜给了我们黑色的眼睛，我们要用它来寻找黄金

不管从事什么，要用敏锐的眼光，打开所有的神经天线，像捕捉爱人的眼神那样，捕捉那些与你的工作相关、但暂时还没有被商业化的需求，"就业"后"拓业"，更易获得成功。

我在 1996 年刚回新东方时，完全为了赚钱谋生，根本没有什么神圣的使命。但在出国咨询的过程中，我发现很多人盲目盲动，根本不考虑自身条件，更不考虑出国后到底做什么，反正就是为了出国而出国。在对他们的人生以及奋斗目标的拷问、反问中，我发现了一种新的咨询需求——这就是人生设计。后来我在新东方相继提出"留学申请的艺术"和"美国签证哲学"，都是在咨询过程中发现问题、解决问题，最后成为新东方的品牌成分的。

有个学生曾到新东方咨询，他是地理专业毕业，在北京找不到工作，特别着急，家里又穷，就想出国做最后一搏，我给劝住了，让他先就业。后来他受新东方成功的启示，想到教育贫瘠的贵阳老家也有英语培训的需求，就回去创业了。五年过去，他的事业蓬勃发展，已经成为当地赫赫有名的创业者。

中国的人才不是过多，而是过少。辉煌的故宫藏画艺术，被台湾公司开发出商业价值，他们利用日本超级仿真古画复制技术，生产高价成品，再向大陆推销。中国这样的市场空白增长点并不少，就等着人才开发。我常常戏言："黑夜给了我们黑色的眼睛，我们就要用它来寻找黄金。"中国职业场上的"黄金"到处都有，就看你怎么开掘。

智慧建议：留学、升本、考研、就业都是青年的人生选择，并无一个规则。问题是：它是否能使你们获得幸福的生活，实现人生的终极价值？我在《邮箱里的灯光》提出了重要的"三业"理论：成功无非就是就业（job）、职业（career）和事业（cause）。先要就业，也就是靠什么谋生，解决温饱；再要职业，通过稳定收入，拥有安全感；最后才是成就事业，实现人生最大价值。我呼吁我们的读者和学生，通过独立思考，打破精神枷锁，冲破思想牢笼，确定奋斗目标，以获得"就业"为最低奋斗纲领来设计自己的人生，追求个人的成功。

（徐小平，新东方教育科技集团董事，新东方文化发展研究院院长，2003年荣登中国《福布斯》名人录，被中国青年一代尊称为"人生设计师"。）

《《《《《 练习与思考

（1）结合个人实际，谈谈自己的职业规划。

（2）你同意"不做人生规划，你离挨饿只有三天"的说法吗？为什么？

就业篇

第四章　充分做好就业前的准备

感性导言（1G）：就业，你准备好了吗？

（背景音乐）

就业，你准备好了吗？

改革开放前30年，我国依靠廉价劳动力的"人口红利"优势取得了经济的飞速发展，但随着改革开放的深入，仅靠廉价劳动力推动经济增长的模式已不可持续。10余年来，就业质量的提高已成为经济发展中亟待解决的问题之一，大学生已日益成为职场的主力军。

时光飞逝，岁月如梭，转眼之间我们就要离开可爱的大学校园，走向期待已久的职场。然而，面对激烈的就业竞争市场，站在择业的路口，让我们静下心问自己：就业，我准备好了吗？

最近，据某网站对成功就业者的调查发现，有48.9%的人求职成功的秘籍是不断面试，积累面试经验，以量取胜；有21.6%的被访者是因所学专业抢手而求职成功；而名牌效应和关系效应比以往有明显降低，只占8.0%和11.4%。这些数据反映了企业对人才需求的定位：从单纯追求名气、注重关系与人际利益而逐渐转化到重视个人能力的务实层面。

另据某求职网站的统计数据显示，越来越多的人通过网络求职。不仅一些跨国公司要求大学毕业生必须通过网络投递简历，就连国内一些名不见经传的中小企业也要求求职者网上投简历。据部分高校统计，应届毕业生中有80%以上会在网上投递简历。这表明大学生求职的通道越来越宽，越来越便捷。

所以，作为新时代的大学生只有正确认清就业形势，做好充足的就业准备，方能把握机遇，在激烈的就业市场中寻得先机。

通过本章的学习，帮助大学生进一步树立正确的就业观，掌握应聘简历的制作原则与技巧，掌握面试的基本程序和要求，优化职场自我形象，为大学生顺利完成就业铺平道路。

职场箴言

为世界进文明，为人类造幸福，以青年之我，创造青春之家庭，青春之国家，青春之民族，青春之人类，青春之地球，青春之宇宙，资以乐其无涯之生。

——李大钊

发展才是硬道理，学习是迈向成功的通行证。终身学习是在当今快速发展的社会中取得立足的资本，只有不断地学习和探索，才不会被社会所淘汰。如果一个人不创新、不前进、不长大、不进步，只有"死路一条"！

——工程造价专业2012届毕业生
常州常建项目管理有限公司建筑监理潘树峰

感人案例（2G）

案例一

败在简历上的应聘
黄小米

虽说我学的是阿拉伯语，但大四前我并不为工作的事着急。大学前3年我都在一家贸易公司做兼职翻译，负责国际贸易的总经理曾对我许诺，毕业后直接来上班就行。大四临近毕业时，我与他联系，可他却委婉地告诉我，因为和埃及那边的合作取消，公司已经不需要阿拉伯语专业的人了。

看着不知所措的我，宿舍的姐妹们要我立即制作个人简历。好朋友陈楠还反复叮嘱我一定要把简历做得华丽漂亮些，哪怕数量少点也没关系，见到合适的公司一定要递上去，绝对不能错过任何机会。没有求职经验的我点头称是，拿出1000元做了10套装潢华丽的简历，仅一套就是厚厚一叠。

招聘会热火朝天，要人的单位很多，等着人要的大学生更多。我把简历一份份递上，可得到的回答不是专业不对口，就是需要有两年以上工作经历。虽然我极力辩解我有3年贸易公司兼职翻译经历，却因招聘会上太过吵闹淹没在翻涌的人声里。

我终于看中一家大集团的海外贸易部。负责招聘的大姐快速翻着我的简历，皱着眉头说："你什么专业的，到底要应聘什么部门，有什么特长啊，写这么多干吗！等电话吧。"说完"啪"的一声把简历扔进一大摞简历堆里，高声叫道："下一个！"

招聘现场来回走了一圈，工作的事仍没着落，可简历却一份也不剩。正当我沮丧得准备离开时，却意外看到会场尽头角落里的环亚旅行公司。这家从事境外旅游的公司招聘栏上清楚地写着：阿拉伯语。我兴奋地走过去，负责招聘的中年男子笑着问我："小姐，你的简历呢？"我才意识到我手里一份简历都没了。

匆忙把姓名、学校、专业、特长填在一张空白纸上递给负责人，他皱着眉头收下，挤出笑容说："好的，那你等通知吧。"

一个礼拜过去了，我没接到任何面试的电话。打电话到环亚旅行公司，耐心报了我的学校、专业和姓名，可电话那头却冷着嗓子说："我们从来没收到你的简历。"

而此时和我同专业的一个男生却成功应聘到我心仪的那家大集团海外贸易部。他告诉我，他的简历只做了两页，一页介绍自己的基本情况（包括各科成绩），一页是大学4年的社会活动简介。他一说完，我顿时就傻眼了……

有感而发

简历是每个求职者的敲门砖。但有不少求职者往往对简历的制作不够用心，粗制滥造，进而失去了在求职场上更进一步的机会。而本案例中黄小米在听从了好友陈楠的建议后，以100元钱1套的价格做了装潢华丽的简历后，仍然折戟沉沙，这又是为什么呢？对于这一点，值得每个求职者认真思考。

制作一份好的简历是求职的第一步，它既不能粗制滥造，也不可能靠华丽漂亮而取胜。因此，制作简历应当注意以下几个主要问题：

第一，简历不要太长。企业收到大量简历，工作人员不可能都仔细研读。简历内容过多会淹没一些有价值的闪光点，因此篇幅不宜过长。一份中文简历应压缩在2页左右。

第二，简历要真实客观。求职简历一定要按照实际情况填写，任何虚假的内容都不要写。即使有的人靠含有水分的简历得到面试的机会，面试时也会露出马脚。虚假内容一旦被招聘方发现，你几乎就再也没有机会进入这家公司了。

第三，不要过分谦虚。简历中不要注水并不等于把自己的一切，包括弱项都写进去。有的学生在简历里特别注明自己某项能力不强，这就是过分谦虚了。简历可以在客观真实的基础上有技巧地避重就轻，强化优势，弱化劣势。

第四，简历要简洁直白。简历要言简意赅，忌言辞华丽，形容词、修饰语过多，最好多用动宾结构的句子，简单明了。

现在找工作许多都是通过网络进行的，因此一份良好的个人简历对于获得面试机会至关重要。如何做好人生中的第一份求职简历，值得每一位大学生深思。

叩心自问

（1）黄小米应聘失败的主要原因有哪些？
（2）你认为参加现场招聘会还应当注意哪些细节？

职场箴言

人无礼则不生，事无礼则不成，国家无礼则不宁。

——荀子

"老老实实为人，本本分分做事"是职场人立足社会的根本，也是我时刻铭记的一句话。成为一个有技术、会管理、善经营的汽车人，将是我一直努力和奋斗的目标。当然，在这个人才济济的社会中我不一定是最好的，但我一定会努力地跻身于这一优秀的行列之中。在中国的汽车业中实现自己的社会价值。

——汽车工程学院的2015届毕业生
昆山花桥美丽狮一站式汽修服务有限公司维修师胡冬冬

案例二

用心的实习者
——记汽车运用与维修2018届毕业生曹鑫就业案例

曹鑫

2017年10月，原汽车运用与维修专业2015级学生曹鑫经学校推荐，企业核准到杭州长江汽车有限公司进行毕业实习。

杭州长江汽车有限公司占地面积超过1200亩，投资51亿元，整车年产能达10万辆，制造工艺比肩德国工业4.0，在商乘并举发展中，产品系列涵盖乘用车、客车、物流车、卡车等多平台，下辖杭州、昆明、贵安、美国四个整车生产基地，在北京设有新能源研发中心、车联网大数据研发中心，是国内已建成投资的规模最大、智能化程度最高的纯电动汽车生产企业。

曹鑫永远都会记得他第一次进公司时被现代化的生产场景"电"住时的激动心情，在8万平方米的宽敞车间内，在高度智能化的总装流水线前看着机器人神奇的操作久久不愿离去。

当他在实习培训时了解到，我国汽车产销从2009年起虽多年蝉联世界第一，然而，我国却只是一个汽车大国，并非汽车强国。新能源汽车将极有可能打开我国由汽车大国走向汽车强国的机会窗口。因为，锂资源和稀土资源作为纯电动汽车的战略资源在我国有足够的储量，使我国已经具备大力发展纯电动汽车的基础条件。此刻，他暗自下定决心，一定要珍惜这次宝贵的实习机会，争取成为公司的一员，为国争光。

实习期的他是在总装车间度过的。刚进新能源汽车制造行业，就接触到汽车的安装与组装，对大学生来说这些都是一个全新的领域。有些人对此不知所措甚至产生恐惧，而曹鑫认为这是一种挑战更是一种机遇。他抓住机会，勤奋工作，不懂不明白的地方就虚心向老师傅、班组长请教，反复操练，很快他就掌握了简单的安装技巧与方法。

实习期间，他每天都会遇到一些以前听都没听说过的陌生项目，他认为这是一个绝好的学习机会，在完成自己的工作任务后，他就积极主动地学习其他岗位技能和知识，并在力所能及的情况下，积极主动地帮助其他兄弟岗位的同事。

本着"下道工序就是用户"的思想，他对自己的工作精益求精，确保每一道工序都安装到位且准确无误，他认为这不仅仅是对工作的负责，也是对产品、对客户、对生命的负责。不能因为自己的一时疏忽，导致将来可能存在的安全隐患，要时时刻刻保持一颗确保零事故的心。

实习期间，他始终按照师傅的教导精打实干、厚积薄发。他的工作能力很快就脱颖而出，得到班组长、线长以及车间主任和公司的认可。由于他在实习期间的出色表现，被公司评为"优秀学员"。实习期满就被公司录用为正式员工，并被公司选作后备组长培养。

曹鑫的梦想经过自己的努力终于变成了现实。

有感而发

实习是每个大学生都必须面对和经历的过程，也是大学生与企业相互熟悉和了解的最佳途径，尤其是进入大企业实习，可以充分发挥和展示自己在学校里学到的专业技能和个人才华，进一步加深对职业的了解，确认喜欢或擅长的行业。毕业前进入企业实习不仅是大学生个人能力的一个证明，也是企业选择员工的一个重要通道之一。

毕业实习为大学生提供了一个从学生到员工，从学习到工作，从学校到职场的机会。有了实习的经验，大学生在以后就业的道路上就会少走很多弯路。同时，大学生实习是处于一种真实的职场工作环境，通过实际操作可以发现自身的不足和欠缺，能够迅速提升自己的动手能力和理论水平。此外，实习可以增加大学生将来寻找工作时的竞争优势。

曹鑫是一个用心的实习者，他追寻着心中的理想，努力工作，虚心好学，乐于助人，最终成为我国新能源电动车龙头企业长江汽车有限公司的一名合格员工，实现了为国效力的决心与梦想。

曹鑫的成功，为当代大学生通过实习而达到成功就业提供了一个很好的借鉴和模仿的样板。

叩心自问

（1）曹鑫是如何通过实习达到就业理想的？
（2）大学生在毕业实习时要注意哪几点？

职场箴言

面试需要的是一种双赢的局面；在这个过程中，求职者应该更多关注的是用人单位的买点，而非自己的卖点。

——刘同

大学生活与就业任职是两种截然不同的生活。曾经是多么盼望着早些离开校园、离开课堂、离开书本……，但真的到离开的那一刻，才知道自己对校园的留恋。我相信天道酬勤，而付出就一定会有回报，我也会继续努力实现自己。

——营养与食品卫生专业 2018 届毕业生
太仓智趣信息科技有限公司教师周倩倩

感动体验（3G）："就业面对面"

体验活动：
【活动目的】
（1）通过调查真实反映当代大学生就业方面的需求。
（2）通过体验让学生增强对就业的紧迫感，缓解就业心理压力。
（3）通过分享，促进学生之间就业信息交流，相互帮助共同成长。
【活动准备】
（1）《就业面对面问卷调查》每人一份。
（2）黑色水笔每人一支。
（3）助教一名。
【活动过程】
（1）指导教师课程导语（参考）：

广告学专业的小红，刚毕业，就很幸运地在一家报社做平面设计，深受同学们的羡慕。然而，接下来的一连串变故，让许多同学不解，小红自己也陷入了迷茫。

在报社她仅做了一个多月便辞职了。辞职的原因很简单，她认为自己在报社学不到东西。

可是，当她离开报社后，再去寻找相同或类似的工作岗位时，却遭到了许多单位的拒绝。有些单位嫌她学历低，有些单位嫌她能力差，她想试用的机会都没有。

为了生活，她的第二份工作是做保健品销售，主要工作内容是向老年人推销保健品。每天和老年人套近乎，哄他们开心，然后让他们买保健品。在干了两个半月后小红再次辞职。辞职的理由是工作对自身的成长与专业的发展帮助不大。

再次辞职后，小红连找工作的勇气都没了，人都要颓废了。家人见此非常着急，于是在一个亲戚的介绍下，小红又进入了一家建筑企业。

然而，小红进了职场后更是茫然。因为建筑与她的广告学专业跨度太大了。如今的小红每天都在看建筑行业基础书，但是感觉特费劲，效果特别差。谁也不知道她在建筑行业上还能待多久。

毕业半年，干了三个行业，现在依旧迷茫中，找不到发展的方向。小红的遭遇给每个大学生都敲响了警钟：就业，我到底准备好没有？值得每个人深思。

本次课程的体验活动是填写《就业面对面问卷调查》，需要同学们结合自己的个人实际，对就业进行再思考，是考察自我内心的活动。

（2）活动规则：

①答题过程中每位同学只能独立完成，不得交头接耳。

②答题卷反放于桌上，任何人不得提前阅卷和答卷。

③答题完毕后举手示意。

④时间五分钟（五分钟到时必须停止作答）。

⑤违规者收回试卷，取消活动资格。

（3）助教上前发放试卷，反面向上。

发放完毕！

（4）指导教师宣布活动开始，助教开始记时。

就业面对面问卷调查（样卷）

填写规则：

请在○内画√，本问卷为不定项选择，请认真阅读，谢谢！

1. 您的性别：

○男

○女

2. 您的家庭所在地：

○大城市

○小城市

○城镇

○农村

3. 面对未来就业，您感觉：

○压力很大

○压力较轻

○没压力

4. 您的专业归类：

○理工

○艺体

○医科

○文科

5. 您觉得下列哪个因素对您择业影响最大：

○社会需求

○工作环境

○薪水

○亲人朋友意见

6. 毕业后，您选择：

○先就业后择业，努力打拼

○尝试创业

○考公务员

○考研或者出国深造

7. 您的就业标准是：

○对口专业

○工资福利

○地域

○实现人生价值

8. 您觉得用人单位领导最看重的是：

○专业知识

○个人能力

○工作态度

○上进心

9. 您关注就业问题吗？

○非常关注

○比较关注

○偶尔关注

○从不关注

10. 您是否愿意从事与专业不对口的工作？

○是

○不是

○不知道

11. 您更倾向于哪种渠道获得职业信息？

○报纸，期刊，杂志

○校园海报

○校内宣传会

○网上

12. 估计择业过程最大问题是：

○专业知识面太窄

○交际面太窄

○性别歧视

○户口难解决

13. 您认为所学专业前景如何？

○很有前途

○较有前途

○较无前途
○很迷茫

14. 就业时若工资待遇低你会立即跳槽吗？

_____
_____
_____

15. 毕业后会进行自我创业吗？

_____
_____
_____

16. 职场中，你认为自己在性格方面的优势有哪些？

_____
_____
_____

感悟分享（4G）：积跬步至千里

（1）指导教师体验活动感悟分享提示语（参考）：

亲爱的同学们，通过刚才的问卷调查请扪心自问下，你的就业方向和目标明确了吗？你对就业信息的关注程度如何？就业时，你是如何考虑专业和工作性质的？就业时，你是如何考虑薪酬和自身发展的？就业时，你将如何对待自己的第一份工作呢？你认为，成功就业中最关键的要素有哪些？

对大学生而言，这是进入职场之前必须认真思考的几个关键问题，如果上述问题你都从未思考过或从未进行认真的思考，那么，进入职场你就会像小红一样迷茫，在就业岗位上感到无能为力。

同时，一个人要想顺利地找到工作，并在工作中做出成绩，必须具有一定的就业能力，它分为一般就业能力和特殊就业能力。一般就业能力包括一个人的态度、世界观、价值观、习惯，处理与周围的人和工作环境的关系的能力，自我管理能力等。特殊就业能力是指某个职业所需的特殊技能和环境所需的某种特殊技能，如护士需要某种特殊的护理技能，美术工作者必须具备色调感、浓度感、线条感和形象感等。

一般就业能力和特殊就业能力在职业活动中都很重要。要成功地从事某种职业，常常需要一般就业能力和特殊就业能力的有机配合。如果一个人只有一般就业能力而无特殊就业能力是很难胜任某种职业的，一个不精通医术的大夫如何能给病人治病呢？同样，只有特殊就业能力而无一般就业能力的人也是很难在事业上取得成功的，一个缺乏团结协作、全心全意为人民服务的精神，缺乏事业心和责任感的人，纵使有多娴熟的职业技术，最终也会成为职业的失败者。

综合以上，大学生要想就业，就好业，就必须事先做好充分的就业准备。进入职场之前，必须要明确自己"想做什么和最擅长做什么"，整合自身的兴趣、特长、专业或经验，制定两个或两个以上比较适合自己的就业目标。在制定目标时，既不能好高骛远也不要轻视自己，分阶段性进行，职位、工资待遇等均应循序渐进。

在职场上，只要我们坚持理想，不懈努力，积跬步一定可以至千里。正如习总书记所说：中国梦是我们的，更是你们青年一代的。中华民族伟大复兴终将在广大青年的接力奋斗中变为现实。

通过刚才的体验活动，大家反思一下自己：
①就业时薪资不理想咋办？
②就业岗位非专业所学咋办？
③职场环境非理想状况时咋办？
④你在本次体验活动中的感受是什么？
（2）指导教师要求学生以小组为单位进行活动交流。
（3）由各小组推荐或自荐一名同学上台进行大组分享。

职场箴言

生活中常有这种事情：来到跟前的往往轻易放过，远在天边的却又苦苦追求；占有它时感到平淡无味，失去它时方觉可贵。

——丁谦

这份工作是我通过投递简历找到的，因此我也倍加珍惜。所以我态度端正，也乐意去为企业付出，也知道我从中一定会学习到很多的理论和实践知识，这也是我日后成功的资本。

——机电工程学院2018届毕业生
博众精工科技股份有限公司营业部副主管周王坤

感奋践行（5G）

《《《《《 知识导航：充分做好就业前的准备

第一节　科学的就业观

一、客观分析就业趋势

大学生应当认真研究就业市场，客观分析就业趋势。一般来说，应当确立以下几个方面的思路。

（一）与企业一起成长

不再过多关注待遇和收入，更多考虑与企业共同发展，这是不久前在某人才交流市场上了解到的大学生毕业求职的新趋势。某省企业中高级人才交流峰会吸引了近200家用人单位的近8000个岗位。据主办方统计，共有1万多人参加应聘，其中大部分是应届高校毕业生。一些刚成立不久的私营企业成为应届生重点光顾的对象，一家刚成立一年的药品生产企业不到一个小时已收到数十份简历，几家名不见经传的小型民营企业被围得水泄不通。中小企业为什么会受到大学生青睐呢？某学院毕业生说："新企业和我们都需要从零开始，与企业共同成长是非常充实而有意义的，挑战越大，机遇越多。即便失败，也不用担心，我们还年轻嘛！"某大学信息学院的学生放弃了到一家老牌企业工作的机会，转而向一家新的软件开发公司投递了简历。他说，原来那家企业名气大，但岗位缺乏挑战。相比之下，新公司有较大发展空间，崭露头角的可能性更大。对于新企业来说，录用充满活力、综合素质较高的年轻人，尤其营销类和高层管理助理类人才也是其招聘的重要思路，一家新生外资公司招聘人员承认，新公司处于业务发展期，可塑性极强的大学毕业生能适应许多岗位。这至少为大学生锻炼能力、积累经验提供了不错的平台。人才竞争加剧、求职难度系数越来越大也是迫使毕业生"弃大从小"的重要原因。此次人才交流会主办方负责人认为，近年来的求职现象表明，应届毕业生已经能够做到先求就业再图"理想"，这显然是成熟、务实的求职心态。不过，新生企业的管理和用人机制可能不尽规范，应届生在选择单位时须注意甄别，以免上当。

（二）企业喜欢复合型人才

一方面，提起应聘，大学生们似乎有说不完的委屈话，他们感觉招聘单位在聘用他们时，有时是故意挑剔、找毛病。而另一方面，招聘单位却说，很难找到合适的人才。一家外资企业的经理说："我们要求全面发展的复合型人才，既要能胜任我们公司的工作，还要是一个多面手。我们看重的是应聘者的能力，只要其社会经验丰富，企业团队意识强，就是理论水平差点也没有关系。"从交谈中得知，企业需要的是复合型人才，企业愿意为这样的大学生提供一个展现才华、能力的平台。

（三）能力大于"出身"

毕业后，大学生所学的专业往往用不上，在他们看来，似乎很难施展才能，毕竟薪酬高低是以实际业绩来定夺的。而用人单位指出，事实上，专业和学校都是次要的，企业更关注其发展潜力，看重的是一个人是否聪明，对工作和求知是否充满热情，能否适应企业文化。无论是"对口专业""名牌大学"还是"出色的工作经验"，最终都要去和薪水寻求对称。对称不起来，用人单位迟早会让其卷铺盖走人。而反映到现实中，只有一句话："让工作业绩说话"。

二、谨慎思索发展方向

每个毕业生在选择职业时，首先就要给自己定位，自己喜欢做什么（主要包括职业兴趣、职业价值观等）、适合做什么（主要包括职业性格、气质、天赋才干、智商、情商等）、擅长做什么（主要包括职业能力倾向，如语言表达、逻辑推理、数字运算等）、能够做什么

（主要包括自己掌握的专业知识、技能和工作经验等），从多角度分析自己，来进一步发现和了解自己的职业兴趣、能力倾向等职业特征和发展潜能，从而来帮助自己走好下一步。如果现在的情况很糟糕，没有精力与能力来确定自己到底做什么，就只能一步步摸索着前进。事实是很多职业能力在不同的行业与职位中具有相关性，也许你目前的工作不适合自己，但是，要注重相关能力的积累，让自己的综合能力得到提高。但不能以这种思想来麻痹自己，让自己一直在不合适的岗位上持续下去。否则，只能以丧失未来的发展为代价。如今的创业市场虽然商机无限，但对资金、能力、经验都有限的大学生创业者来说，要想创业成功确实不是一件容易的事情。在这种情况下，只有根据自身的实际特点，找准"立锥之地"，才能闯出一片真正适合自己的新天地。根据一些专家的研究，以下四个职业发展方向是比较适合有志于创业的大学毕业生的。

（一）高科技领域

身处高新科技前沿阵地的大学生，在这一领域创业往往有着"近水楼台先得月"的先发优势。事实上，网易、腾讯等大学生创业企业的成功，就得益于创业者的技术优势。但是，也并非所有的大学生都适合在高科技领域创业。一般来说，只有那些技术功底深厚、学科成绩出类拔萃的大学生才有成功的希望。有意在这一领域创业的大学生，可积极参加各类创业大赛，获得脱颖而出的机会，以期吸引风险投资。

推荐商机：软件开发、网络服务、游戏开发。

（二）智力服务领域

在智力服务领域创业，大学生游刃有余，因为智力是大学生创业最先掌握的资本。例如，家教领域就非常适合大学生。实践证明，家教是大学生勤工俭学的一个传统渠道，能借此积累丰富的工作经验。另外，大学生能够充分利用高校教育资源，更容易掘到真正属于自己的"第一桶金"。此类智力服务创业项目的成本较低，一张桌子、一部电话就可自我推销，进而付诸实施。

推荐商机：家教、家教中介、设计工作室、翻译事务所。

（三）连锁加盟领域

相关调查显示，在相同的经营领域中，加盟创业的成功率高达80%。对于创业资源十分有限的大多数大学生来说，借助连锁加盟的品牌、技术营销、设备优势，可以以较少的投资、较低的门槛实现自主创业。当然，连锁加盟也并非真正意义上的"零风险"。在鱼龙混杂的市场中，涉世不深、经验不足的大学生在选择加盟项目时，更应注意规避各种风险。一般来说，大学生创业者资金实力较弱，适合选择那些启动资金不多、人手配备要求不高的加盟项目，从小本经营开始。此外，最好选择运营时间在5年以上、拥有10家以上加盟店的成熟品牌。

推荐商机：快餐业、家政服务、校园小型超市、数码快印店。

（四）开店

大学生开店具有许多优势，一方面，可充分利用高校的学生顾客资源；另一方面，由于熟悉同龄人的消费习惯，入门也就变得相对容易。既然要走"学生路线"，就要靠价廉物美来吸引顾客。由于大学生资金非常有限，不可能选择热闹地段的店面，推广工作尤为重要，也更为艰难。因此，这就需要经常在校园里张贴广告或与各类社团联办活动，才能广为人知，赢得客源。

推荐商机：高校内部或周边地区的餐厅、咖啡屋、美发屋、文具店、书店、洗衣店。

三、树立正确的就业观

（一）以理性心态对待就业形势

有人群的地方，必然就有竞争；有竞争才有发展，重要的是我们如何从自身学会看待社会，看待别人，又如何从社会角度正确对待自己。只要不过分强调自我，调整好就业心态，你就必定能在社会上找到适合的定位。退一步说，即使开始定位不准，你认为找到的并不是最理想的单位，然而，只要你能认识到首份工作只是人生事业的开端，是今后发展的起点，你就必然不会过分计较，不会后悔。

（二）用现实眼光选择用人单位

找到地理位置、生活环境、福利待遇、发展前景都理想的单位当然好，但这种单位毕竟凤毛麟角，对大多数人来说是可望而不可即的，而且今天选定的单位明天也许又不满意。而某些条件相对艰苦的基层单位，实际上可能更容易发挥出自己的能力，更有利于长远发展，成功成才。而有些同学互相攀比，总怕自己的选择吃了亏，这山还望那山高，结果是更吃亏。有些学生毕业时本来已找到很好的单位，但只因是中等城市，而最终放弃了机会。其实，边远地区的条件虽然差一点，人才资源也很薄弱，正是大学生展示个人才华的好机会，说不准干几年就能挑大梁，成大事。然而，大城市人才济济，一般大学生很难冒尖。

换句话说，只要根据自己的实际与特点找准位置，树立先就业后择业的思想，先立业后必成事，而且很可能成大业。

（三）端正择业观念

1. 量力而行，切忌好高骛远

就业，是一种双向选择行为，既是同学们对单位工作环境、工资待遇、福利条件、劳动强度的选择，也是单位对同学们的学习成绩、技能水平、个人素质、思想道德水平的选择。只有双方的条件都能被对方接受时，就业才能实现。所以，同学们在选择单位和岗位时，要从自身条件和对方用人条件出发，选择双方条件基本一致的单位。切不可一味要求工作轻松、工资高、待遇好的单位。

2. 先生存再发展，切忌追求一步到位

人生像走路，要从第一步开始，不断积累，才能达到目标。任何单位对招聘的员工，总是让他从最基本的工作做起，在工作中考察他的品德、能力、素质，根据他的表现和工作需要，逐步安排晋升。有些同学，没有工作经验和能力，就业时却心存一些不切实际的想法，结果当然不能顺利就业。当其他同学已经取得一定工作经验和成绩，并为自己和家庭创造一定财富时，他们却还在社会上盲目地奔波。

3. 机会只属于做好准备的人

人生的成功，可以用一个公式来表示：成功＝才能＋机遇＋勤奋。才能就是你们知识和技能，而机遇是稍纵即逝的，它只赋予那些做好了准备的人。勤奋学习，勤奋工作，你才能获取更多的知识和才能，也才可以抓住更好的机遇。对我们同学们来说，在校学习、实习就是准备阶段。单位招聘员工，百分百地要求品行端正，知识面广，技能强，肯吃苦，谦虚好学，尊重他人，遵守纪律。当你做好了准备，具备了这些条件，你就能抓住机遇顺利就业。一个满口粗言的人，一个不遵守纪律的人，一个既没有本领又没有良好素质的人，任何单位都是会将其拒之门外的。

第二节　制作应聘简历

一、应聘简历制作要件

毕业生个人简历一般分为两种，即单张简历和多张简历。

（一）单张简历

单张简历是最简单的个人介绍，目前流行的是言简意赅而又制作成本相对较低的单张简历。制作单张简历时，最好能将所有简历内容都在一张 A4 纸内完成。

（1）陈述个人信息。如姓名籍贯、身高、体重、学历、英文程度、出生日期等。

（2）自我评价。通过几年的大学学习和生活，大学生在知识范围、待人接物、职业兴趣、人生观、社会观等方面均会发生变化。这部分是对个人能力的高度总结，不适宜用太长的句子，应集中在突出个人能力、在校学习成绩、职业发展兴趣三个方面。

（3）文化教育背景。中学、大学受过的教育时间、学校名称及所学专业。

（4）工作经历。不必单独列出一栏写，因为不适合应届毕业大学生。若真有实习经历，只需写在大学所受培训一栏。

（5）在校所接受培训。如果拥有电工、驾驶员、焊工等技能资格证书，就尽管写上。但只需简短说明即可，不需做任何夸张描述。

（6）在简历的右上角贴上一张 1 寸或 2 寸最近免冠彩色照片，方便用人单位了解你。

（7）简历一般用一张 A4 纸打完，标题部分可涂黑加粗。

（8）一般在简历后还有些附页，如学生在校成绩单（需要有学校的印章）和学校的推荐单。建议你将班主任的姓名和办公电话写在证明栏处。学校出具的在校学习成绩单原件要妥善保管，投递简历时可用复印件，但切记正式面试时，用人单位人力资源部会要求你出示原件。

（9）关于获奖奖项：需如实填写且必须是真正获得过的奖项。通过在校获得的奖项，用人单位可推测出你的哪方面能力突出，或团队意识如何。

一份合格的简历应包括以上九个方面的内容，且在用电脑排版时，注意字体字号、段与段之间距离以及行与行之间距离，使简历整体美观大方。

（二）多张简历

多张简历是单张简历的内容拓展，具体又包括简历封面、自荐信、个人简历（即单张简历）、各种荣誉证书等。当你通过某种渠道幸运地通过了招聘求职的初次海选而得到进一步与用人单位洽谈的机会时，携带一份有着完备的介绍和热情洋溢的求职信的多张简历就比单薄的单张简历的效果要好得多。此时，用人单位已经过了第一步的大量海选，其职位候选人基本锁定。这时候，自己所带的资料就越详细越好。

简历的封面易"简"不易"繁"，写明自己的姓名、专业、联系方式和个性宣言即可。

求职信则包含更独特的信息，要说明你如何利用具备的技能帮助公司发展，你与其他申请者有什么不同，你对行业和公司的独特见解等内容。一封完整的求职信应该包括以下内容：抬头和日期；收信人姓名、职务；公司名称；公司地址；称呼语；第一段，开门见山，表明你的意图；第二段，解释申请这一职位的独特理由；第三段，强调你能为公司做什么；第四段，得体的结尾，再次表达你的愿望，并预约面试。

二、应聘简历制作原则

虽然简历的组成大同小异，但要做好还要有一定的技巧。好的简历应该简洁明了，语言精练，表达专业，结构安排合理，内容真实，富有个性；没有拼写错误和打印错误，与谋求进入的行业协调一致。应聘简历主要包括以下四个制作原则。

（一）十秒钟原则

所谓"十秒钟原则"，即一份简历通读下来要在十秒钟之内。在一般情况下，简历的长度以一张 A4 纸为限（即制作单张简历），简历越长，被用人单位认真阅读的可能性越小。高级人才在某些时候可以准备两页以上的简历，但也需要在简历的开头部分有简洁清楚的资历概述，以方便用人单位在较短时间内掌握基本情况，产生进一步阅读的愿望。所以，当你的简历写完以后，请权衡一下，是不是能够让人在十秒钟内看完所有你认为重要的内容呢？

（二）清晰原则

清晰的目的就是要便于阅读。制作简历就像制作平面广告作品一样，排版时也需要综合考虑字体的大小、行和段的间距、重点内容的突出等因素。一份好的简历，版面设计也是一个非常重要的因素，是真正的第一印象。我们制作的简历要条理清楚，标志明显，段落不要过长，字体大小适中，排版端庄美观，疏密得当。既不要为了节省纸张，密集而局促，令用人单位阅读时感到吃力；也不要出现某一页纸只有上面几行字留下大片空白的情况。还要注意版面不要太花哨，要有类似公文的风格，这也能体现出求职者的基本职业素养。另外，毕业生在求职的过程中，通常使用计算机打印的简历，但如果某名毕业生的字写得不错，也不妨手写篇工整漂亮、简短的简历，肯定会别出心裁，吸引用人单位的眼球。

（三）针对性原则

如何在制作简历时体现出"针对性"原则呢？如果公司要求你具备相关行业的经验和

良好的销售业绩，我们就要在简历中清楚地陈述有关经历和事实并把它们放在突出的位置。如果公司要求你具备良好的英语口语能力，你在简历中则应提到自己曾在外国西餐厅打工、在学校获得过英语演讲比赛一等奖等相关的真实情况。不仅仅是简历，在写求职信以及面试后的感谢信的时候，针对性都是十分重要的原则。

（四）重点性原则

简历中需要强调的部分采用粗体字，比如自己独有的经历，如读的名校、参加过财富论坛、与某位知名人士的接触等。但是，也不用太多花哨的字体或斜体字，这样反而会分散对方对于重点信息的注意力。能够突出整篇简历的重点即可。

三、应聘简历制作技巧

（一）言简意赅

怎样使简历在最短的时间内吸引用人单位呢？为了适应市场需求，在制作简历时一定要注意给简历"减肥"，要将简历制作得"言简意赅"。事实证明，用人单位根本没有时间去理会我们那些长篇累牍的"心路历程"，他们要的就是我们的学历和实干能力的证明，而且越简单越好。

（二）强化优势

目前，除了赶场招聘会现场投递求职简历外，越来越多的毕业生也开始青睐网上求职，即上网通过电子邮件或者其他方式给用人单位投递求职简历，此时，就需要让用人单位一眼看到你的优势所在。比如，你的托福成绩或者四、六级分数很高，不妨在简历上就开门见山把这一项写出来，突出你的优势。除此之外，在突出自己的优势之前，对于不同的企业、不同的职位，不同的要求，建议毕业生们事先进行必要的分析，有针对性地设计准备简历。盲目地将一份标准版本简历大量拷贝，效果将会大打折扣。我们要根据企业和职位的要求，巧妙突出自己的优势，给人留下鲜明深刻的印象，但也要注意不能简单重复。这方面是整份简历的点睛之笔，也是最能表现个性的地方，应当深思熟虑，不落俗套，写得精彩，有说服力，合乎情理。

（三）成绩处理避免"短板"

在制作简历或者在网上按照用人单位设计好的简历模板来填写简历时，经常会遇到要填写"校内成绩"这一栏。那么，在填写时，如何在真实的基础上达到最好的求职效果呢？避免"短板"其实就是扬长避短。小沈同学在校时的排名并没有进入前三名，而他所求职的单位——某某顶级投资会计师事务所又非常看重学生的成绩。此时，小沈同学这样处理就会比较得体，即只写成绩占校内的百分比，如使用"我的排名在年级前10%以内"等类似的话，或者用"在学校获得过××奖学金"来表达，这些都比较明智，因为能够获得专人设立的奖学金应该是非常优秀的。总之，同学们在填写成绩时有这样几种办法：成绩好的，写明成绩和排名；成绩一般的只写排名或者获奖状况；而单科成绩好的，就可以把单科成绩列出。这样做，不仅保证了简历的真实性，又扬长避短，更能赢得用人单位的青睐。

（四）实习经历有所取舍

中国有句古话"积少成多"，在填写简历的实习经历时，是不是写上越多的经历越好呢？答案显然并不是经历越多越复杂就越好。大部分学生所参加的实习都是和专业或求职相关的，一般人的实习经历都比较对口，但还是有很多同学因为实习经历相对浅薄，又怕简历内容不够，于是就把做家教、导游、编程和管理等一大堆风马牛不相及的经历编到一起，这样似乎是显示你实习经历丰富，但另一方面也容易让用人单位认为你的职业规划不清，最终弄巧成拙。

第三节　掌握面试技巧

一、面试前的相关准备

（一）充分了解应聘单位和求职职位

在面试前，一定要知道去应聘的用人单位的主要业务是什么，主要对手是谁，以及我们所求职位的工作内容等。我们还应该了解自己，清楚自己在哪些方面适合这个职位。许多用人单位的人事经理也肯定了这一点："面试时，我们都会问求职者对我们公司了解多少。如果他们能详细地回答出我们公司的历史、现状、主要产品，我们就会认为这名求职者很重视我们公司，对我们公司也有信心，他被录用的可能性就比较高。"可见，毕业生去任何一家用人单位面试前，最好都要对这家单位的各个方面有所了解，做到"知己知彼，百战不殆"。

（二）着装准备

面试时的仪表风度很重要。有专家曾经这样说过："人事经理对求职者的印象常常在面试过程的前 30 秒就已经形成了。所以，求职者一定要注意自己的着装和精神风貌。"不过，注重着装也不一定意味着非要西装革履。对于刚刚走上社会的毕业生来说，着装从学生时代的休闲系列突然转换为职业套装，多少有点不适应，有些应聘者还会因为穿了不适应的衣服去面试而觉得不自然，反而增加了面试时的紧张感。对于应届毕业生来说，着装不强调西装革履，但一定要整洁干净。特别是要穿着舒适，自然大方，以免影响面试的状态。

（三）良好的心态和举止

对于刚刚走上社会的毕业生，用人单位的人事经理们普遍认为，面试时切忌伪装和掩饰，一定要展现自己的实力和性格。这不仅是面试成功的基础，也是今后职业生涯顺利发展的基础。有些毕业生面试前阅读了很多有关面试技巧的书籍，按照书上所谓的流行秘籍在面试时把自己塑造一番，如自己明明很内向，不善言谈，面试时却拼命表现得很外向、健谈。这样的结果：一是很难逃过富有经验的人事经理的眼睛；二是不利于自身发展，即使通过了面试，用人单位的人力资源部门往往会根据你面试时表现的性格、能力给你安排适合的职位，而这对你的职业生涯是有害的。因此，毕业生面试前需要去学习、提高，但目的是把自己的能力、品格更好地表现突出出来，而不是伪装和掩饰。

二、面试前的注意事项

（一）准时且有准备

这是所有人事经理对毕业生强调的，因为面试者一个接一个，顺序都是安排好的。如果一个人迟到，就会影响到下面的应试者，而且会给人事经理留下不好的印象。万一遇到堵车或有其他紧急情况不能按时到达，应该立即给用人单位打电话予以说明。

此处还应做以下准备工作：

（1）携带相关材料。面试的时候，要把所有能够证明我们能力的佐证带齐全，如证件、证书等。

（2）不要带很多物品。这一点很容易理解，携带大包小包去面试，既不方便也不礼貌。

（3）注意肢体语言。现在，很多毕业生由于是第一次求职，面试时很紧张，腿抖、手抖，说话带颤音，这些一定要注意避免。同时，要注意纠正不好的习惯性动作。如思考时手不自觉地放到嘴边，或是咬手指头，做沉思状，这些都会给你的求职成功率大打折扣。良好的肢体语言应该是微笑，并对视对方的眼睛，因为对方在问你问题的时候，肯定也会通过你的眼睛来观察你。如遇到人事主管主动伸出手与你握手，你也要大方地与之相握问好。我们可以借助一些自我想象如"我很优秀""面试不是考验，面试不过是给我一个展示自我才能的平台，是一个展现我比别人更优秀的机会"等心理暗示，你会觉得面试也不是那么可怕，甚至期待面试的竞争。

（二）注意礼节礼貌

除了大方之外，还要礼貌地与负责面试的人事经理微笑打招呼或者说"您辛苦了"之类的言语。这不仅体现了应聘者的礼貌举止，更可以加深人事经理对你的良好印象。面试结束时，也应该对人事经理的辛苦劳动表示感谢，再次加深他对你的印象，提高面试的成功率。

（三）在面试中察言观色

毕业生要提高求职的成功率，除了良好的心理素质、合适的仪表外还要学会察言观色。人事经理在与求职者交谈的过程中，他的脸色、神态和举止相应地表达了他的想法和意图。有时候，求职者介绍自身的某个特长，人事经理却不时地移开目光，他很可能没有兴趣，此时求职者就应当尽快跳过，看是否还有值得向他介绍的其他信息。有时候，人事经理会询问你是否拥有英语四六级、计算机或其他门类等级证书等，很显然，该公司着重想招聘的是复合型人才。此时，你就应该把获得的证书一个不少地展示出来，把自身的特长介绍出来。

三、面试问题应答思路

如果在面试前能先了解、猜测几个面试时很有可能遇到的问题并为之做好准备，还是很有益处的。

（一）自我介绍

（1）请你自我介绍一下。

分析：这是面试的必考题目。介绍内容要与个人简历相一致。表述方式上尽量口语化。要切中要害，不谈无关、无用的内容。条理要清晰，层次要分明。事先最好以文字的形式写好、背熟。

回答样板：我在大学的专业是市场营销。在学习期间，我曾在一家商业机构担任见习行销执行员，学到了不少管理方面的知识。例如，我全权负责的一家批发销售公司的业务，销售总额一年为 200 万美元。在那里，我学习到怎么管理人事，在压力下解决问题。我希望能更好地运用我的技能。我相信，我的经验和学历可以帮助让我迎接未来更大的挑战。

点评：以上回答只简单地介绍了个人历史，却很快地将重点话题转到与工作有关的技能和经验上来，实属妙答。

（2）请你简明地评价一下自己。

分析：多数人答出的都在 3 个或 4 个词之间，同时缺少关于缺点的表述。一个较好的回答应该在 8 个词左右，这些词都应是词性比较强烈的，其中也应包括 1 个或 2 个可以被称为缺点的中性词。

（3）你有哪些主要的优点？

分析：这个问题问得相当直接，但内容有一点隐含。你的回答应当首先强调你适应的或已具有的技能。雇用你的决定在很大程度上取决于这些技能，你可以在后面详细介绍你与工作有关的技能。回答时，一定要简单扼要。

回答样板：我具有朝着目标努力工作的能力。一旦我下定决心做某件事，我就要把它做好。例如，我的志愿是成为一名出色的公关经理，喜欢接触不同的人、服务人群。为了实现这个目标，我目前正在修读有关课程。

点评：在面试前先了解、练习，这会对你回答其他问题有所帮助。

（4）你有哪些主要的缺点？

分析：这是一个棘手的问题。若照实回答，有可能会失去这次工作机会，人事经理试图使你处于不利的境地，观察你在类似的工作困境中将做出什么反应。不宜说自己没缺点，不宜把那些明显的优点说成缺点，不宜说出严重影响所应聘工作的缺点，不宜说出令人不放心、不舒服的缺点。可以说出一些对于所应聘工作无关紧要的缺点，甚至是一些表面上看是缺点，从工作的角度看却是优点的缺点。

回答样板：我需要学会更耐心一点。我的性子比较急，我总希望我的工作赶在第一时间完成。我不能容忍工作怠慢。

点评：回答的虽是自身的缺点，却表现了正面的效果，对工作的积极抵消了反面效果。

（5）你有什么业余爱好？

分析：有些同学把招聘公司对爱好的询问简单地理解为用人单位想招聘特长生，这显然是一个错觉。如果想要特长生，他们大可不必去综合高校，去体育代表队岂不省时省力。其实，他们的目的是想借此判断你的性格、涵养、为人以及品德。

回答样板：我从6岁就开始弹钢琴，直到大学还经常在文艺演出中表演。我也喜欢中长跑，而且成绩也比较好。我还会下围棋，经常看棋谱。

（二）对用人单位的了解

（1）你是怎么知道我们招聘这个职位的呢？

分析：如实回答，如果你是从公司内部某人处打听回来的消息，记得提及他的名字。

（2）告诉我几件关于我们公司的事情。

分析：你应该知道十件和公司有关的事情。他问你三件你回答四件，他问你四件你回答五件。

（3）我们和另一家公司都聘用你，你会如何选择？

分析：一般大家都会以公司名气和工资高低作为取舍依据，很少有人会把工作部门、职位、公司发展前景、个人在公司的发展如何、将来的顶头上司和团队成员是什么样的人这些因素进行综合分析比较做出结论。许多很优秀、竞争力很强的人同时拿到大公司与中小公司的聘书时，却选择了工资并不高的小企业，他们考虑到优秀人才在小公司出头的机会更多更早。

（三）薪金福利

你对工资有什么期望？

分析：若没有把握，可以给出一个幅度，下限可以低些，上限不要太高，这样进可攻、退可守。在工资问题上，最容易出问题的是有些同学恨不得在面试第一轮就先知道对方能支付多少工资及福利待遇如何。这可能是你被拒的致命误区。在这个问题上，不要以为工资谈判是面试中的重要部分。其实，招聘公司录取你的前提是对你各方面都满意。在此之前，无须过早谈论工资。

第四节　优化职场形象

形象好似一张通行证，携带它，人际交往中会减少很多纷争。形象是一套隐形的华服，它在不着痕迹之处折射出一个人的素质，展现出内在的修养，让你在他人那里大受欢迎。优化职场形象的重点在于细节之中，大学生应在熟悉、掌握并合理运用各种礼仪的基础上，拥有自信、得体、优雅的举止，优化职场形象，成为处处受欢迎的人。

一、大方得体的仪表仪态

一个人在不同的场合，着装要得体。公务场合要端庄大方，不能强调个性、过于时髦，最好穿深色套装、套裙或制服，不允许穿夹克衫、牛仔装、运动装、健美裤、背心、短裤、旅游鞋和凉鞋，衣服不能过于肮脏、褶皱、残破、暴露、透视、过大、过小或紧身。社交场合主要是指宴会、舞会等应酬交际场合，在这样的场合，着装应突出时尚个性，可穿时装、礼服或民族服装，最好不要穿制服或便装。在休闲场合，穿着应舒适自然。在正式场合，接待人员的穿着要正规得体，衣扣要扣平，不能挽起袖管或裤脚，衣袋或裤兜里不宜装过多东西，衣服上的商标要拆除。

（一）男士穿西装的注意事项

面料要根据季节和场合来选择。在隆重的场合穿西装要系扣。西装袖子的长度以到手腕为宜。

在正式场合穿西装必须系领带，如使用领带夹，领带夹应在第四和第五粒纽扣之间。穿羊毛衫时，领带应放在羊毛衫内。衬衫的领子要挺括、系扣，下摆要束在裤内，衬衫内一般不穿棉毛衫。穿西装一定要穿擦亮的黑色或棕色皮鞋。穿西装可以扣上第一粒纽扣，也可以敞开，但不能两粒纽扣全扣上，穿西装口袋里不宜放太多的东西。穿西装不打领带时，衬衫的第一粒纽扣不要扣上。

（二）女性服饰的注意事项

第一，安全的着装是职业套装。可以选择合身的短外套，既可以搭配裙子穿，也可以搭配长裤来穿。衬衫则应选择与外套和谐自然的，不要太夸张。

第二，要提醒大家的是，只有在穿长裤子的情况下才可以穿短丝袜。很多女性不注意这一点，喜欢穿裙子或短裤配短丝袜，这样的搭配是很不雅观的。

第三，衬衫也是办公室女性不错的选择，用来搭配合身的长裤或裙子。

第四，冬天羽绒服下厚重的毛衣固然舒适温馨，但不适合在办公室穿，因为看起来有家居的味道，显得人不精神。

第五，鞋子最好是高跟或者中高跟的皮鞋，因为有跟的皮鞋更能令女性体态优美。

第六，夏天最好不要穿露趾的凉鞋，更不适合在办公室穿凉拖。

第七，如果秋冬选择穿靴子的话，靴子不能太长。

第八，着装色彩不宜太夸张花哨。黑色是比较合适的一种颜色，但如果运用不好，很容易给人沉闷死板的感觉。黑色一定要与其他色彩巧妙组合，呈现既庄重又时髦的效果。

第九，年轻女性还可以选择具有色彩的衣服，如果有图案，则力求简单。

第十，要善于利用丝巾或羊绒围巾，这可以使你的着装更加时尚。优秀的职业女性在认真投入工作的同时，更不应忽略良好的职业形象，美好的形象永远能为你的工作能力加分。

二、谦恭适仪的神情举止

（一）言语神情言谈

1. 交谈的态度

（1）表现出兴趣。对方讲话时，要注意倾听，不能漫不经心，眼神飘忽不定、左顾右盼。

（2）表现出友善。无论你对对方的谈话内容是兴趣盎然还是索然无味，都要表现友善的态度，不能对别人流露出冷淡、鄙视、刻薄的神情。

（3）表现出幽默。真诚、轻松、幽默的谈吐往往会给对方以快乐温暖的感觉。

(4) 表现出谦逊。谦虚有礼是对对方的关心与尊重，要虚心地听取别人的意见，耐心地留意别人的感受。

2. 交谈的语言风格

交谈时要注意语速和音量，要吐字清晰、语速适中、音量适中，以对方能够听清及不妨碍他人交谈为宜。要以委婉、含蓄、艺术的语言表达自己的想法，要以幽默、诙谐、风趣的语言展示自己的言语技能，要以真诚、坦率、朴素的话语感染对方的情绪。

（二）举止仪态

1. 站姿

站立姿势应该是自然、放松、优美的。不论站立时摆何种姿势，只有脚的姿势及角度在变，而身体一定保持绝对的挺直。标准的站立姿势要求挺胸收腹，两肩平齐，双臂自然下垂，双腿靠拢，脚尖张开约60°，或双脚与肩同宽。站累时，脚可以退半步，但上体仍须保持垂直，身体重心在两腿正中，精神饱满、表情自然。不能低头哈腰，挺腹弯曲，不要斜倚在家具、墙门等物体上，更不要半靠半坐在桌凳上。与他人说话时，应面向对方站立，保持一定距离，太远或太近都是不礼貌的。站立姿势要正，可以稍弯腰，切忌身体歪斜、两腿分开距离过大，或倚墙靠柱、手扶椅背等不雅与失礼的姿态。站着与人交谈时，双手或下垂或叠放在腹部，右手放在左手上，不可双臂交叉，更不能两手叉腰或将手插在裤袋或下意识地做小动作。

2. 坐姿

坐姿总的要求是舒适自然、大方端庄。在国际交往中，对入座和落座都有一定要求。入座时，动作要轻盈和缓，自然从容。落座要轻，不能猛地坐下，不能发出响声。正确的坐姿上身自然挺直，两臂弯曲放在双膝上，或双手半握放在膝上，手心都要向下。有长辈在座，年少者应上身稍微前倾，以示尊敬。说话时可以侧坐，侧坐时上体与腿同时向一侧，要把双膝靠拢，脚跟靠紧。坐着时，不要有摆弄手指、拉衣角、整理头发等动作。两腿既不能过于前伸，也不能过于后展，更不能腿脚摇晃。

3. 行姿

行走的姿势极为重要，因为人行走总比站立的时候多，而且一般在公共场所进行，人与人自然构成了审美对象。行走时，步态应该自然轻盈，目视前方，身体挺直，双肩自然下垂，两臂摆动协调，膝关节与脚尖正对前进方向。行走的步子应大小适中，自然稳健，节奏与着地的重力一致。男女同行时，男士的步子应当与女士保持一致，习惯上要男左女右并肩行走，即男士走在女士的左边。走路时，应自然地摆动双臂，幅度不可太大，只能小摆，前后摆动的幅度约45°，切忌左右摆动。应保持身体的挺直，切忌摇头晃肩。膝盖和脚踝都应轻松自如，以免浑身僵硬，切忌走"外八字"或"内八字"。多人一起行走时，不要排成横队，不要勾肩搭背。遇事可加快步伐，但不可慌张奔跑。

4. 手势

手势是人们在交往中不可缺少的、最有表现力的一种"体态语言"，是一种动态美。手势得体适度，会在交际中起到锦上添花的作用。适当地运用手势，可以增强感性的表达。与客人谈话时，手势不宜过多，动作不宜过大，要给人一种优雅含蓄而彬彬有礼的感觉。

三、幽默风趣的自我推销

生活中少不了推销。有人推销商品，有人推销技术，也有人推销自己。从一定意义上讲，大学生求职择业的过程，就是一个推销自己的过程。

（一）自我推销的基本策略

在新型的人际关系和现代激烈的市场中，善于推销自己是一门必不可少的学问。美国著名人际关系学大师戴尔·卡耐基说："生活就是一连串的推销，包括推销商品，推销一项计划，甚至推销自己。推销自己是一种才华，一种艺术。"事实上，自我推销的过程，就是和他人相互理解、相互协作的过程，也是情感交流、彼此悦纳的过程。应试者被问的第一个问题往往是"谈谈你自己"。"谈谈你自己"正是推销自己的大好时机，如果回答得好，就可能在接下来的面试中非常顺利。在推销自己时，必须注意以下五个基本策略。

1. 精心准备策略

择业求职堪称一场"战役"，必须未雨绸缪，做好各个方面的充分准备，其中就包括自我心态的调整、求职资料的构思设计和精心制作。著名科学家巴斯德说过："机遇最偏爱有准备的头脑。"所以，只有做好求职前的准备工作，才能取得良好的求职效果。

2. 主动出击策略

求职直接关系到个人未来的发展前途，任何消极的心理都应当克服。有的大学生存在着依赖、等待、自卑、害怕竞争等消极心理，不能充分发挥主观能动性和创造性，不敢大胆地推销自己。这是求职的大忌。大学生应当主动出击，力争把求职的主动权牢牢地掌握在自己手中。

3. 善抓机遇策略

古人云："机不可失，时不再来。"有时候，就业的机遇稍纵即逝。当机遇来临时决不能有丝毫的犹豫彷徨，要倍加珍惜来之不易的就业机遇，不能让它与自己失之交臂。当然，在这个过程中，清醒的头脑和客观的分析，都是必不可少的。

4. 信息先行策略

大学生要高度重视信息的价值，要树立敏感的信息意识，注意从网络、报纸、老师、亲朋好友等各种渠道，收集了解就业信息，并进行分析、筛选，以确定自己的求职方向和目标，为择业求职做好信息方面的充分准备。要眼观六路、耳听八方，善于发现那些别人忽视的求职信息，做一个职场的有心人。一旦捕捉到有价值的求职信息，就要立即动手，敢于尝试，千万不能拖延。当然，有时候陷阱和机遇是很相似的，必须妥善地加以区分。

5. 务实为本策略

大学生如果对自己的才能估价过高，就会孤芳自赏，好高骛远，这样便会在无形之中抬高就业的门槛，导致自己很难在现实社会中找到合适的就业位置。大学生必须从自己的实际能力出发，客观、准确地评价自己，进行冷静、理智的选择，千万不要贪图虚荣，与别人盲目攀比。

(二) 自我推销的具体方法

生活中，处处充满推销。从小贩的沿途叫卖，到色彩艳丽的路牌广告，再到各种宣传资料的散播，人们无处不感受到推销的存在。人只要生活在世上，就要和各种各样的人发生种种联系，产生各种交往。任何人要取得成功，都要不断推销自己。只有善用自己的推销技巧，博得别人的理解、好感，你才能在事业上取得优异的成绩。从这个意义上说，可以把自我推销定义为：使自己的意图和观念获得对方认可的行为。简言之，就是获得他人理解的行为。

1. 推销你自己

准备一份关于你的技能、才干和学识的简要介绍，使你从同类竞争者中脱颖而出。事先演练一下你的口头表达，会使你表现得更加自信，推销自己时更有条理，更能突出重点。

2. 带好个人资料

个人资料应载明你的简要经历、学习成绩、实习成果、主要技能、学历证书、学业以外的活动、获得的奖励及各种荣誉的情况（即个人自荐材料）。

3. 注重第一印象

在面见用人单位代表时，要满怀自信和热情，握手要坚定有力，要微笑，眼睛要直视对方，不要忘记表达出对他们公司和就业机会的浓厚兴趣。请记住：得体的穿着也是成功的必要条件之一。

4. 说明你的目的

如果你要求职，就要说明你对哪类工作感兴趣。如果你是收集信息，就要让对方知道你感兴趣的是文字资料和相关的信息。

❮❮❮❮❮ 扩展阅读

如何正确参加现场招聘会
徐侠

参加各种各样的招聘活动，是求职者获取信息、搜寻目标、初步沟通、成功求职的一项重要活动。各类现场招聘会是目前人才择业的最普遍的一种途径，根据求职调查，最有效的求职方式中，招聘会排列第二位。

在参加现场招聘会时，要想在人山人海中引起用人单位的注意，关键在于：事前要详细了解招聘活动的组织形式及到会招聘单位情况，认真准备应聘时招聘单位可能提出的问题，招聘会上要有那种毛遂自荐的勇气和胆识，不放弃任何机会，积极展示自己，给面试官一个挑选你的理由。

毕业生就业过程中，参加招聘会的目的是：推销自己赢得面试。要有效、有益地参加招聘会，要注意以下几个问题。

1. 参加招聘会前要做好准备

目的：明确目标，有的放矢，有效利用会期时间。

首先做目标准备：即将走上社会的毕业生，事先要确定自己的职业方向，即自己分析自己喜欢干什么，能干什么，具备的工作能力有多少，有哪些特长，确定最适合自己的职位；再做资料准备：为自己设计一份求职简历，让人十秒钟就能读懂，印象深刻。切记不要眼高手低，更不能自卑。

事先打印出简历，把自己的工作经历及求职意向清楚表达出来。比较有效的求职简历是：将自己的自然状况、学历情况、培训（工作）经历、考取的职业证书、专业特长、获得的奖励、求职意向、联系方式浓缩到一页A4幅面纸上。要求实事求是、语言精练、主题明确。有些毕业生花费心思设计的彩页、多幅、装订精美、成本较高的求职简历，并不适合在招聘会上使用，可在面试时使用；在简历中把自己的联系方式注明，使用人单位能及时与你取得联系。其后做心理准备：树立坚定自信心，勇敢走向社会，并准备遭遇挫折。

· 这次招聘会可能有结果，也可能一事无成，但不怕失败。

2. 重视举止形象，保持良好的精神面貌

求职者应该朝气蓬勃、充满自信，要相信自己所掌握的知识和技能一定能胜任将要从事的工作。还要掌握必要的礼仪和谈话技巧，适当地"包装自己"。

面谈时，避免先谈待遇，如果能就单位的情况谈些有深度的看法或建议，是最好不过的了。穿着打扮要得体干练、素雅大方。

3. 明确自身条件，正确定位自己

不要眼高手低，也不要自卑，事先做好简历，把自己的实践经历及求职意向清晰表达出来，在简历中把自己的联系方式注明，不要随便更换个人手机，使用人单位能及时与你取得联系。

4. 提前进场，掌握职位信息动态

各类现场招聘会有效的招聘时间一般在上午，所以进入招聘会场不宜太晚。及早进入，可以有充足的时间搜集信息、了解行情、掌握到会单位的情况。

5. 不要被用人单位的招聘条件所吓倒

不要光看用人单位的招聘条件，招聘条件是一种理想化的要求，要相信符合所有条件的人并不会很多。而且，即使完全符合招聘条件的人，也未必就是最适合那份工作的人。如果招聘者要求的是"研究生以上学历"，优秀的本科生也不妨大胆递上自己的简历；如果应聘者寥寥，优秀的专科生也不妨一试。不要害怕失败，不要在招聘者罗列的几句话前就丧失了前进的勇气。给自己足够的自信就是给自己更多的机会和选择！

6. 勇敢地推销自己

首先，千万不要扔下简历就跑。不要在意你身边站着的是一堆高级技工还是研究生硕士，也不要在意招聘者暂时是用什么样的眼光看待你。只要你认为自己足够优秀，尽量勇敢地推销自己。向他们说明你有多适合这份工作，你所具备的条件是其他人并不具有的。推销自己的时候还要注意语言运用的艺术，不要让忙碌的招聘者不胜其烦。诚恳、自信、简短、切中要害的自我推销是最受欢迎的。

其次，不必在意招聘会上所受的委屈。此处不留爷，自有留爷处，不必理会招聘者冷漠

的表现，也不必在意他们毫不留情地打断你热情的推销，给他们一个微笑、道一声谢谢，继续寻找别的意向单位。

7. 有的放矢，不要滥投简历

一些应聘者认为"广撒网"就能"多捕鱼"，因此他们胃口很大，招聘会上什么企业都想"通吃"：不问职位、条件，挨个单位投简历，忙得不亦乐乎。参加完招聘会后，却连给哪些单位投过简历也记不起来。这样逛招聘会，不但费时、费力、费简历，收效也甚微。

8. 不要只盯着名牌企业和大单位

名牌企业是招聘会上的"香饽饽"，大家都削尖了脑袋往里钻，头破血流也在所不惜。正因为竞争十分激烈，所以被录取的可能性也不大。应当走访每一个与你专业相关或感兴趣的用人单位的展位，尤其是中小单位，由于其应聘者相对较少，竞争没那么激烈，可以获得面谈的机会，成功的把握就会更大一些。而且，在大家都涌向大企业的时候你避开，而等众多的大公司喧闹平静下来以后再递上自己的简历，可以得到更多的谈话时间，提高自己应聘的成功率。

9. 参加招聘会要携带多份资料

参加招聘会要携带多份设计好的求职简历，多份身份证、毕业证、学位证、获奖证书的复印件，以备用人单位现场考核；应备笔、记事本等。需要注意的是，参会时不要带过多的证件原件。因为参会人多，用人单位没时间当时验证，而主要是初次面试和看简历。

10. 留下必需的资料

如果单位不能当场签约，还要继续面试或考核，就要留下自荐书、简历等材料。留下资料后，不要坐等，而应积极地与单位联系，以争取主动。

11. 维权防骗

不要向用人单位抵押各种证件、交纳任何费用等。近年来，一些骗子利用招聘大会行骗的事时有发生，其手法往往并不高明，但总能得手，主要是不少应聘者缺乏必要的自我保护意识。

12. 不要让家长或朋友陪同

避免给用人单位留下"缺乏独立性"的不良印象，错过良机。

13. 及时了解求职结果

招聘会后，要及时电话询问投递了简历的用人单位，了解自己求职结果。如果没有面试机会，也不要气馁。总结经验，收集就业信息，等待机会，以利再战。

《《《《《 练习与思考

（1）参加一次校园招聘会，观摩学长们是如何应聘的。

（2）利用假期通过应聘进入职场，了解企业招聘的过程与方法。

第五章　磨砺就业素质

感性导言（1G）：造就高素质人才

（背景音乐）

就业素质是由哈佛大学教授戴维·利兰于1973年首先提出的，他认为就业素质应着眼于自我形象、价值观、特质能力、动机、性格等特征，而不是传统意义上知识、技能、态度的结合，是区分卓越者与普通劳动者深层次的特征。国内对就业素质的定义众说纷纭并无权威性阐释。因此，对大学生就业素质我们可以简单理解为获得工作的各方面综合起来的能力。包括增强进取心、建立诚信素养、培养积极心态、科学管理时间、提高学习能力、学会有效沟通、培养合作能力、培养创新能力、提高解决问题的能力、提高就业能力等。

2016年7月1日，习近平总书记在庆祝中国共产党成立95周年大会上的讲话中指出："青年是祖国的未来、民族的希望，也是我们党的未来和希望。"大学生是青年中的优秀群体，是未来社会发展的生力军。大学生的素质如何，直接影响和决定着中国现代化建设的进程和参与国际竞争的能力。直接影响和决定着历史使命的完成和成才目标的实现。因此，当代大学生应当适应社会发展的需要，尽快使自己成为高素质人才。

通过本章的学习，帮助大学生树立正向态度比学历重要的观念，增强大学生沟通能力，提高大学生自我领导力。

职场箴言

能够把自己吃的苦，当作对自己的磨炼，这说明你已经准备好为自己的梦想去拼搏了。

——唐宁

一开始，总觉得那些重复劳动没有意义，其实现在看来，正因为有了前期的扎实基础，我才能更好地实现转型。所以我总结出经验，刚进入企业，千万不可以眼高手低，这样的结果往往就是导致自己一直处于底层，也就实现不了华丽的转身。

——机电一体化技术专业2018届毕业生
昆山龙腾光电股份有限公司生产部车间副主任谢俊武

感人案例（2G）

案例一

提前毕业勇闯职场
——记提前毕业生陈丹丹就业典型案例

陈丹丹

2012年6月，原2010级工程造价专业学生陈丹丹修满学分被准允提前毕业。在学校专门举办的提前毕业典礼上，她手捧毕业证书，心情万分激动，那一刻，她觉得自己是世界上最幸福的人，之前所有的努力和付出都是值得的。

可是，当她怀揣着毕业证书离开学校后却是一片迷茫，十分孤单。此刻，与她同批进校的学生正在快乐地度暑假，她在寻找工作的过程中身边一个熟悉的朋友都没有，仿佛是世界上最孤独的人。

虽然提前毕业了，可她对工程造价这个行业还是挺陌生的。所以，找工作时心中非常胆怯，没有半点底气。学校老师知道后，建议她从"基础"做起，并推荐她去了苏州的一个新工地学做预算员。

刚开始她的主要任务就是看图纸，每天去工地现场四处转，结合图纸熟悉施工现场，虽然这个过程很枯燥，但是收获却很多。最幸运的是，她遇到了一位负责任的好师傅，看不懂的图他会手把手教，实在不懂的，师傅就会带她去现场亲自讲解给她听，并结合工程实际建议和指导她看书学习，充实提高。

她在苏州的工地整整待了三年多，经历了一个工程的开始与结束。三年多来，她没有缺过一天勤，无论风里雨里她随叫随到，从无半点怨言。活干不完，她主动加班加点，决不影响工程的进度。遇到不懂的她会主动请教，自我钻研，直至弄清为止。

虽然，工地的环境比较艰苦、休息的时间很少，但是她认为与自己所学到的东西相比较，一切都是值得的。如今的她，已经具有建筑识图、建筑结构和房屋构造的基本知识；了解施工工序、一般施工方法、工程质量标准和安全技术知识；了解常用建筑材料、构配件、制品以及常用机械设备；熟悉各项定额，了解人工费、材料预算价格和机械台班费的组成及取费标准的组成；熟悉工程量计算规则，掌握了一定的计算技巧，并能用电子计算机来编制施工预算。对工程造价的四方面内容，即建筑安装工程费，设备工具、器具购置费，工程建设其他费用和预备费等都有基本的了解和一定的计算能力与处置能力。

经过实践磨炼的陈丹丹再也不是刚出校门的稚嫩大学生，她已经具备了在任何一个工地都能称职立足的职场技能和素质。

 有感而发

2007年9月25日新华日报一则关于江苏20所高校2007年秋季起实行学分制收费管理的报道让硅湖的学生着实火了一把。因为在这20所高校中，硅湖是唯一的高职院校，而且是民办的。

学校成为全省首批学分制试点单位后，坚持"以生为本""产学一体"的办学理念，本着多元和适应性的质量观，多规格、多样化地培养人才。教学坚持从两个实际出发，一是从社会实际需求出发，按需培养；二是从学生的实际水平出发，因材施教。全面整合专业内外的课程资源以及校内外的教学资源，跨类跨系跨专业构建全新的教学模块，为学生扬长补短、综合提升、自主学习服务。强化以"工作过程为导向"的专业核心课程建设，采用工学结合、顶岗实习、"一本多证"和"学分替换"，为激励学生自主学习、张扬个性、提前毕业创造了条件。

陈丹丹作为学校第二批提前毕业学生中的一员，之所以能在职场中取得成功，主要得益于她自身的努力，恰如她自己所说：初出茅庐，最忌讳眼高手低，心高气傲，大事做不了，小事不愿做。甚至养成挑三拣四的习惯。不要雨天烦打伞，不带伞又怕淋雨，处处表现出不满的情绪。记住，不做则已，要做就要做好，无论做任何事情你既然接招了，那么就要做好，甚至你努力的结果比人们的期望都要好，力争做一件成功一件。

不做则已，要做就要做好。希望每个大学生朋友进入职场后都能做到。

叩心自问

（1）你从本案例中得到了什么启示？

（2）你对提前毕业有何感想？

职场箴言

要想在职场当中出人头地，迷茫是绝对要不得的，必须得时刻保持清醒才行。只有保持清醒，我们才能分得清工作中什么事情该做，什么事情不该做；只有保持清醒，我们才能处理好职场当中复杂的人际关系；只有保持清醒，我们才能做正确的事，赢得上司的信任，获取晋升的机会;只有保持清醒,才能始终走在正确的道路上,朝着心中的理想飞奔……

——赵伟

将一件事情学到精,学到其他人无可替代。我想这是我的奋斗目标,也会坚持下去。

——模具设计与制造专业2018届毕业生
南通冠东模塑股份有限公司

案例二

唯有勤奋方可进步
——记会计专业2014级学生沈心怡就业典型案例

沈心怡

2017年6月,沈心怡毕业离开校园时,心情十分紧张。她渴望工作,选择一份适合自己且专业对口的工作是件梦寐以求的事情。但是,她知道,每年会计专业的大学毕业生人数太多,工作非常难找。同时,她也知道自己在校学习成绩平平,无过人之处,要想找个好单位可能会更难。

可是,机会眷顾了这个可爱朴实的小姑娘。当时,海门生物医药科技创业园作为海门四大增长极之一,在日趋明显的区域优势与产业优势的双重推动下正在加速发展。生物医药产业园自被江苏省科技厅确定为首批"江苏省科技产业园"以后,立足国际化目标,适度超前规划,高质量打造人居、创业于一体的生物医药科技创业园,吸引了海内外一大批创新创业者。

2016年12月,迈克艾伦在海门生物医药科技创业园注册成立创新型生物制药公司,该公司由国家青年"千人计划"专家领军的创业团队组建成立。公司是全球唯一的专注于复杂长多肽药物研发的技术平台型公司,也是全球首家能够完成氨基酸数目50个以上、二硫键3对以上、结构复杂的长多肽药物产业化的生物医药公司。公司刚成立半年多，正值用人之际，此时沈心怡恰好求职到该公司。通过面试，她幸运地成了该公司的一名员工。

因为在校学的是会计专业，进公司后被安排做了一名会计。当她真正接触到具体的账务实践后，才理解并体验到读书的宝贵。正可谓是"书到用时方恨少，事因经过始知难"。她怀着一颗感恩的心努力工作，在此期间，主动寻求公司前辈的指导与支持，自觉自愿地捧起书本学习专业的理论知识，有时也会打电话问同学。除此之外，因为公司是国内知名的创新型生物制药企业，员工虽然不多，但在各种行政杂务一样都不能少的前提下，还要接待来自海内外的大量宾客，组织并安排各类会议，沈心怡由于勤奋好学，加之年轻活泼，经常被领导点名抽去帮忙。她总是心情愉快地接受任务，任劳任怨地工作，"把别人喝咖啡的时间都用在工作上"……

经过努力，她的专业能力得到了很大的提升，并且也掌握了很多与专业本身不相关的行政工作内容，学到了很多课堂上根本学不到的东西，从一个刚毕业的职场"菜鸟"一步步成长为企业的合格员工。

目前，公司有多个生物Ⅰ类在研项目，适应症包括疼痛、自身免疫、凝血、IBS-C便秘等多个领域。靶向离子通道镇痛项目MA003，已经完成制备工艺、细胞学和动物学活性研究，进入临床前动物实验。动物实验结束后，按生物1.1类新药申请临床Ⅰ期实验，并在3~4年内完成全部三期临床实验，以满足国内外医药市场的需求。公司独有的多肽和蛋白药物研发及产业化技术平台，填补了国际技术空白。

进入企业的一年多里，沈心怡始终坚持"少说空话、多做工作、扎扎实实、埋头苦干"的做人准则，同企业一样飞速成长，现已成为公司办公室主管，不仅负责公司的财务工作，而且还要处理公司日常事务，成了公司建设发展的主要骨干。

有感而发

沈心怡作为千千万万个大学毕业生中的一个，极为普通、极为平凡。她在校学习成绩一般，就业前心里忐忑不安，找工作时心理紧张，缺少底气，这是高校毕业生中大多数人都会遇到的真实情景。可是，她与众不同的是能正确认清自己，当就业机会来临时，不是挑肥拣瘦而是毫不犹豫，紧紧抓住。

进入职场以后她之所以成功，恰如她自己所说：其实每个人的成功都并非是偶然的，踏实努力认真工作，少一点抱怨，多一点担当，势必会得到应有的认可，尤其是在现在这种不缺人才的社会中，唯有勤恳踏实地工作，不断进步，才会避免被社会淘汰。工作就如同像采蜜，蜜蜂采过的花越多，酿出的蜜才越甜，同样，工作中付出的越多，得到的回报也就越多。

其实，每个大学生身上都蕴藏着无限的潜力，只要我们像沈心怡一样虚心学习、勤奋努力，都有可能像她一样在职场中取得优异成绩，"天道酬勤"。

叩心自问

（1）沈心怡成功的秘诀是什么？

（2）你从本案例中获得的最大感悟是什么？

职场箴言

一个真正的企业家,不能只靠胆大妄为东奔西撞,也不可能是在学院的课堂里说教出来的。他必须在市场经济的大潮中摸爬滚打,在风雨的锤炼中长大。

——王均瑶

刚出校门,会发现自己所学的知识不能完全解决实际工作中遇到的问题,会对自己产生怀疑,要保持积极的心态去承受住来自各方面的压力,虽然辛苦但不能因此放弃。要解决这些压力,必须提醒自己要时刻保持学习。工作后的学习不再有课堂、有作业、有考试,而是一切要自己主动去学去做。只要你想学习,学习的机会还是很多的,老员工们从不吝惜自己的经验来指导你工作,让你少走弯路;集团公司、公司内部也有各种各样的培训来提高自己。

——电气自动化技术专业2017届毕业生

上海东方泵业(集团)有限公司助理工程师王程飞

感动体验(3G):"20年后的我"

体验活动:

【活动目的】

(1)通过体验培养学生多方位思考的能力;

(2)通过体验进一步厘清个人的职场目标和努力方向;

(3)通过体验激发个人潜能,激励自己把理想变成现实。

【活动准备】

(1)录音设备;

(2)助教1名;

(3)多媒体教室或培训室;

(4)每位体验者自带一份稿纸和黑色水笔。

【活动过程】

(1)指导教师课程导语(参考):

亲爱的同学们:今天的你们可谓是风华正茂,生机勃勃,未来的发展不可限量,老师对你们充满了无限希望。今天的体验活动,希望同学们用自己独特的视角,憧憬20年后的成就并为自己送上一段最美好的祝福。

想象一下20年后的自己,在哪个行业,具体做什么?有如何的成绩?

想象一下20年后的自己,家居何方?家庭状况如何?

想象一下20年后的自己,为社会做了哪些奉献?获得了什么样的荣誉?

现在,请同学们拿起手中的笔,展开想象的翅膀,尽情地描述"20年后的我"……

(2)活动规则:

①时间20分钟,不得超时;

②体验活动时不得交头接耳,要求字迹清楚,独立完成;

③演讲时，助教负责录音。

感悟分享（4G）：期盼20年后再相会

（1）老师感言：刚才同学们的演讲都非常出色，也都有深刻的感悟。有的同学一边读着，一边落下泪来，令我非常感动。

大家的想象力非常丰富，把自己20年后的职场面貌，应有的情境都描述到了，看得出来这是同学们用心思考的结果。

刚才，助教已经把同学们的演讲都录了下来，希望同学们以20年后的自己为榜样，激励与引导当下的自我，充分认识自己眼前的现状条件，清楚自己的前景和目标，在工作生活中，务实努力，持续进步，直到成功。

最后，让我们相约20年后再相聚，一起看看年轻的自己，曾经有过多么美好的期许。
①你设想20年后的工作岗位是什么？
②你设想20年后年薪多少？
③你所描绘的幸福家庭是什么样子？
④你所希望的社会地位是否顺利实现？
（2）指导教师要求学生以小组为单位进行活动交流。
（3）由各小组推荐或自荐一名同学上台进行大组分享。

职场箴言

每个初入职场的新人都觉得应该树立自己的榜样，并以此为努力的方向。其实师不必贤于弟子，你需要超越的，只是自己。

——潘力

努力学习，不断进取，全面提高自身专业素质是走入职场必不可少的一环。技术水平的提高；管理方式的改善；责任感、集体荣誉感的培养；安全知识的学习；个人的综合素质的提高，这些东西都要靠平时努力学习，一点一滴地积累，忌拔苗助长事倍功半。

——服装设计专业2017届毕业生
莎美娜服装制衣有限公司助理设计师王玉洁

感奋践行（5G）

《《《《《 知识导航：磨砺就业素质

第一节　正向态度比学历重要

很多学生就业求职时会有类似的遭遇：想要你的公司，你看不上；你认真争取的，却一家都不要你。可能你的英文不够好，有的面试官对你不友善，当面点评你的英文有中文腔；或者批评过你对行业的理解有所偏差，顾虑你的潜质有限。若听到这些评价，我们心里很不服气，回话就会越来越不理性，最终失去机会。最后抱怨自己学历不如海归派，或批评面试官不专业。我们认为：

（1）要理解面试的意义，以及面试时可能发生的情境。每个人踏入职场时，都是一只菜鸟，与毕业于哪个学校关系不是太大。是否顺利取得理想中的工作机会，除了自身各项条件，还要尽量为面试做好功课。另外，也要对求职成功与否需要靠机遇这一不争的事实有成熟的认识。

面试，是公司的各层主管，期待透过简短的见面与互动，最大限度地了解求职者。这个过程，在绝大多数的公司并没有太多章法，无法科学性地评估其公平性，所以很多时候要仰赖面试官的个人经验以及判断。书本上的种种情境无法放之四海而皆准，用咱们的说法，求职者与面试官投缘的会占优势。

（2）结果不理想，也要记得感谢。不管什么原因，如果最终没拿到工作机会，既不需要自责太深，也不用怪罪对方。虽然结果不好，还是记得要及时写封感谢函给面试官。若是心里真的无法平复，可以客气地在感谢函中询问这次不被录取的主要原因，也请对方点评改进之道。不要想着对方是否回信，哪怕在往后的职场上也要如此，做事先求自己尽量做到完美，结果如何是其次的事。况且，地球是圆的，说不定以后你跟面试官还会遇到。

（3）保持微笑。求职者期望面试官和颜悦色地跟你说话，不算是很务实的心态。只要发挥一下同理心，就能明白其中的道理。一份好的工作肯定有不少人争取，面试官见了那么多没工作经验的菜鸟，应该身心都很疲累，哪能总记得微笑。主管的会议总是很多，若是刚刚开会遇到糟心的事，接着正好跟你面试，那更不可能对你微笑以对了。而且，许多人当上主管后，严肃的形象会自然形成。面试官没有理由针对一位求职者不友善，多想反而造成自己的困扰。把握好与人互动的基本原理，加强心理的准备，就能踏实很多，不会太过紧张。其实，要记得微笑的是求职者，所以下次面试时，记得保持适度微笑，面试气氛一定会缓和许多。

（4）"擅长"与"兴趣"都需要实践经验加以证实。刚入职场，你还没有"擅长"可言，不要着墨过多。说实话，公司给一位经验如同白纸的菜鸟工作机会，算是不小的投资，聘任你的主管还有看错人的风险，所以面试官必须再三谨慎行事。一般来说，公司看重的是你的态度与学习能力，并不是你立即能为公司带来什么价值。关于你第一个职位，建议先提出自己的想法，若对方有其他考虑，就说"任凭安排"。如果你很想去这家公司，不妨先争取入职，工作一段时间之后，找出自己愿意深入的领域，开始按所学知识及技能，慢慢找到个人职场上的"擅长"与"兴趣"。毕竟，刚入职的两三年，你对公司的贡献不可能很大。如果抱着谦卑学习的态度，主管们都会看在眼里。第一份职业只是入门，对未来的事业发展有深远影响，却未必是最终个人成就之所在。

职场是做事的地方，分配做什么，就努力完成任务。在没有经验积累之前，就谈"擅长"，就不能怪罪被批评。同时，还要了解在职场的前几年，很难找到个人"兴趣"所在，要有心理准备。

"擅长"与"兴趣"都需要经由实践才能开发出来，从工作中获得感悟与喜悦，摸索出自己乐意持续精进的领域。就像你终于来到一个向往中的处所，若能保持好奇心，以正向态度逐步深入探索，一定可以体会其中的美景。就好像学校里有些必修课，很多内容让人感到困难乏味。但是很神奇，这些课听着听着，逐渐懂了的时候，你就会体察到它的巧妙与兴趣。这就是长进，在真正理解事理后，会得出不同的观点，到时再验证自己是否有兴趣，这是需要时间与内化过程的。那些取得大成就的钢琴家或小提琴家，很多也是在苦练中逐渐体会到乐趣，进而展示出自己的才华的，运动员也是在掌握自己身体运作窍门的极限后，才创造奇迹的，这些原理都是相通的。所以建议同学们，第一份工作以选公司为先，并且做满两年，再考虑去留问题。

（5）"学历"只是雇主评估候选人学习能力的参考指标。面试官不可能相信此刻的你已熟练掌握并应用你所修课程的内容。一位求职者在校的好成绩，只是表示他有过相关知识的涉猎。即使毕业于最顶尖的学府，心态上还是要归零，踏实地开启职场生涯。

所以，改变心态才能有好的发展。

第二节　职场互动要好的沟通

一、什么才是"好的沟通"

沟通是人与人之间意识的流通，虽然每天都在进行，但要做得好并不容易，因为沟通不良所造成的摩擦或是冲突，天天、处处可见。职场里，我们与他人的沟通是否顺畅、感觉是否愉快，直接影响我们在工作上的表现与成果。我们的人际关系，也要仰赖好的沟通技巧才能得以维系。

一个人必须具备强大的思考能力和清晰的表达逻辑，才能驾驭语言，精准地表达自己。大家都喜欢"言之有物"的人，所谓"言之有物"，并不是指说话人夸夸其谈，而是指一个人能以清晰易懂的方式传达自己的丰富见解，同时还要使听者能理解说话人想要传达的内容。说的人说得清楚，讲得明白，听的人听得懂没误解，如此才算完成了一个有效的"沟通"。

简单地说，"好的沟通"包含双方经过表达、倾听、观察、解读、准确分析信息并及时回馈意见。也就是说，"沟通"是双方"动态传递与接收信息"的过程。若忽略沟通的完整流程，忘了及时回馈，就可能大大削减沟通的效果。一个铜板打不响，沟通不顺畅或是误会，绝不是单方面造成的。沟通的双方要共同承担沟通结果及质量是否优良的责任。只有通过良性的互动，双方才能争取达成原定的沟通成果。

二、职场上最常见的沟通困扰

记得刚入职场时，最常发生的沟通困扰，就是发现主管有了新想法，我心里纳闷儿：

先前根本没说过要这样安排啊！结果主管点评："没有事情是主管没说的，只有你没问的。"

譬如，负责联系一个商务餐会，客户方有三人参加，但公司除了主管，会不会有其他同事同往，这应该是主管告诉你还是由你主动发问？主管事务繁忙，当然是你应该设想，并且提问确认。

后来做了几年事，有了些经验，开始懂得把意见与主管再核实一下。偶尔有些疏忽，主管点评："没有事情是主管听错或理解错的，只有你没说清楚的。"

譬如，负责完成一件招标说明书，其中有些法规风险，需要内部先行确认。结果，主管给客户汇报时，才惊觉自己忘记和公司法务同事先确认。你说这是谁的责任？是主管忘了提醒你，还是你认为主管能顶住客户的提问，不关你的事？

跟主管有不错的默契了，以为自己可以掌握主管对事情发展风向的判断。结果主管说："没有事情是你可以自己以为的，只有你忘记确认的。"

情境是主管对某一家客户的态度不友善，说过不想与他们做生意，于是你就不再跟进了解这家客户的商机潜力。有一天，主管听说这家客户被竞争对手抢到大订单，你却说："我以为我们不跟他做生意呢！"你说谁对呢？是你自己推论主管的一句闲话，还是你没把一家大的潜力客户在市场的活动信息及时提供给主管，以便更好地调整商业决策呢？即使你有一定的把握，多问一句总无妨，对吧？即便认为主管不会调整意见，但在已知市场有重要资讯改变的时候，也应该向主管汇报。

三、掌握沟通原则，走完沟通流程

透过上面几个例子，大家应当明白作为部属与主管沟通，不是件容易的事。这些情境都是职场经常发生的，其原因主要是我们与对方相对熟悉，让我们很容易忽略或是简化了"沟通"的细致步骤。所以，要尽量依照"沟通"的完整流程走，才可以减少各说各话、各做各的、糊涂错听、误解不休，甚至心口不一的诸般情境。

由此得到几个职场上沟通的原则：

（1）我们要学会通过反复校准，确保信息的真实意义能够精准传达。说的人不仅要说清楚，还要询问对方是不是听清楚了。听的人不仅要仔细听，也要确认自己听的与说的人的本意是否相同。这道程序不能省，也不要担心对方嫌你麻烦。

（2）公事上，在还没认知事情全貌之前，不要随便推论臆测，或是过早下判断，避免误己、误人、误公事！这是初入职场的人士容易犯的毛病。在查证一件事情的过程中，不要随便听到某人说的话就当作是自己的判断。心中只要出现疑问，就应该反复查证，或者向主管提出疑点。部属的工作是帮助主管做出最好的决策，不是误导主管的判断，就算没有恶意，也要谨慎。

（3）向主管报告或与同事讨论时，最好专注在描述自己所知的事实上。即使对特定内容有自己的观点，也建议等到主管问起任务相关信息时，再阐述个人观点，避免任性发挥议题外的个人意见。我们经常会因急于表现，把查知的事实与自己的论点搅和在一起进行汇报,在沟通中也未清楚说明,以致团队信息传递时发生混乱。正确的做法,是把"已知事实"与"个人意见"分开表述,才能清晰论理,供主管参考以做出优质判断。

举个例子,主管听说办公室里有同事争论,问你发生什么事。此时,你的主要任务是描述事情发生的经过,不要轻易乱下评论,因为你不是当事人,不容易从表面的情境中,探查当事人沟通问题的症结是什么。沟通中错的机会实在太多,当事人就是因为双方搞不清楚才会起争执,局外人若真想帮助厘清,得先花点时间让大家冷静下来,然后好好循着沟通的流程走一遭。等到事情都清楚了,或许大家的气也就消了!你作为旁观者,须注意不要添乱,不然很容易成为办公室里的"是非人",那就违背初衷了。

四、"关系角度"与"内容角度"会影响沟通结果

所有沟通时传递的信息都蕴含说话人的"关系角度"与"内容角度"。沟通双方彼此之间的关系,会影响沟通的结果与成效,这就是沟通流程中定调"关系角度"的重要性。而每个人因背景、习惯不同,对个别人或事物也会有既定的"内容角度"。直白地说,你用什么身份说话,对方用什么身份听取,直接影响双方沟通的效果。毕竟,双方表达意见时,每个人都是以自己的"身份立场"决定"说话的出发点"。

同一件事,从老师嘴里,或从男女朋友嘴里讲出来,听的人的态度可能就大不同。老师讲,你或许能平心静气,但听男女朋友讲,反应就会比较强烈。这是基于"关系角度"的作用,因为在师生关系里,彼此有较多的包容与尊重,男女朋友间则有一股暗中较劲的倾向,大小事双方都想争上风。关系亲近,默契自然好,但一旦彼此忽略了沟通的"完整流程",导致沟通不畅,负面反应就很容易被放大。

五、沟通过程中要随时注意调整角度

我们在表达时习惯从自己的"内容角度"出发,问题是,绝大多数人由于沟通习惯不同,以至于经常在互动时与对方选取的"内容角度"不同。若不经由反馈加以调整,话说得越多,双方的距离可能越远,越觉得与对方有"鸡同鸭讲"的感觉。因此,沟通中一旦发现对方脱轨,最好耐心地微调自己的表达方式,再试着校准,努力缩小认知上的差异。

沟通产生误解后,如果双方愿意平心静气地修补关系,那么,在说明自己沟通中的误会时,可能会说:"喔,我以为……所以误会了(或是反应过度)。"这"我以为"其实正是误导自己,导致双方认知产生歧义的主因。若能在最后多补充一句:"下次我们这样做好不好?"便可以增强双方信任,补救彼此关系。

你可能发现有些人老喜欢"翻旧账"。其实,这是因为前几回沟通上的歧见还没消除,不顺畅的心结让对方在心理上依然处于对峙状态,导致"旧账"始终浮现于脑海。这是人际关系里常见的矛盾,在工作关系中应该特别谨慎。尤其对敏感的话题,沟通时对信息的交换,更该给予更多的耐心加以确认,否则最终双方都要付出很大的代价。要知道,有缘分当同事,同在一个公司共事和成长,是件难得的事,那些存心恶意曲解你的人也是极少数的。

作为职场人士，只要你愿意将心态调整好，沟通上的误解都能消除，人际关系也会因此而保持友善愉快的状态。这样在职场上与人互动也能畅通少阻，减少负面情绪，以专注发挥自己的才能。

第三节　全力提高自我领导力

一、自我领导力是安身立命的基础

有人认为，"领导力"侧重在"管理他人"上。然而，领导力必须从领导自己开始。一个人在管理他人之前，必须先具备积极的自我领导能力。认识自己，才可以真正理解"自我领导力"的内涵。"自我领导力"是从"我"领导"我"开始的，要能放开胸怀接纳"我"的点滴。

人生的起伏成败，其实都是自己的事，职场的顺与逆，也主要是回归到自身的问题。对工作的抱怨、对生活的不满，偶尔说说无妨。然而，鼓起勇气愿意面对自己待人处事的做法与响应，认真反省有哪些不足与有待改进的地方才是真正令人精进的原因。唯有如此，才不会老是拿环境、体制，或是身边的人当理由借口，掩饰自己不够努力的事实。坦荡接纳，心中的干扰会减少，人自然就自在，也能维持精进向上的动能。

"自我领导力"可以理解为是一个人安身立命的基础素养，在职场，在生活上，都是同一道理。落实"自我领导力"，就是请大家把自己当成一个对象，通过鼓舞、提议、安慰或是指导，以正向态度，领导自己，改变自己，让自己成为更好的自己。

当一个人被赋予权势时，往往会较真实地呈现出自己的"品"与"格"。具备好的品格的人，无论在各行各业，职位或高或低，都有展现领导力的机会。说到底，有德行的人，才是真正能领导自己的人。这样的人，若有机会领导部属，带领一个组织，就算没学过管理课程，也能以身作则地领导他人，走在职场的卓越之路上。

"我"是很奇妙的。我们有时对自己也会有陌生感，这很正常。心理学认为，"我"是意识的产物，也就是说，凡是有意识的人，就会赋予自己特质的定义。人在日复一日的学习经验中成长，成长的过程不断丰富自我意识，从而持续增添对"我"的意义……而"我"，随着成长中的领悟心得，会感觉自己变得有独特性，与他人有所区别。

由意识塑造出的"我"，心理学上称之为"小我"。"小我"会告诉我们哪些事情该做或者不该做，这是个人行为很重要的驱动力与指导方针。"小我"常常很有建设性，可以在你偷懒时，正向积极地鼓舞你要勤快精进。但是"小我"也很能激发负面的心绪，导致自欺、妒忌、乱发脾气，甚至激发你参与人际纷争，变成趋炎附势、嫌贫爱富的人。"小我"的本事很大，我们通常说的"纠结"，应该就是"我"与"小我"纠缠搏斗的过程吧！

所以，要认清"小我"，对它的驱策与激发有所理解并理智面对，才不至于让真心蒙尘。有些人称这样的自觉管理是"修为"或"修行"，我对"小我"的正向理解，则是单纯愿意领导自己，成为"更好的自己"。

二、认识自己从"爱自己"开始

这里可以下个小结论。所谓"我"认识"我"，是指我能认知到眼下的"存在事实"，我知道我的"现状条件"，并且我能清楚未来的"前景挑战"。你若对于自己当下的处境不太了解，很可能是欠缺对自己的关注，最好加紧自我探索。只要有意愿提升自我觉知力，深入了解自己的状况，自然能够清晰地勾勒出自己的生命面貌以及希望建构的价值观，从而找到努力提升的方向。

认识自己可以从"爱自己"开始。能爱"我"，才能爱别人。所以，你要学会爱自己的健康、爱自己优秀的品格、爱自己能上进。爱自己，要常常问自己，我现在这样够不够好？结交益友，也有助于自己增长见识。佛学里面有"对境"的方法，把自己当成一个对象，经常客观地察觉，诚挚地提供好的意见，把自己领导好。通过独处及思辨，认真领导自我，珍惜自己，可逐渐体会爱自己、爱他人的要领。

三、君子慎独

在专业领域里，所有的信任与尊重都必须来自时时刻刻的"自重"。"自重"的根本是时时刻刻的自律，关注并约束自己言行举止的质量。一个人独处时的作为最能真实反映他的真实面貌。认识自己并维持一致性，才能产生实质的自信心。"自重"是理解"慎独"真实意义的第一步，是在职场有所成就的重要素质，必须在年轻时就认识到这一点并养成习惯。总是一丝不苟、严谨地践行各项素养，才是"君子之所当为"。若在没人看管时也能维持高的素养水平，一旦有机会在万众瞩目的镁光灯下露脸，整体素养必然更为光辉耀目。《礼记·中庸》里教导我们："君子慎独"，君子在独处时更需要小心谨慎，观察自己的作为，认识自己的不同面貌。君子之所以能获得成就，是因为能自我省察，自我监督，有严谨的纪律，以及高度的自我觉知。尽管在旁人看不到的时刻难免有不好的表现，甚至可能出现黑暗的一面，这都很正常，但一定要明白此事的不良影响进而领导好自己。这也是儒家经典《大学》在2500多年前提出的，知识分子都应学习的"知止"的智能。读书人不应漫无目的地随波逐流，以致耗尽光阴。若不想轻率地度过一生，就要自主地"知止"，把握生命的方向。个人独处时所培养的自律自重，正是"知止"的实践，也是所有自我纪律的源头。一个人能有觉知地管住自己，就是"知止"，也是抛离率性与任性的方略。有纪律地经常安静且客观地看待自我言行举止，慢慢会增益智慧，进而更高效地处理各类心绪上的波动。

作为职场人士，踏入职场，就是踏进一扇学习之门。门里有无穷无尽的新知识与新经验等你挖掘，在这条精进的卓越之路上，顺逆悲喜，完全掌握在"我"的手上。职场人士想要在职场上有所成就，获得左右逢源的愉悦，只能靠自己努力，储备好必要的职场素养，才能在经常事与愿违、心绪起伏的现实中，快速安顿自己的心神，不断发挥才干。

«««« 扩展阅读

职场素养，成为更好的自己
——选自陈嫱芬《职场精英力》

一、做好笔记可以提升工作效率

或许你会好奇，那些商务人士怎么能记得这么多一年中发生的点点滴滴？之所以能记忆犹新，主要归功于他们平日的做笔记习惯，包括行事历、日记和随手笔记。

做笔记是有要领的。在我们做笔记时，需要消化并整理所接收的信息，这是一项高度专注的心绪活动。表面上看，只是记录重点，实质上却是整个心灵、思绪与感情的共同运作，是你对于课堂或会议信息解析、重组与整合的一个完整过程。

我们的笔记像流水账，只把听到的话老老实实地记下来，心里没想太多。等成为职场人士，你会觉察到这样做笔记效率很低。商务信息的整理重点在于解读客户信息的含义，以及我对这些信息的反应思维。我们需要精准了解客户的需求，提出有价值的咨询意见及行动方案。因此，在倾听客户说话的同时，就应该根据自己的知识与技能，在会议中提出对应的工作框架与建议。换句话说，我们需要在专心开会的当下，同时把心中陆续闪过的若干想法也记录下来，作为会后提交报告的内容，包括行动方案、相关注意事项。但这些灵光一闪的好主意当下如果没有记录，会后很容易遗忘或记不完整，于是推荐大家用"左右二分法"做笔记。

首先，在笔记本页头标注会议的人/事/时/地（会议与会者/主题/时间/地点），所谓的"左右二分法"，就是将页面分为左右两半，左侧用来记录听到的信息，右侧记录对事情已经内化的认知。也就是说，左侧写的是"事实"，右侧写的是我在会议中对事件的对应想法、待办事项或自我提点。使用这个方法做会议记录，会后回顾时就一目了然。需要整理追踪任务时，很自然地先关注到右侧的标记，迅速理出后续跟进的事项，从而能够很有效率地向主管或同事汇报会议重点。

一个人有没有潜质，从他的笔记中，从对事情的摘要总结中，就可以看出他是否具备提出有价值的意见以及实践能力等。

二、自欺代价高

"自欺"是面对每天工作与生活的种种考验时，最容易犯的错误，一定要谨慎。"自欺"主要是因为犯懒，或是侥幸的心理作祟。当我们遇到挑战，或是遇到瓶颈不能突破时，很容易以各种借口、理由安慰自己只为一时方便，或是可以忽略某些事实真相，而贪图短暂的平静。一旦事态反转，等到不得已需要付出加倍力道来弥补"自欺"时，就会困扰不堪。

把头埋在沙子里搁置问题、任意免去标准作业流程，看似效率提升，实际却欲速则不达，或是因为侥幸心理最终偷鸡不着蚀把米，每次所得的教训，都在提醒我们专业素养的纪律以及按部就班的重要性。

三、踏实心绪靠自己

工作时难免因为人与事的处理不顺畅，突然感觉焦躁不安，这时若能自我觉察到心绪的变化，就有机会安顿自心，缓解负面感受。比如有人会找一处安静的地方，徜一矩形，专注地看着自己的脚步踏出。脚跟先着地、接着脚板慢慢放下，然后脚尖落地，追求稳健踏实地迈出每一步，同时做深长的吐纳。观察自己的呼吸与脚踏在地上的每一步间的关系，自然会有一种奇妙幸福的安定感升起。这个方法很有用喔，试试看！

四、因为能，所以不能

若你在工作上遇到小人，让人气馁，是否要予以反击？"汉阴抱瓮"的典故出自《庄子·天地篇》，比喻一个人纯真无邪，对事物顺其自然的反应，而不刻意用心思迂回以对。

我们不要太过理会心机重、喜欢玩弄权术的人，无论如何，正直做人是自己的选择。千万不要因为工作沾惹上坏习性，害了自己，不值得！不狡诈，不是笨。看着耍弄小聪明，给人小鞋穿的人，只能说可怜。不回击，不是弱，是因为能，所以不能。

五、你是狐还是虎

一位金融业朋友，在业界成绩不俗，也博得了名气。最近此人离开了机构总部，尝试不同的生命模式，转行创业，然而工作却开始出现困难。褪去了机构头衔，他惊觉自己过去建立的人脉在交往时有了质变。他说，原来在机构当高管是"狐假虎威"，机构才是老虎。当时自己神气，是否只是跑堂的一只狐？眼下面对自己，又有多少真才实学？

是啊，不在镁光灯下，自己的面容怎可能有同等光亮？即使同样是灯，光线强弱不同，神情与应对岂能依旧？原来，回归本来面目，是这么艰难的功课，是考验，也是认识自我的珍贵机会。

六、追求正道

在职场上，"羡慕"与"忌妒"有时很难区分。职场人士都希望获得同事、主管的肯定，却难保这样的肯定，在让人羡慕之余，也可能引发旁人的忌妒之心。

"行之正，不求影之直，而影自直。"追求正道是个人选择，无法顺随他人的好恶而行，更不可仰赖他人肯定以持续。自己的目标，有时未必能获得他人的认可支持，甚至可能遭人忌妒，不管情境多艰难，一定要相信，坚定地走在正道上，人们会从你的作为中理解你，自然也会有跟随者效法。

七、过有意义的人生

年轻的时候总觉得日子还很长，心里很多的理想或计划，也都可以慢慢等到得空的时候再去做。工作10年后，你会惊觉，原来时光不等人！我们的生命历程里，尽过多少努力，获取多少素养内涵，能有多少面貌，都是自己点点滴滴的选择所形塑的，无法归责于旁人。

我建议职场人士定期检视自己对"成功"所下的定义，尽量在年轻时，形塑出自己的价值观，以免把心力都耗在与旁人的攀比上，很不值得。每个人都应该勾勒出自己所追求的成功境界的样子，进而采取适当的路径达成目标。你是你，无法成为另一个人，无法完全复制另一个人的人生。

愿意透过实践、不断反省、突破自我的人，远远胜过那些徒有权势钱财，而品格低劣的人。

八、提升素养靠自己

"素养"决定一个人的生命面貌。"素"是基础条件，除了天赋，主要由家庭及亲友的养育态度及价值观所养成。"养"则是个人后天通过启发、学习、感悟、反思，不断交互累积而成。"素"与"养"两者相生相伴，相互激荡、滋补或折损，日日调整，影响着我们每个人生活与心境的质量。

真正的生命高洁人士，有高尚的品格，宽宏的心胸与坚毅的续航力。这些人都是生命修行的实践家。在职场上胜出的人，都是对自己要求严谨，做事追求卓越，做人有高强度的同理心与服务态度，并且愿意经常自我省察、在挫折中精进，逐步形塑自己素养的风格的人。素养就是个人生命价值的点滴累积，也是实质的自信心的根本框架。

九、人际关系的关键词

人际关系的建立与维系，都要存乎"真诚"，这是恒真的道理。年轻时千万不要自认高明，企图玩弄他人的善良或是利用别人给你的信任，以免自食其果。

感谢晚了，原来可以有的当下感动就冷却了。关心晚了，过些时候的表达就减损了送出的温暖。这如同道歉不及时，任凭对方纠结挂心，有时再也难挽回原来的关系。人的情感、心绪，多数是稍纵即逝的起落，能及时用善心响应眼前的情境，才不至于造成遗憾。"错过即是犯错"，若观察到身边的人需要关怀，我们都要即知即行，以维护彼此的缘分。

十、向典范学习

在"教育"及"素养"上的提升是突破阶级最有效的途径，而这两者的培育主要靠个人的努力，只要用心，任何时候都来得及调整自己的命运。

步入职场后，要为自己争取几位师长，近身受业于他们的言传身教，这是很幸运的际遇。向典范学习，才能提升素养。不要看轻自己的出身或是抱怨现况，只要加把劲儿找方法强化自己的知识能力，把握住每次培育素养的机会，一定可以开拓人生，发展之路更加宽广。

十一、体态是教养、气质与素养的总和

"体态"是教养、气质与素养的总和呈现。职场人士对于自己的身形姿态要经常自我提

醒关注，体态是成为专业人基本素养的一环。在西欧与日本教育体系里，在身形、表情、语音上强调静、慢、优、雅，认为这些是文明素养的表征。若你去俄罗斯与东欧旅游，便会发现当地人们不仅讲究美学，着装简朴品位高，而且多数人的身形体态也都优美清雅，形成一个民族美好的风景。不管我们如何趋于自由开放，但收敛谨律的素养还是气质展现的最重要部分。

十二、素养需日日实践

一个人的素养实在不容易养成，需要温柔的心与细致的生命态度。一个社会的宁静祥和，是靠其中每一个人，时时刻刻贡献一己素养的能力所造就而成。真正的心安情逸，是一种身心的状态，来自日日实践的素养沉淀。

有这样一个街拍：一位小女孩由家长牵着过马路，因为车辆的礼让，小女孩很自然的向礼让车辆的司机鞠了一躬，便愉快地跑开了。画面让人如此感动！

十三、常相思，牢记恩

人脉或者说人际关系，都要靠平日花心思经营才能积累并维系。人与人之间有时看似热闹，实际上大家心里都明白，"君子之交淡如水"才是经得起时间考验的情谊。只有真心挂念的情谊才是扎实的人脉关系。

有效的方法是每个月有两三次，有意识地用心给两三位朋友打个电话，这些人可能是客户、朋友、过去的主管或同事、新认识的人，分享自己的近况，关心对方。慢慢地，你会更清楚哪些人可以成为好友，给你正向力量。人际关系要靠"常相思，牢记恩"。

十四、初心

一匹资质不凡的骏马，不分心向前看，专注奋力地跑，才能锻炼成为真正的千里马，获得伯乐的赏识。凡事诚挚看待自己的初心，全心全力投入，就能拥有足够的心力强度，成为有勇气的人，不轻易畏惧无谓的批评。

面临突破性决定时刻时，我们会显得犹豫，这很正常。犹豫多是来自观察到的一些不利因素，想要的却是这决定带来的好处。因此自然就形成"我怕""我担心"的心绪变动。事实是，天下没有不付代价就能尝到的甜头。

人际关系里，担心害怕他人批评，以致草草做事，随意敷衍，一旦结果不如预期，自己又不原谅自己，这很容易让一个人陷入犹豫不安中。我们要避免过分在意他人，因为忧谗畏讥，终究不免一事无成。只要真心努力做事，不要只仰赖他人的赞扬，这样，别人的恶意轻蔑，就不会消耗你对自己的认知。

活在别人嘴下，是种很悲哀的感受。我们谁都不想成为被讨厌的人，但是你若心头不能稳住，还是遮掩不住自己畏缩别扭的形象。

十五、职场素养的关键轴心

职场人士步入职场后，"学历"就成为过去时，尔后对你的绩效评量及个人评价，主要是围绕着你是否具备"解决问题的能力"与"自我领导力"这两个轴心所延展的能力幅宽，而这两项能力轴心就是职场素养的主轴。从此，你开始扎扎实实证明自己具备这两项能力，有潜质向上攀升，对组织有中长期的价值。

职场上的考核机制，并非有可量化的标准可以依循。即使是大机构的考核机制，最终还是由人来评分并做出判断。职场人士必先接纳"职场情境多数是没有标准答案的"这个现实，无论你从事哪种工作，与其抱怨工作不理想，担心主管不喜欢你而无法升迁，反不如安下心务实面对现况，专注锻炼"解决问题的能力"与"自我领导力"所延展的挑战学习，撑起自己的一片天，写下属于自己的精彩故事。

十六、成为更好的自己

愿意成为更好的自己的人，都有较高的自我期许，愿意认真谨慎地待人接物，愿意对所服务的组织与企业保持热情。这样清晰而正向的态度，就是建构职场素养能力的基础，我相信你一定可以成就自己的目标，成为自己心目中所定义的"精英分子"。在追求达成自己职场目标的过程中，提醒两个重要观念给大家参考：

（1）勇于任事，还需思辨因果，扎实做好每一步骤。愿意承担任务很好，但要从追求的共同目标着眼，清晰思辨事情的利弊得失，避免以直觉或是小聪明"便宜行事"。侥幸的工作心态让人很容易忽略工作任务的严肃性，不仅不利于自身正心与正行的展现，也减损了建立绩效、博得信任的机会。

（2）不轻易容忍小恶，形塑正直形象。不要追求旁人赞许我们微小的成就，你付出努力得到成绩是正常的，无须过度关注。而对自己有贪图的小恶，不管是念头或是实际作为，都要高度觉知地警惕避免。谨慎做人处事，不要对别人的进展眼红、起忌妒之心，形塑正直的价值观与专业形象。

有了这两个观念，虽只是个人行事风格的正心与正行，我们也可以直接或间接影响身边的氛围。为自己所处的职场，或是社会眼下的焦躁不平，履行个人的一份责任。这就是在专业素养上的实践！

《《《《《 练习与思考

（1）为什么说，正向的态度比能力更重要？

（2）如何在职场中磨砺出更好的自己？

第六章　胜任职场要求

感性导言（1G）

（背景音乐）

没有救世主，只能靠自己。

职场如战场，职场中的艰辛只要经历过的人都深有体会，困难无助时没人帮，说话句句是陷阱，即使被打碎了牙也只能往肚子里咽，许多初入职场的年轻人还被逼无奈地做过些身不由己的事。这不是社会太复杂，而是几乎每一个职场人都必须面对的现实。职场是一个充满竞争与挑战的战场，每个人都会关心自己的职业发展、晋升机会、福利待遇、领导与同事关系，在某些方面只容一人胜出，有你就无他，有他就无你。换位思考下，当一个和你非亲非故的人，自己手里的活都干不完，凭什么要帮你，况且你的工资又不给他。所以，要想在职场中立住脚跟，求得发展，没有救世主，只能靠自己。

世界万物都有其运行的内在规律，看似风起云涌、暗礁浮动的职场同样如是。要想在这个竞争激烈的职场上站稳脚跟并创下辉煌，我们要始终听从自己内心的召唤，成为自己想成为的人。向着自己预定的目标前进，努力工作，勤奋学习，团结同事，遇挫不退，知难而进，掌握工作技能，就一定能在职场中游刃有余，胜任职场中的大多数岗位。职场中的许多知识，不是教科书上学到的，而是在职场中的实践中悟出来的。我们要以工作为中心，将大量时间投入到职场中。学会向老板学习，向同事学习，向客户学习，向工作中的所有事情学习。坚持"每天多做一点工作"的原则，你早晚一定能成为职场中的精英。

通过本章的学习，帮助大学毕业生尽快实现角色转换，正确应对职场人际关系和挫折困境，为他们今后在职场中合理进行职业流动提供路径。

职场箴言

为一生工作而进行探索的人是幸福的，因为他无须再探索其他的幸福了。

——卡莱尔

现在其实并没有那么辛苦，当然比起在学校那是有点辛苦了。只要自己勤快点，一开始出错是很正常的，但是不能因为怕出错就不去做，你不做永远都不会知道自己有多大的潜力！

——环境艺术室内设计专业2014届毕业生
超创建筑装潢工程有限公司设计师赵小婉

感人案例（2G）

案例一

坚持就是胜利
——被辞退的博艺

博艺大学刚毕业，凭借自己的能力，在海上找到了一份高薪的工作，工作的内容是在油田钻井队里做技术员。博艺第一天上班，怀着积极向上的心态走入公司。第一次上班，领班让博艺在限定的时间内登上几十米高的钻井架把盒子送给井架顶层的主管。

一开始博艺对这个任务是很有信心的，博艺快速地攀爬，而且，大家都知道登舷梯是很累的。博艺很快就把盒子送到了主管的手上，博艺却只看到主管在盒子上签了名字，又让博艺送回去，很快博艺就走下了旋梯，然后把盒子交给了领班，但是，领班同样是在盒子上签名，又让博艺送上去给主管。

博艺看起来很不耐烦，觉得自己被耍了。但是，第一天上班，领导安排的任务不能不去做，只能继续攀爬。这时，博艺满身都是汗水，终于爬上了旋梯，可恨的是，主管依旧还是在盒子上签名，又让博艺送回去。然后，领班同样也是在盒子上签字，然后又让博艺送上去。

博艺看起来非常地生气了，觉得这份工作太没意思了，但是又不好拒绝领导，只能忍着疲累往上爬，最后，主管让博艺打开盒子，博艺打开盒子一看，没想到是两罐咖啡，博艺非常地恼火，直接对主管说："我不干了，实在受不了你们这种儿戏。"

此刻，主管摇了摇头说："博艺，非常地遗憾，如果你能再忍耐一下，就能通过了'承受极限训练'了。之所以让你去做这些，是让你明白，在我们海上工作的，随时都会遇到危险，我们身为工作人员一定要有极度的承受能力。非常遗憾，你没能喝到自己胜利的咖啡。"

"抱歉，你被辞退了。"

有感而发

人与人的之间的最大差别，不在于智商，而在于自控力，我们常说"坚持就是胜利"，而不是说"聪明就是胜利"。顽强的意志力是一个人最突出的优点。你的坚持和自控力比智商更容易拿高分，比个人魅力更有助于领导别人，比同理心更有助于维系婚姻幸福。它是一种积极的心态，会带来好的工作成效，引导我们逐步走向成功。反之如果对工作心不在焉，或者心烦意乱，就会带来不愉快甚至是恶劣的工作态度，其工作效果就必然很差。能够做好自己不愿意做的事情，是人生的智慧，更是生存的策略。这个世界，这个工作，这个岗位，不是为了你一个人而存在的。既然你已经从事了这个工作，就要努力把自己的事情做好，这也是一种人生的责任。

▶ 叩心自问

（1）博艺的工作态度存在什么问题？

（2）设想你是博艺的话，你会坚持到最后吗？说说原因。

职场箴言

应当用深刻的知识的火炬来照耀劳动，应该对劳动加以思索，而提到最高的程度。

——克鲁普斯卡娅

任何目标，只说不做到头来都会是一场空。然而，现实是未知多变的，定出的目标计划随时都可能遭遇问题，此时就要求有清醒的头脑。一个人，若要获得成功，必须拿出勇气，付出努力、拼搏、奋斗。成功，不相信眼泪；未来，要靠自己去打拼！实现目标的历程需要付出艰辛的汗水和不懈的追求，不要因为挫折而畏缩不前，不要因为失败而一蹶不振；要有屡败屡战的精神，要有越挫越勇的气魄；成功最终会属于你的，每天要对自己说："我一定能成功，我一定按照目标的规划行动，坚持直到胜利的那一天。"

——园林技术专业2014届毕业生
博大绿泽国际有限公司工程师郑力豪

案例二

咬定目标不放松

崔剑波

日本精工株式会社（NSK）在滚珠轴承、汽车用轴承、滚珠丝杠的市场占有率均为世界第一。

恩斯克（中国）研究开发有限公司是由恩斯克公司（日本精工株式会社NSK）投资的

全资独立法人研发公司，研发领域覆盖 NSK 所有的支柱产业，包括轴承、精密机械产品、汽车零部件，以及与机械、机电产品有关的基础和应用研究、生产技术的开发，为客户提供技术支持等。

几十年来，NSK 开发出无数新型轴承，为全世界所有产业、产品的发展和技术进步做出了巨大的贡献。在这样优秀的企业中能够立足并取得发展的都可谓是精英之才。作为一个高职院校的专科毕业生能够在人才济济的公司中，成长为一名技术骨干的更是凤毛麟角。电气自动化专业 2014 届毕业生，现任职恩斯克（中国）研究开发有限公司工程师崔剑波就是一个优秀的代表。

2013 年，经学校推荐并通过恩斯克（中国）研究开发有限公司面试，崔剑波进入公司实习。在实习期间，他牢记校训，勇担责任，崇尚荣誉，吃苦耐劳，勤学好问，乐于助人，遵章守纪，服从分配，别人不愿干的脏活与苦活他都好好干；别人马虎干的累活，他都认真干；不达标的活，他不怕失败，反复做，直到达标；别人不屑做的事，他都高高兴兴地做，给公司留下了深刻的印象。

毕业时，他打败了许多比他学历高、本领比他大的名校毕业生而被公司录用。

进入公司后，他进入车间从基层做起，逐步了解熟悉各种设备的性能与用途，在师傅的指导下学会操作。"书到用时方恨少"，进入车间他才知道仅有书本上的知识远远不够。于是，他像饥饿的人扑在面包上一样，利用一切可能利用的时间主动去看、去学、去问。很快，他被公司选中作为后备人才进入研发部工作。

进入研发部后，他的基本工作流程是：首要任务是熟悉图纸，读懂图纸，为此他尽可能多的和轴承的设计者沟通，理解设计意图，明白装配的要求；其次，再进行工艺策划，在工艺策划的过程中，需要考虑工艺的准确性、工装的定位、工装相对于操作者的方便性，这些都需要他在策划的过程中考虑；再次，进行产品试验评价，评价前，他要先对操作工进行培训，让他们了解工艺步骤，重要的注意事项。在试制过程中，要及时做好跟踪记录，发现问题时要及时解决，试制结束后，要将试制过程中遇到的所有问题罗列出来，并加以讨论，最后形成正确的评价结果。

日复一日，经过几年的磨炼，他以严谨的工作作风，热情的服务和严格的质量管理，圆满完成各项任务。2016 年底，他被公司聘为研发部工程师，成为公司一名技术骨干。实现了要做就要做好的职场努力目标。

有感而发

崔剑波认为，在职场中要能胜任工作，必须保证自己走在正确的方向上——属于自己的方向。现实中，许多人都没能选对方向或者说根本没有去选方向。

在职场中，没有人整天跟在你屁股后面催你把事情做完。不过，要想自己不被淘汰，那最好是自己主动把事情做好。

职场中正确的方向在哪里呢？不在别的地方，就在我们的内心，我们要时刻听从内心的召唤。在职业发展的道路上，大家都不可能走别人的路取得成功，很多的成功模式本身就不具有可复制性,他们的成功是因为找到了适合他们自己的职业成长道路。所以,每个人要想成功,就必须咬定目标,为独一无二的自己找到一条适合的发展道路,并为之而努力。而这条道路,只能靠自己在工作实践中一步步明晰。

▶ 叩心自问

(1) 为什么并无过人之处的学长,能在人才济济的国际名牌企业中立足?

(2) 你认为职场中正确的发展方向在哪里?说说原因。

职场箴言

不要为任何人确定你的职业理想,你需要做的只是确定完全属于你的目标。

——张勇

各行各业都存在着工作压力。销售行业的压力也是不可低估的,关键是如何化解这压力。我认为:首先,始终保持信心,当别人都绝望的时候依旧坚信能够峰回路转,完成销量,并把这种情绪和能量带给其他人。其次,将压力传导下去,给下属压力,并让下属接着将压力向下传导,让整个销售团队带着压力和信心去完成相关指标任务。

——汽车技术服务与营销专业2014届毕业生

宁波百鑫汽车服务有限公司经理范飞跃

感动体验(3G):职业体验,预见未来的自己

体验活动:

【活动目的】

(1) 通过体验让学生了解当代大学生的职业需求,完成目标激励,打破思维定式。

(2) 通过体验,真实反映当代大学生职业定位方面的情况,了解职业教育,树立职业理想,提高创新精神和实践能力。

(3) 通过体验引导学生树立不断完善自我、超越自我,为自己的职业目标不断努力的信心。

【活动准备】

(1) 确认准备体验的工作岗位。

(2) 查找体验单位信息,联系体验单位。

(3) 确定体验时间。

【活动过程】

(1) 指导教师课程导语(参考):

爱因斯坦曾收到一封信,信中邀请他去当以色列的总统。但是他坚决地拒绝了,他在信中写道:"我整个一生都在同客观事物打交道,因而缺乏天生的才智,也缺乏经验来处理行政事务及公正地对待别人,所以,本人不适合如此高官重任。"

爱因斯坦的选择是明智的，因为他知道，虽然他在物理领域独树一帜，可这并不表明他在任何领域都是无所不能的。否则，世界上可能就少了一位大科学家，而多了一位庸庸碌碌的政府官员。

正如作家毕淑敏所写的："一个选择决定一条道路。一条道路到达一方土地。一方土地，开始一种生活。一种生活，形成一个命运。"

职业选择是我们一生面临的重大选择之一，决定了我们未来事业发展的方向和我们在这个社会上的地位。俗话说："男怕入错行，女怕嫁错郎"，其实无论男女，错误的职业选择都会对你的职业生涯造成不利影响，甚至会妨碍你事业成功。

职业生涯决定你一生的幸福与伤悲，错误的职业选择会使你付出巨大的时间和机会成本。因此，对于职业我们必须心存敬畏、尊重，对于选择什么样的职业必须慎之又慎。

人们在职业选择方面存在很多困惑，对于那些真正有准备的人来说，及早地进行职业规划是非常重要的，对于在校的大学生们而言，了解自己的择业目标是十分明智的选择。

本次课程的体验活动是"职业体验，预见未来的自己"，需要同学们结合自己的个人实际，对就业重新认识和考察自我内心的活动。

（2）活动规则：

①每位同学主动利用业余时间寻找一个自己感兴趣或与自己专业相关的工作岗位进行体验。

②体验的时间至少在4个学时以上，鼓励同学们多体验。

③任课教师需要同部分体验单位指导者联系，了解学生体验情况。

④每位学生在一周内提交职业体验报告一份，填写姓名、院系、班级、学号、体验单位及岗位信息等。

⑤职业体验报告主要是能够证明您认真完成职业体验的一些材料，这体现在活动准备材料，体验活动照片，活动过程的相关资料，关于体验活动的媒体报道等。

感悟分享（4G）：胜任职场从体验开始

（1）完成职业体验报告的同学们可以思考，你在职业体验中的角色是什么？你看到了什么？感受到了什么？接下来打算怎么做？

职业选择对每个人而言都并不是一件轻松的事情，因为在诸多选择面前，我们时常面临着现实与长远、个人兴趣与社会需要、经济利益与人生理想之间的矛盾与困惑。这些困惑会使我们陷入职业选择的误区之中，所以，我们在选择职业的时候三思而后行。

现在很多的人，由于缺乏对社会的认知和理解，或者对自身的个性、特质、能力、专长缺乏清晰了解，借助些有经验的职业人士来清晰或者规划自己未来的职业方向，是有些价值和意义的。还有一些人，在职场江湖上有些时间了，也许是个主管，也许是个经理，处于不高不低的状态，上升暂时没有空间和机会，又不安于现状，或是对现状有些不满，面临职业继续提升的困惑。这个时候，资深的职业顾问可以给到一些建设性的启发和意见。再有一些人，在职场上奋斗了一些时间后，发现自己不太适合这个职业，想转行或转型，何去何从，难以决策，听听职业顾问的意见，也许对自己的重新选择有参考价值。通过刚才的体验活动，大家反思一下自己：

①你能胜任你选择的职业吗？

②如果你认为自己能胜任，说说你完成工作的具体事例。

③如果你认为自己不能胜任，也请说说自己暂时存在的问题。

④根据你的职业体验，你会对你的职业规划做出调整吗？

（2）指导教师要求学生以小组为单位进行活动交流。

（3）由各小组推荐或自荐一名同学上台进行大组分享。

职场箴言

无论是工作还是做人，傻子才用嘴说话。聪明的人用脑子说话，智慧的人用心说话。

——杨石头

一般来说，刚开始到任何一家工作单位，所接触到的东西都是陌生的，要想在短时（期）内尽快胜任本职工作，关键是对待工作的态度。态度放正了，纵然自己以前没学过的知识也可以在工作中渐渐地运用；态度放不正，就算自己有知识基础，工作也不一定会做好。社会上很多事情是我们在学校里从未经历到的，这要靠我们自己去琢磨。在实习和就业过程中，要多看别人怎样做，多听别人怎样说，多想自己应该怎样做，然后自己亲身动手去多做，慢慢地也就熟悉了。

——机电一体化专业2014届毕业生
膳魔师（中国）家庭制品有限公司设计师包翔

感奋践行（5G）

《《《《《知识导航：如何胜任职场要求

第一节 尽快实现角色转换

从学生人转变成职场人的第一步，应从企业文化、业务流程、公司制度、仪态仪表、待人接物、为人处世等多个方面进行了解，企业需要的是什么人员，什么职位应该具备什么样的素质，如何能够更好地发挥自己的潜力。职场人最需要的就是敬业精神，职场新人要做的以日常性的事务工作居多，专业性的工作一般要经过企业的再培训之后才去做。要保持沉稳的心态，因为这是做好任何一份工作的关键。俗话说，"良好的开端是成功的一半"。你首先要学会适应，学会适应艰苦、紧张而又有节奏的基层生活。你缺少基层生活经历，可能不习惯一些制度、做法，这时，你千万不要用你的习惯去改变环境，而是要学会入乡随俗，适应新的环境。好高骛远、自命不凡，只能毁掉你的前程。要学习企业中那些卓越人才必备的八大基本素质：创新能力、学习能力、自信自立、自律、积极乐观、执著追求、责任感、合作开放。

一、从系统的理论学习向多方位的实际应用转换

学校里学习的都是系统的理论，一科连接一科，科科有现成的教科书，有教授讲解，有助教辅导。到了工作岗位，实际动手能力靠培养、练习。而且，实际应用是多角度、全方位的，没有人告诉你哪个该学，怎么学习，知识积累全靠自己探索，从而导致做了事却没有实现目标，甚至偏离了目标，或者不知从哪里入手，学些什么。

在应届毕业生进入公司的时候，企业都会对职场新人进行新员工入职培训，要多学多看，多虚心请教，才能积累工作经验。大学生缺乏实践经验就很难得到发展，公司的人都服有经验的人，没有经验，则只能打下手，心理又不平衡，就会越搞越糟，使自己境地尴尬，甚至不懂装懂，让人笑话。以谦逊的态度去向别人请教，这并不是什么难事，放下架子，虚心请教，你会发现别人身上值得你学习的地方有很多，你自己身上也有别人值得学习的优点。虚心求教，进步很快，又能建立良好的人际关系，把自己很快融入集体中去，既受益匪浅，又让人喜欢。

二、从散漫的校园生活向紧张的工作模式转换

悠闲的校园生活方式被紧张的职场打拼所代替，使这些在家里备受呵护的"90 一代"独苗进入"断乳期"，像是在奶奶、姥姥娇惯下自由淘气的孩子，一下被送到幼儿园，受到纪律、时间的约束，感到浑身不自在，迟到、请假成家常便饭，总想找个借口，编个理由请上一次假去外面玩一玩。

每当新生力量进入单位，都会带来新的气息，同时也会带来一些新的问题。对于大多数刚刚走上工作岗位的大中专毕业生来说，除了工作能力之外，还要有实干精神、懂得人际沟通。不但要完成好属于自己的每一项工作，还要做自己不愿做的事情。能否做好那些自己不愿意做的事情是一个人是否成熟的标志，也是一个人能否取得人生成功的主要因素。做好自己不愿做的事，学会妥协，向职场妥协、向现实妥协。

三、从浮躁的心态向逐步理性化转换

转型需要时间，与企业的磨合需要时间，积累经验也需要时间，具备竞争力同样需要时间。要给他们融入职场的时间，他们需要过渡过程。哪怕时间很短，这个过渡过程必须经过。企业会给实习生时间和机会，但自己不能以此为借口，要积极努力，从浮躁的心态中走出来，尽快进入符合企业要求的状态，这是理性化的成熟表现。

企业看重应届大学生，主要就是看到了隐藏在这些年轻人身上的"发展基因"。实习是一个大学生走向社会的阶梯，如果实习好了，机遇也就会随时光顾你，或者拿到实习单位的Offer，或者把实习经验当成跳板，应聘到新单位。不管什么用人单位，他们都需要一个谦虚

谨慎、好学上进的员工，要有勤奋刻苦，把远大志向落到实处、树立责任感、执着追求事业的态度。对待实习兢兢业业，就有可能留在实习单位。在现实生活中，有些学生自以为不会留在实习单位，或者这山望着那山高，敷衍了事地对待实习工作，领导安排的工作不能完成，还总想搞点猫腻，偷偷出去应聘，结果，新的公司没聘上，实习的公司又丢掉，最后走向工作岗位，同界同学都成了成手，自己仍然是个职场新兵。

四、从家长的呵护向自己保护自己转换

许多大学生在进入就业大军时，往往对就业的相关期限、实习权益等一知半解。原来依赖家长，现在需要自立；需要自己判断、自己选择，如果选择去一个根本不了解的公司，这是一种冒险。不要轻易决定第一份工作，一般来说，新人第一次对职场的体验是刻骨铭心的，它会使新人对职场产生一种固定印象，形成固定心理状态，从而影响到今后的职业心态和职业规划。因此，走好职场的第一步，能够使大学生更好地为企业及社会服务，更大程度地发挥自己的潜力，若是为了在毕业前找到一份工作，或者迫于其他同学签约带来的压力而草率接受一份自己并不满意的工作，都是不可行的。

对于一家自己向往的公司，作为实习生当然应该全力以赴地做好自己的工作，争取最终能被录用。但是我们也要警惕，一些用人单位制度是否完善，是不是侵犯了我们自己的权益以免有苦难诉。在毕业以前，我们作为在校生，无法享受劳动法的保护，但一旦我们毕业了，我们就要懂得维护自己，以防一些不法的公司将自己作为廉价劳动力使用。学会在社会上独立地站立，学会保护自己。面对人生的种种挫折，学会应对，学会维权。

第二节 建立和谐人际关系

除了要适应岗位外，积极处理好周边的人际关系也十分重要。建立良好的人际关系的第一步，是要从自身做起。

（1）积极主动的工作态度。新到一个公司，崭新的生活方式、陌生的社会环境、复杂的人际关系，都让他们感到不习惯。没有耐心去思考一些细节上的问题，因此，难以适应、四处碰壁。要尊重企业的老员工，为人谦虚，不耻下问，多请教，多沟通。这些行为会让同事们更快地接纳你，你也能更快地融入企业。比如与领导相处，首先一定是要尊重领导，服从领导的工作安排。其次，根据领导风格不同选择适当的沟通方式。最后，坦诚相待、主动沟通、把握尺度。

（2）提升自己的知识技能，以适应岗位需求。刚出道的新人可能文凭比公司里一些前辈要过硬，但是经常会出现这样的情况：学历虽高却什么都不会。学生在学校比较注重的是学习理论知识，然而到了职场上，更注重的是动手能力和累积的经验。因此，应届毕业生要投入到再学习中，通过不断学习和吸收，成长为真正的职业人士。因为从你进入企业的第一天，你周围的同事们都在或多或少地关注你，首先要自律，特别是一些细节方面，像上班迟到早退、打私人电话这种事要避免，这些事会使别人留下工作不用

心的最初印象。

（3）克服张扬，低调做人。现代大学生的特点是张扬个性，彰显自我风格，追求与众不同。这种风气与氛围培养了不少"特别"的大学生。但工作岗位不是上演个人秀的舞台，因此，刚刚迈上工作岗位的大学生们一定要注意自我形象问题，做事一定要低调。少说多看，尽快熟悉人际关系，融入环境。锐气藏于胸，和气浮于脸，才气见于事，义气施于人。处事对上司先尊重后磨合、对同事多理解慎支持、对朋友善交际勤联络。复杂的人际关系是社会构成的一部分，亲和力太小，摩擦力太大，一不小心，天时、地利、人和都离你而去。融入环境的手段之一是要学习基本的礼仪知识。职场有职场的规则，单纯的讲礼貌是不够的。身处其中，一言一行，一举一动都要符合职场规范。礼仪是构成形象的一个更广泛的概念，包括了语言、表情、行为、环境、习惯等，相信没有人愿意自己在社交场合上，因为失礼而成为众人关注的焦点，并因此给人们留下不良的印象。

在职业活动中，人际关系的好坏直接影响着人们劳动的积极性、创造性以及工作效率。人际关系不好，有可能直接促成个体职业流动的发生。根据日本铃木建二的调查，在日本，因为别的公司薪俸丰厚而调动工作的极为罕见，大约仅占调转工作人数的5%。其多数职业流动是因为人际关系不好，情绪受到影响而辞职或被辞退。根据哈佛大学就业指导小组调查的结果，数千名被解雇的人员中，人际关系不好的比不称职的人高出两倍。

第三节　正确应对职场挫折

面对职场的压力，毫无经验的新入职场的大学生们总会遇到许多困难和挫折。但在面对困难与挫折时，有些人选择了放弃，有些人选择了坚持，勇敢面对。如何来正确面对工作中的挫折？

（1）合理归因，冷静面对挫折。

当遇到挫折时，不能就此放弃，要用冷静的态度，客观地分析失败的原因，进行正确的受挫归因。困难和挫折并不可怕，可怕的是不能理性勇敢地面对，就此放弃，往往失败离成功只有一步之遥。挫折虽然能够给人带来心情的不愉快，但同时也可以锻炼人的意志。不少新入职场的大学生们只想到成功，没有想到失败，一旦遭受挫折就会一蹶不振，陷入苦闷、焦虑情绪之中不能自拔。真正的强者面对失败时，通常能够认真反思，吸取经验教训，努力去争取新的机会。

（2）合理规划职业生涯路径。

第一，正确合理的职业生涯规划是事业取得成功的关键因素。当学子们完成从"校园人"到"职场人"的转变之后，应正式开始规划自己的职业生涯，即确定个人奋斗目标。有了目标，就有了努力的方向和动力，更重要的是帮助个人真正了解自己，为自己筹划未来，避免对自己的未来产生迷惘。应该结合自身的专业知识及能力为自己职业生涯进行合理的规划。一旦有了职业规划，就有了奋斗目标，对未来就有了希望。为实现这一目标，就要不断地努力奋斗，不断地提升技能掌握更多的专业知识。

第二，在进行自己的职业规划时，切忌不切实际，好高骛远。在企业面试的过程中，不少大学生开口就是自己宏伟远大的发展目标和职业生涯规划，然而这些职业生涯规划和自身的能力并不匹配，在可预见的范围内根本无法实现。因此，在进行自己的职业规划时，一定要客观衡量自身的能力，制订切实可行的职业生涯规划。

第三，尽快实现角色转变，融入社会集体生活。人的一生，从求学到工作，从学艺到谋生，经历无数次的角色转变，每一阶段的人生角色，赋予的内容和要求是不全相同的，因此必须有效适应每一次人生转变，才能更好地经营自己的人生，才能最大化发挥个人的人生价值和全景化地实现我们的社会价值。以不变应万变的理论或许在知识爆炸、竞争与机遇共存的21世纪，已经失去它固有的内涵。会不变中求变，适应每一次人生角色转变，才能最终取得成功。

(3) 调整工作心态。

第一，适当调节心理预期。心理预期过高，导致了理想与现实之间的巨大差距，这种差距增加了内心的失落感，感到事情的发展已经超出了自己的控制。因此要多给自己积极暗示，凡事都要循序渐进，学会耐得住寂寞，多听、多看、多学。

第二，放低姿态，从基础工作做起，不断积累工作经验。对于新人来说，在职场的每一种经历都是很好的学习机会，有助于自己的成长。牢记"三人行，必有我师焉"，虚心向同事们学习工作经验，尽快熟悉自己工作岗位的种种业务知识，结合实际工作灵活运用自己所学的知识。只有这样，才能尽快适应新环境，提高工作效率，创造自己的工作业绩。事业的辉煌不是一蹴而就的，而是需要不断地积累点滴业绩。

第三，主动沟通，创造良好的工作关系。很多员工认为主管不关注他们，其实是他们缺乏主动与主管的有效沟通。沟通时，要本着实事求是、诚心待人的态度与人沟通，提高沟通的主动性，缩短与周围同事之间的距离。同时要克制感情，冷静处理，工作中出现错误时，应主动承担责任。通过与部门主管、同事的沟通，有助于增进互相的理解及人际关系的处理，更好地适应工作环境。

第四，不断学习、锐意进取，高标准要求自己。俗话说：活到老，学到老。刚离开校园踏上工作岗位，往往就忽视了学习，感觉学习是学生时代的"义务"，这是不可取的。大学生只是人才的坯子，要锻炼成才，还需要在社会这个大熔炉里锻造，只有不断探索新的方法，不断地给自己"充电"，才能保证适应瞬息万变的社会。这对于从"学校人"到"职业人"转变也是至关重要。机会总是留给有准备的人，当机会来临时，有准备的人才能牢牢把握住。

第四节　合理进行职业流动

职业流动是指在个人职业生涯中，从一职业或职位到另一职业或职位的变更。涉及职业性质和类型的更换称区域流动；只更换工作单位不更换专业或技术层次的称水平流动；与个人能力、水平有关而更换职位或工作技术层次的称垂直流动。其结果，在社会学家霍珀看来，在某些情况下，可能表明社会阶级流动以及由此产生的经济和身份流动；在另一些情况下，可能仅表明经济流动和身份流动的数量变化。合理的流动有利于人力资源的利用，也有利于个人特长的发挥。个人所受的教育是影响各类流动的重要因素。

一、职业流动的根本原因

社会进步、科学技术水平的提高是促成职业流动的根本原因。"大工业的本性决定了劳动的变换、职能的更动和工人的全面性流动。"在科学技术迅猛发展的今天，面对信息时代的挑战，为了保证社会再生产的正常进行，就必须承认职业的合理流动，打破"从一而终"的传统就业观念。不可否认，职业流动存在着利益驱动的问题。在当前，职业还是人们谋生的手段，通过职业活动，谋取个人生存、发展以及提高家庭物质文化生活水平所需的经济条件。由于职业在不同地区和不同部门（单位）给劳动者所支付的劳动报酬的差别，促使劳动者从收入低、待遇低的职业部门（单位），流向能够获取"高薪"的职业部门（单位），从而导致职业流动。

二、职业流动分类

第一，职业流动是劳动者在不同的职业群体之间的流动，是职业角色的变换过程，其结果是对劳动者的职业生涯发生影响。区域（或单位）流动是劳动者在不同地区（或单位）之间的流动，其结果是不同地区（或单位）劳动者的人数比例发生影响。职业流动往往伴随着劳动者在区域间的流动，区域流动也往往伴随着职业流动。但职业流动并不一定引起区域流动，区域流动也不一定与职业流动相连。

第二，职务变动主要指行政职位层级的变动。职务变动可能带来职业流动，也可能不引起职业流动。职务变动是否带来一次职业流动，主要看其工作性质和工作内容是否发生了质的变化。如果一个营业员被任命为某一个柜台的班组长，因工作性质和内容没有发生变化，就不是职业流动；如果他被任命为部门经理就可以说是一次职务流动，因为从营业员的角色变为管理和经营者的角色。

第三，从人们对职业流动的一般性概念来说，往往把区域流动和职务变动与职业流动等同起来，因而弄清它们之间的区别与联系，有助于人们正确认识职业流动的性质，把握职业流动的行为。

《《《《《 扩展阅读

职场好员工具备的十大条件

一般来说，企业所需要的人才必须具备以下各项条件。

一、有良好的敬业精神和工作态度

近来，对企业用人需求的调查结果表明，工作态度及敬业精神，是企业遴选人才时应优先考虑的条件。对企业忠诚和工作积极主动是企业最欢迎的人，而那些动辄想跳槽、耐心不足、不虚心、办事不踏实的人，则是企业最不欢迎的人。

一般来说，人的智力相差不大，工作成效的高低往往取决于对工作的态度，以及勇于承担任务及责任的精神；在工作中遇到挫折而仍不屈不挠、坚持到底的员工，其成效必然较高，并因此而受到公司老板和同事们的器重和信赖。

二、有较高的专业能力和学习潜力

现代社会分工越来越细，各行各业所需专业知识越来越专、越精。因此，专业知识及工作能力已成为企业招聘人才时重点考虑的问题。但在越来越多的企业重视教育训练、自行培养人才的趋势下，新进人员是否具备专业知识和工作经验已不是企业选择人才所必须具备的条件，取而代之的是该人接受训诫的可能性，即学习潜力如何。

所谓具有学习潜力，是指素质不错，有极高的追求成功的动机、学习欲望和学习能力强。现在有越来越多的企业在选择人员时，倾向于选用有学习潜力的人，而不是已有那么一点专业知识的人。近来，企业更流行的做法是在招聘人员时加考其志向及智力方面的试题，其目的在于测验应聘者的潜力如何。

三、道德品质好

道德品质是一个人为人处事的根本，也是公司对人才的基本要求。一个再有学问、再有能力的人，如果道德品质不好，将会对企业造成极大的损害。

四、反应能力强

对问题分析缜密，判断正确而且能够迅速做出反应的人，在处理问题时比较容易成功，尤其是企业的经营管理面临诸多变化，几乎每天都处在危机管理之中，只有抢先发现机遇，确切掌握时效，妥善应对各种局面，才能立于不败之地。

一个分析能力很强，反应敏捷并且能迅速而有效地解决问题的员工将是企业十分重视而大有发展前途的人才。

五、愿意学习新东西

现代社会，科学技术的发展日新月异，市场竞争瞬息万变，企业如要想持续进步，只有不断创新，否则，保持现状即意味着落后。企业所开展的一切工作都是以人为主体的，因此，拥有学习意愿强、能够接受创新思想的员工，企业的发展必然比较迅速。

六、善于沟通

随着社会日趋开放和多元化，沟通能力已成为现代人们生活必备的能力。对一个企业的员工而言，必然有面对老板、同事、客户等现象，甚至还需要处理企业与股东、同行、政府、社区居民的关系，平时经常会有与其他单位或个人进行协调、解说、宣传等工作，沟通能力的重要性由此而见。

七、能够"合群"

在当今的社会里，一个人再优秀、再杰出，如果仅凭自己的力量也难以取得事业上的成功，凡是能够顺利完成工作的人，必定要具有集体主义精神。

员工在个性特点上要具有集体主义精神或合群性，几乎已成为各种企业的普遍要求。个人英雄主义色彩太浓的人在企业里不太容易立足。因此想要做好一件事情，绝不能仅凭个人爱好独断专行。只有通过不断沟通、协调、讨论，优先从整体利益考虑，集合众人的智慧和力量，才能做出为大家接受和支持的决定，才能把事情办好。

八、身体状况好

一位能够胜任工作的员工，除了品德、能力、个性等因素外，健康的身体也是重要因素。所以，成功的事业寓于健康的身体，一个身体健康的员工，做起事来精力充沛，干劲十足，并能担负较繁重的工作，不致因体力不支而无法完成任务。

九、自我了解

对人生进行规划或设计的思想近来逐渐受到人们的重视。所谓人生设计，是指通过对自我的了解，选择适合的工作或事业，投身其中并为之奋斗，对财富、家庭、社交、休闲等进行切实可行的规划，以满足自己的期望。

人生目的明确，自我管理能力强的员工不会人云亦云、随波逐流。他们即使面临挫折，也能努力坚持，不会轻易退却，因而能在生产或其他工作中发挥主观能动性。

十、适应环境

企业在遴选人才时，必然注重所选人员适应环境的能力，避免提拔个性极端或太富理想的人，因为这样的人较难以与人和谐相处，或是做事不够踏实，这些都会影响同事的工作情绪和士气。

《《《《《 练习与思考

（1）在职场中遇到挫折如何处理？

（2）对照职场好员工的条件，你认为自己能具备几条？

创业篇

第七章　认真做好创业准备

感性导言（1G）：创业，我来了

（背景音乐）

2014年9月的夏季达沃斯论坛上。李克强总理首次提出，要在960万平方公里土地上掀起"大众创业""草根创业"的新浪潮，形成"万众创新""人人创新"的新势态。此后，他在首届世界互联网大会、国务院常务会议和各种场合中频频阐释这一关键词。每到一地考察，他几乎都要与当地年轻的"创客"会面。他希望激发民族的创业精神和创新基因。

2015年3月2日，国家发布《国务院办公厅关于发展众创空间　推进大众创新创业的指导意见》；2015年6月11日，国家发布《国务院关于大力推进大众创业万众创新若干政策措施的意见》；2015年6月17日，国家发布《国务院办公厅关于支持农民工等人员返乡创业的意见》；2018年9月18日，国务院下发《关于推动创新创业　高质量发展打造"双创"升级版的意见》。文件反复强调，推动大众创业、万众创新是充分激发亿万群众智慧和创造力的重大改革举措，是实现国家强盛、人民富裕的重要途径，要坚决消除各种束缚和桎梏，让创业创新成为时代潮流，汇聚起经济社会发展的强大新动能。

本章通过大学生亲历的体验活动，帮助他们了解创业的基本步骤，在实际创业时有一个较为清晰的行动路线图。通过本章的学习，要求大学生了解创业者的素质要求，熟悉大学生创业的基本流程，以便能更好地把握创业机会。

职场箴言

做自己喜欢做的事情是令人兴奋的，也更容易激发自己的想象力和创造力。每天早上醒来，你都会为新一天的开始而激动不已，然后你会洋溢着真心喜悦并且感染着周围的人。

——比尔·盖茨

爱拼才会赢，没有人能随随便便创业成功。作为当代的大学生一定要有敢闯敢拼的劲头，方能实现自己的价值。

——工程造价专业2002届毕业生
浙江茂丰电气有限公司副总经理金耀明

感人案例（2G）

案例一

风雨过后是彩虹
——记环境艺术设计专业2007届毕业生周峰创业案例

周峰

2014年7月4日，这是一个令环境艺术设计专业2007届毕业生周峰一生都难以忘怀的日子。

他的新公司——苏州沐坤装饰设计有限公司在今天正式开张了。

为了这一天的到来，他整整拼搏奋斗了七个年头。回首毕业后的七年历程他百感交集。一次次的创业失败，一段段艰难的打工经历，像电影一样一幕一幕呈现在眼前……

这一次创业他不再是单枪匹马，而是约了几个志同道合的朋友。

这一次开公司他感觉容易了许多，因为以前开公司虽然失败了但却积累了宝贵的经验。当然，一些小烦恼也不可避免。

（1）选址。刚开始选择地址的时候，又要选择交通发达的地方，又要考虑价钱便宜点的，后来通过综合的考虑，还是选在了地铁站口的办公楼里。一是客户来往都比较方便，二是公司的办公环境好点。

（2）选人。开公司就要招人，可招人也是大难题。想要招有经验的设计师，就要用高薪去挖人，工资低了，招来的人也没有什么经验。后来，他们在老师和校友的支持与帮助下，寻找到一些业内人士。

用品质感动客户

公司开张了，开始时业务也比较低迷，基本上都是靠朋友关系去接一些单子。

经过多次失败的他们，这一次他们没有急，更没有乱。他们坚信质量做得好，客户一定会有的。他们要用品质感动客户。

在设计上他们倡导绿色装修，提供全面多样的装修风格，满足不同客户的个性需求，在有限的空间里呈现最佳的艺术效果。在施工中采用先进技术，进行科学管理，规范化操作，从而保证每一个工程的优质品质。在价格上，采用透明的价格体系，让每一位客户明明白白消费，踏踏实实装修。随着时间的推移，不断地有客户介绍亲戚或朋友，单子也越来越多，公司再也不用为业务发愁了。

将艺术融入生活

面对风云变幻的市场，站在新起点上的沐坤装饰，始终坚持诚信、诚实的原则，重信誉、守合同，赢得了社会的广泛赞誉并有了相对稳定的客户源。

随着经济的发展和社会的进步，为更好地满足广大群众改善生活方式和居住环境多样化的需求，为客户提供更优质的服务，他们提出了"将艺术与功能，点滴融入生活"的设计理念，力求为个性客户创造出具有人文气息的艺术原创的居住空间。

针对行业中出现的工程质量问题，沐坤装饰推出了更加严格的工程质量监督自检自查体系，从根本上杜绝了工程质量隐患。同时，他们凭借超前的设计构思、精良的施工工艺、优质的全程服务，真诚地为每一位顾客量身定制全新、优雅、舒适的居家生活与文化空间。公司发展的重要竞争力，在于装修材料选择与应用上的完全透明化及材料采购的最优惠渠道，顾客不仅消费得清清楚楚，也让顾客得到实惠，实现多赢。

几年来，他们先后完成室内装修工程、门面装修工程等百余处装饰工程。公司现有员工30余名，设计师15名，助理设计师10名，行政人员6名，相对固定的施工人员100多人，并定期对施工人员进行生产技术、安全施工培训，确保到公司的客户装修全程及售后无忧。

有感而发

大学生对自己的未来充满了希望，他们有着年轻的血液、敢想敢干且说干就干，对世界充满了激情，而这些都是一个创业者应该具备的素质。

学长周峰也是如此。走出校门后就憧憬着开一家自己的公司，但由于急于求成，过分自信，盲目乐观，再加上社会经验不足，市场意识不强，导致一次次创业失败。

有些人创业失败就此一蹶不振，泯灭了理想和热情，而难能可贵的是学长周峰不是。在一次次的失败中，他积累经验，靠守信聚集人脉，靠打工积累资金，靠时间去寻找机会。他知道自己并非天才，但他相信：天生我材必有用，只要坚持就一定能够成功。

学长周峰的案例启示我们，创业并不是人人都能成功，更多的可能是失败。因此，大学生在创业时必须做好足够的心理准备。既看到成功，也看到失败，这才是真正的市场，也只有这样，才能使大学生创业者们变得更加理智。

失败乃成功之母。大学生通过创业得到的最大好处在于增长了社会实践经验，尝到了世间的"酸甜苦辣"和人生百态，提高了自己应对困难与挫折的勇气和能力，证明了自己的价值。

准备创业的大学生们,你们准备好了吗?

▶ 叩心自问

(1) 在校大学生创业有哪些优势?

(2) 你的创业梦想是什么?如何实现它?

职场箴言

在浩瀚的性命之岸,你就应自豪地告诉世界,你追求过,你奋斗过,你为辉煌的人生从来没有放下过期望,从来没有停止过拼搏。而这个造就了万物的世界也将自豪而欣慰地回答你:只要奋斗不息,人生终将辉煌。

——俞敏洪

专业知识只是一个大学生应该拥有的,而能够创业的大学生必然有一些和其他大学生不同的地方,而正是这些不同的地方显得尤其珍贵。

——工程管理专业2005届毕业生
上海金隅投资管理有限公司总经理庄奕

案例二

我的奶茶店终于开张了

——记应用韩语专业2014届毕业生王雅创业案例

应用韩语专业2014届毕业生王雅在校学习时通过兼职的磨炼和自己的喜好,萌发了毕业时自主创业开店的想法……

她是一个比较谨慎的女孩子。她深知,开店不是光有想法或嘴上说说就能开出来的。

她虽知道自己什么都不会,但她还是想试试。于是,她把自己的想法告诉了父母,得到了父母的允准和支持。

她很珍惜这次的机会。她认为,人生中能有这样一段经历,不管成功与失败都是自己一笔宝贵的财富。为了实现这一目标,她给自己做了规划。

一、学习

从她选定开奶茶店起,她就开始学习相关的奶茶知识。起初她并不知道奶茶是有分类的,通过学习她知道奶茶主要分为台式、港式和英式。她还了解到奶茶有许多品牌,如快乐柠檬、茶物语、超级奶爸、杨思奶茶小王子、咔咔仕、丝袜奶茶、阿姨奶茶、米芝莲、饥饿土司和鲜乐饮等。

在她看来,台式奶茶中经典的是丝袜奶茶,港式的是阿姨奶茶。通过产品介绍与分析,她还了解到在这些品牌中有的商品是偏奶茶的,有些则是偏饮品的。

王雅

二、考察

为了更好地了解客户对各种奶茶的喜好与认知,她经常到大众点评上面去看网友的评价,然后分不同的店和不同的品种列出优势和劣势在哪里。还有的时候,她会直接去店里观察和品尝,深入了解各种奶茶的口味与特色,以及今后自己开店可以参考和改进的地方。

经过调查她发现,开好一家奶茶店的根本在于食品的安全与卫生,位置、口味、服务和店里的环境与风格等也是非常重要的。

三、筹资

开店是需要资金的。她不希望开店的资金全部依靠父母。于是,从大一起,她就利用课余时间和寒暑假做兼职。有时,她同时做了两三个兼职。

为了表示她创业开店的决心,她向父母承诺:所有开店的资金都属于她自己拥有,父母的钱只作为借资,两年内还清。

四、选址

经过多方的考察,她把店址选定在学校附近繁华商业区的一幢写字楼下。因为光顾奶茶店的主要人群是都市年轻人,大学生是一个重要的客户群体。因为在学校附近,不仅方便于学弟学妹们光顾,带来人气,同时,在遇到困难时也能得到他们的及时帮助。

店面装修时,她认为奶茶的消费群体主要是学生和白领,装修太过高档不仅浪费钱,更有可能让人望而却步。但装修也不能没有自己的特色,因为太过大众化的东西,总是被人遗忘。最后,她把装修风格定位为简单大方型,但是装修公司的价格太贵,不在她的接受范围内。

于是，她找同学和朋友帮忙。请室内设计的同学进行店面设计，然后买材料请朋友装修。为了省钱，她把较贵的砖和油漆都省去了，店里的墙面还是水泥墙，但在装饰上动了脑筋。结果没想到装修完以后意外地有特色，意外地有人气。

五、其他

开业前还有几件事要做：一是工商注册，二是员工培训，三是办理店员健康证等。

此外，她还设计了Logo，选用价格较贵的纸杯。购买了一套超级好的管理系统。在营业过程中，店员常常忙不过来，账容易算错。人的记忆是不可靠的，但系统却不会算错，好几次都是通过系统的记录对上了当天的账。不仅如此，当店内某种食材快要用完时，系统还会自动提醒她采购。根据系统计算出的食材的周转率，她可以及时调整菜品和采购计划。

奶茶店终于开张了。开业那天，她和一个与她年纪差不多的店员，俩人穿着自己精心设计制作的类似于日本动漫里面校服的那种特殊店服闪亮登场，一下子吸引了许多人的眼球。她们俩被人戏称为奶茶学姐和学妹。因为这个特殊的称号，也让大学里的同学亲近了许多。在刚开业的那段时间里，好多学弟学妹都和她成了朋友。有的学生直接喊学姐，有什么不开心或者需要帮忙的事她也会尽量帮忙。

很快，来她店里的回头客已经达到百分之七十了。

 有感而发

应用韩语专业2014届毕业生王雅，为了创业，足足用了4年多的时间做准备。在这4年里，她学习相关的开店知识，考察店面，品尝食品，收集客户对各类店家的评价分析自己开店时要注意的事项。为了积累创业的资金，她从入校起就开始兼职。实践证明，兼职不仅让她挣到了钱，更重要的是增强了她适应社会的能力，提高了与人交往的自信心，培养了吃苦耐劳的精神。

通过几年的学校生活和大学实践，她由一个羞涩腼腆的小女孩，逐渐变成一个热情洋溢，充满自信，不怕困难，善于沟通，有一定管理能力的店主。她请室内设计的同学进行店面设计，自己购物挑选装饰材料，并亲自动手参加装修；开业前，她自己跑工商、税务和卫生等部门，办齐开店所需的各类证件与执照；她自己设计Logo，策划营销方案，包括精心设计开业时穿的店服。这些看似都是平凡的琐事，可又有几人能做到呢？

王雅的案例验证了职场一句老话，创业其实很简单：目标、坚持、耐心和勇气。具有创业愿望的大学生们能否最终走上成功创业之路，与他是否相信自己可以在激烈的挑战和竞争中胜出有着直接的关系。请相信自己！

叩心自问

（1）从学姐王雅自主创业的案例中，你得到了哪些收获？

(2) 你有创业的理想吗？怎样实现它？

职场箴言

一个真正的企业家，不能只靠胆大妄为东奔西撞，也不可能是在学院的课堂里说教出来的。他必须在市场经济的大潮中摸爬滚打，在风雨的锤炼中长大。

——王均瑶

人生要想成功，首先要有明确的目标，目标设立后能执着追求。创业要有激情、要有拼劲，同时要有一定的风险意识。选择项目要结合自己的优势，选择自己熟悉或者有兴趣的行业来做。

——工程管理专业2006届毕业生
正川建筑装饰设计（上海）有限公司总经理陆爱森

感动体验（3G）：创业，我行吗？

体验活动：

【活动目的】

（1）通过体验帮助学生在现有条件下评估自己是否适合创业。

（2）厘清自己创业的动力来源，做出建设性改变。

（3）通过体验让学生掌握创业的基本步骤。

【活动准备】

（1）《创业价值评估表》每人一份。

（2）《我们的创业框架》每人一份。

（3）黑色水笔每人一支。

【活动过程】

（1）指导教师课程导语（参考）：

很多人面对创业时不知如何抉择，我们可尝试问自己以下4个问题：

①创业是否有助于你学习和成长？（学习成效）

②创业项目是否有益于社会？（影响力）

③创业中你是否能体验到乐趣？（乐趣）

④创业能否创造经济价值？（经济价值）

在我们人生的不同阶段，这4个方面的权重占比是不一样的。在当下，可根据自己下一年的个人愿望做出权衡，然后给每个因素分配一个权重比例，总比例为100%。

（2）助教给每位学生发《创业价值评估表》（见表7-1）和《我们的创业框架表》（见表7-2）活动表各一份。

（3）请反思一下以上4个问题，分别按10分制给自己打分。在评价学习成效时，可考虑自己增加了哪些新的技能、有意义的经验和建立的持久关系。在评价影响力时，想想你的创业将会给社会带来多少益处。乐趣是一项反映个人偏好的评估，这个项目对你来说是乐园还是恐怖谷？至于可产生的经济价值，要衡量完整的收入，除了薪资福利、股权，弹性时间和假期也应包含在内。

表 7-1 《创业价值评估表》

目标领域	权重	自评分（10分满分）	创业价值
学习成效			
影响力			
乐趣			
经济价值			

上述评估非常个性化，所以很难制定量化的标准，就经验而言，若各权重和自评分相乘之后的结果相加，总分超过700，说明你的创业基本令人也令自己满意；若总分小于500分，则要检讨自己："我追求的东西是否合适？我的期望是否正确？这份创业是否适合我？"请仔细认真分配权重，但也不必纠结于结果的数字，关键在于你能否定期评估自己创业中那些重要的动力来源，并做出建设性改变。

（4）表 7-1 填好后，以小组为单位模拟创业，运用头脑风暴讨论并确定《我们的创业框架表》中左半部分的 6 大问题。

表 7-2 我们的创业框架表

创业要解决的问题	需考虑的要素
一、你的客户是谁？	1. 市场划分 2. 选择切入点 3. 明晰最终用户特征 4. 估算切入点市场规模 5. 刻画切入点市场用户模型 6. 识别 10 位早期客户
二、你能为客户提供什么？	7. 产品的全生命周期使用案例 8. 产品的核心规格 9. 量化价值定位 10. 定义你的核心竞争力 11. 形象化展示竞争地位
三、客户怎样购买你的产品？	12. 明确客户的决策团队 13. 绘制获取付费客户的流程 14. 绘制销售流程

续表

创业要解决的问题	需考虑的要素
四、如何通过产品赚钱	15. 设计商业模式
	16. 确定定价策略
	17. 估算客户终身价值
	18. 估算客户获取成本
五、如何设计和开发产品	19. 识别关键假设条件
	20. 测试关键假设条件
	21. 定义客户最可能购买的基本产品
	22. 验证客户付费意愿
六、如何让业务规模化发展	23. 估算后续市场规模
	24. 设计产品方案

（5）当表格填好后，指导教师发布指令，各小组在组长的带领下进行交流活动：

①每个成员对自己的《创业价值评估表》进行较为全面的评价性表述，其他成员提出建议。

②小组成员派代表发言，对本组的《我们的创业框架表》进行说明。

感悟分享（4G）：让人生更加完美

（1）指导教师体验活动感悟分享提示语（参考）：

马云说："创业就是不断完善世界的活动。"一个有爱的人，一个对世界充满了好奇心的人才会去关注人类生活，想办法为人类解决各种难题并为他们的幸福而工作。有了爱，人们才会有专研和使用知识的动力；有了爱，人们才有了创业的担当和勇气，否则只是准备，准备，再准备……

马克思曾经说过：人们只有为同时代人的完美、为他们的幸福而工作，才能使自己也达到完美。我们有时候会对一些事有兴趣，但是兴趣往往不能变成持久的行动，主要是因为爱的持续力不够，爱是坚持。

创业是创业者的孤独远行，不仅需要明智的思路和不断的自我调整，还必须积累知识，灵活地运用知识，才能想出"办法"。通过本次体验活动希望能帮助同学们系统化地思考创业的本质和意义，让人生变得更加完美。根据活动体验，请做如下思考：

①我能创业吗？

②若我想创业，却无创意和技术该怎么办？

③本次体验活动我有哪些收获？

（2）指导教师要求学生以各小组为单位进行活动交流。

（3）由各小组推荐或自荐一名同学上台进行大组分享。

友情提示（注意事项）：

（1）活动前的表单要准备好，为方便学生填写和节约课堂时间建议两张表印在一张纸上。

（2）《我们的创业框架表》要督促学生课后参考表格右边的要素及时丰富本组的创业框架，以便让学生更全面、更深刻地认识创业。

职场箴言

人所缺乏的不是才干而是志向，不是成功的能力而是勤劳的意志。

——部尔卫

大学生创业要具备知识、技能和素质三点，其中知识可以学习和积累，技能可以训练，唯独素质最难培养。这种素质是一种勇于进取，面对困难坚韧顽强的人生态度，也是一种服务于社会和客户的价值观和灵活多变的思维方式。因此梦想创业的大学生，在学生时代就要有意识地服务别人，通过积极参与集体活动，从小训练与人沟通能力、组织计划能力，创业时就容易先人一步，获得成功。

——市场营销专业2014届毕业生李周强

感奋践行（5G）

《《《《《 知识导航：认真做好创业准备

第一节　创业机会的把握

创业是基于机会的市场驱动行为，创业是通过创业者的考察与分析，发现机会，在此基础上判断识别该机会的价值，以此为契机对所掌握的资源进行优化整合，并对该机会进行评估的过程。创业机会的把握是创业能否成功的关键所在。它为满足市场需求和企业家的有效需要提供了可能性。

一、创业机会的发现

（一）法律政策调整

法律政策对于大学生创业具有风向标引导作用。政策、规章制度的变化使得相关资源获取的难易程度以及成本发生了变动。任何一项新政策的出台背后都潜藏着巨大的商机。最近几年，我国出台了一系列鼓励产业发展的政策，这势必会带来连锁反应，为大学生创业创造更多的机会和市场空间。随着社会分工的不断细化以及服务的专业化，政策变化为大学生创业者从产业链以及产业机构体系的上下游中寻找新的创业机会和商机提供了可能性。

（二）市场变化

著名管理大师彼得·德鲁克将创业者定义为："寻找变化，并积极反应，把它当作机会充分利用起来的人。"企业生存于市场环境中，市场的真空与空白往往是机会存在的沃土。市场的变化主要包括供给结构性缺陷和不完全竞争下的市场空隙。

第一，供给结构性缺陷。现实市场的非均衡状态为创业机会的存在提供了客观的基础。非均衡经济学认为，其价格变动使所有市场都能出清的假设实际上并不具有普遍的真实性，市场的完全均衡是一种理想化状态，市场需求的多样化造成部分供给难以实现。这样的供给结构缺陷就为创新者提供了创业空间。

第二，不完全竞争下的市场空隙。不完全竞争理论认为：市场组织间或市场产业机构内存在着不完全竞争，大型企业不能完全满足市场需求，必然使中小企业具有了生存空间。中小企业与大企业在产品方面的差别，使得中小企业得到了商品空间。市场对产品差异化的需求是大中小企业并存的理由，细分市场以及系列化生产使得小企业的存在更有价值。

（三）技术革新

新技术的应用改变了人们的生产生活方式，新的技术和知识的出现改变了企业的生产过程、产品的工艺水平、产品的成本以及市场收益，从而带来了新的机遇和创造了新的市场。这些变化都会给创业者带来某种商机。持有新技术的企业与传统老企业相比更具有活力，企业生命周期更长。这就有利于持有新技术企业的进入和企业经营范围、目标市场的开辟。

（四）消费偏好变化

市场存在的目的在于满足消费者的需求，然而随着经济的发展，人们的需求偏好和需求欲望产生了很大的变化，出现了潜在的市场机会。新的需求和需求方式的产生为新的市场的出现提供了机会。消费者的需求共性与个性化并存，因此在寻找创业机会时，应该把消费者进行细分：如政府工作人员、教师、学生、退休职工等。只有认识了各类人员的需求方向和需求特点，才能更好地把握住市场机会。

（五）产业机构调整

经济活动的多样化与产业结构的调整为大学生创业提供了更多的途径。一方面，现代社会对于信息、服务、物流、文化教育等提出了越来越高的要求，第三产业得到蓬勃发展。而第三产业所具有的进入时投资金额相对较少、选择范围相对较广的特点，又为大学生创业提供了更多的创业入口和成长起点。另一方面，产业机构的调整为大学生创业提供了契机。随着民营企业逐步涉足生物医药、房地产、制造等行业，民营企业的经营范围和发展有了更广阔的空间。同时，市场需求多样化和个性化的特点又进一步刺激了具有应变快、更新快、多品种的中小企业发展，使其快速成长起来。

二、创业机会的选择

选择科学合理的创业行业是创业机会转化为创业成功成果的保障。大学生虽然思维活跃、充满活力、具备专业知识，但企业运营、市场分析、财务管理等方面的能力较为欠缺。所以，大学生在创业行业的选择上要根据自身的实际情况，选择适合自身发展的创业方向。创业机会的选择是一项综合了众多因素的复杂性决策活动，需要考虑以下方面的因素。

（一）创业行业的选择

1. 国家政策与法律

创业者要尽可能地利用国家法律政策所提供的一切便利，在法律政策鼓励的范畴内开展创业活动。一方面，要考虑所选的创业行业是否在国家法律和政策禁止或限定的范畴内；另一方面，要考虑所选的创业行业是否为国家法律和政策所支持的创业行业。在国家法律和政策规定的范畴内遴选创业行业和创业项目，有助于得到政府的先期投资和税收减免，大大降低市场准入门槛，在一定程度上为创业的成功提供帮助。

2. 创业者对市场的把握利用能力

市场是企业生存的空间，是企业能否生存的试金石。创业者在进行创业行业选择时，一方面要认真调查所选行业的市场机会、市场空间；另一方面，还要考虑创业者自身对市场机会的发现、识别和利用能力。对于创业者来说，必须具备两方面的能力，一是发现市场机会的识别能力，二是实现该市场机会的技术能力和资源能力。

3. 自我认知

创业本身就是把握自我命运的一种行为，创业行业的选择就是找到自身与社会结合的端口。这需要创业者要有清醒的自我认知，了解自己的优势、劣势、兴趣、知识结构特点等。俗话说，兴趣是最好的老师。一个人只有选择他所喜欢且力所能及的事情，才能从中获取乐趣和成就感，才能在创业的道路上勇往直前。因此，选择自己感兴趣且有能力做的行业是创业顺利进行的保障。

4. 注重发展潜力和市场空间

创业者要清楚地认识到企业也具有生命周期。任何企业的发展都要经过胚胎、孕育、出生、成长、壮大、衰老的过程，因此创业也就是一个认识、理解、把握创业项目的过程。所以，在选择创业行业和创业项目时要调查市场，分析该行业和项目的发展前景及发展潜力，找到有市场缝隙且具有特色的长远项目进行创业。

（二）创业方式的选择

1. 科技产品和成果应用创业

大学生创业应以自己所在的高校为平台，结合专业将高校内科研成果转换为产品或科技服务。大学生可以通过沟通学校、教师与企业建立科技服务合作关系，致力于为企业提供配套科技产品。大学生亦可以对所取得的科技成果进行深层次应用开发，找到科技成果与现实生活、市场的结合点，将小商品经营发展成为大市场。

2. 网络服务创业

现在网络变得越来越普及，网络已成为人们了解世界、沟通世界的一种主要方式。网络因其信息量大、更新速度快、不受时间空间限制、成本低等特点受到了人们的重视和信赖，随之发展起来的电子商务也成为人们消费购物的主流趋势。大学生可以利用其计算机技能搭建网络购物、商务平台，将传统的实体店商品供应和服务转移到网络上进行，寻求网络销售渠道，开拓更为广阔的市场，建立虚拟化消费服务。

3. 连锁加盟创业

连锁加盟店本身具有较为成熟的产品及营销模式，连锁加盟在国外是一种较为成功的商业范式。大学生通过连锁加盟创业，可以弥补初出校园对市场运营经验的缺乏、市场宣传的不足等缺点，能够在较为成熟的体系内快速了解市场动向和运营知识，降低创业风险。所以，连锁加盟创业对于大学生来说，具有较高的创业成功率。

4. 创意创业

创意创业所具有的个性化、时尚化和富有创新性的特征，能为创业者带来市场空间和消费关注。而大学生先进的理念、活跃的思维和贴近年轻人的心态特点，又为大学生进行创意创业提供了先天性条件。大学生可以了解年轻人的消费诉求，发挥自己的长处，进行创意创业尝试。例如，主题糕点店、时尚饮品店、个性家饰店等。

第二节 创业者素质要求

创业是极具挑战性的社会活动，是对创业者自身智慧、能力、气魄、胆识的全方位考验。一个人要想获得创业成功，必须具备基本的创业素质。

一、强烈的创业意识

要想取得创业的成功，创业者必须具备自我实现、追求成功的强烈的创业意识。强烈的创业意识，帮助创业者克服创业道路上的各种艰难险阻，将创业目标作为自己的人生奋斗目标。创业的成功是思想上长期准备的结果，事业的成功总是属于有思想准备的人，也属于有创业意识的人。

二、良好的创业心理品质

创业之路，是充满艰险与曲折的，自主创业就等于是一个人去面对变化莫测的激烈竞争以及随时出现的需要迅速正确解决的问题和矛盾，这需要创业者具有非常强的心理调控能力，能够持续保持一种积极、沉稳的心态，即有良好的创业心理品质。它是对创业者的创业实践过程中的心理和行为起调节作用的个性心理特征，它与人固有的气质、性格有密切的关系，主要体现在人的独立性、敢为性、坚韧性、克制性、适应性、合作性等方面，它反映了创业者的意志和情感。创业的成功在很大程度上取决于创业者的创业心理品质。正因为创业之路不会一帆风顺，所以，如果不具备良好的心理素质、坚忍的意志，一遇挫折就垂头丧气、一蹶不振，那么，在创业的道路上是走不远的。宋代大文豪苏轼说："古之成大事者，不唯有超世之才，亦必有坚韧不拔之志。"只有具有处变不惊的良好心理素质和愈挫愈强的顽强意志，才能在创业的道路上自强不息、竞争进取、顽强拼搏，才能从小到大，从无到有，闯出属于自己的一番事业。

三、自信、自强、自主、自立的创业精神

自信就是对自己充满信心。自信心能赋予人主动积极的人生态度和进取精神。不依赖、不等待。要成为一名成功的创业者，必须坚持信仰如一，拥有使命感和责任感，信念坚定，顽强拼搏，直到成功。信念是生命的力量，是创立事业之本，信念是创业的原动力。要相信自己有能力、有条件去开创自己未来的事业，相信自己能够主宰自己的命运，成为创业的成功者。自强就是在自信的基础上，不贪图眼前的利益，不依恋平淡的生活，敢于实践，不断增长自己各方面的能力与才干，勇于使自己成为生活与事业的强者。自主就是具有独立的人格，具有独立性思维能力，不受传统和世俗偏见的束缚，不受舆论和环境的影响，能自己选择自己的道路，善于设计和规划自己的未来，并采取相应的行动。自主还要有远见、有敢为人先的胆略和实事求是的科学态度，能把握住自己的航向，直至达到成功的彼岸。自立就是凭借自己的头脑和双手，凭借自己的智慧和才能，凭借自己的努力和奋斗，建立起自己生活和事业的基础。

四、竞争意识

竞争是市场经济最重要的特征之一，是企业赖以生存和发展的基础，也是一个人立足社会不可缺的精神。人生即竞争，竞争本身就是提高，竞争的目的只有一个——取胜。随着我国社会主义市场经济从低级向高级发展，竞争越来越激烈。从小规模的分散竞争，发展到大集团集中竞争；从国内竞争发展到国际竞争；从单纯产品竞争，发展到综合实力的竞争。因此，创业者如果缺乏竞争意识，实际上就等于放弃了自己的生存权利。创业者只有敢于竞争，善于竞争，才能取得成功。创业者创业之初面临的是一个充满压力的市场，如果创业者缺乏竞争的心理准备，甚至害怕竞争，就只能是一事无成。

五、全面的创业能力素质

创业能力是一种特殊的能力，这种特殊能力往往影响创业活动的效率和创业的成功。创业能力由决策能力、经营管理能力、专业技术能力与交往协调能力组成。

（一）决策能力

决策能力是创业者根据主客观条件，因地制宜，正确地确定创业的发展方向、目标、战略以及具体选择实施方案的能力。决策是一个人综合能力的表现，一个创业者首先要成为一个决策者。创业者的决策能力通常包括：分析、判断能力和创新能力。大学生要创业，首先要从众多的创业目标以及方向中进行分析比较，选择最适合发挥自己特长与优势的创业方向和途径、方法。在创业的过程中，能从错综复杂的现象中发现事物的本质，找出存在的真正问题，分析原因，从而正确处理问题，这就要求创业者具有良好的分析能力。所谓判断能力，就是能从客观事物的发展变化中找出因果关系，并善于从中把握事物的发展方向。分析是判断的前提，判断是分析的目的，良好的决策能力是良好的分析能力加果断的判

断能力。

（二）经营管理能力

经营管理能力是指对人员、资金的管理能力。它涉及人员的选择、使用、组合和优化；也涉及资金聚集、核算、分配、使用、流动。经营管理能力是一种较高层次的综合能力，是运筹性能力。经营管理能力的形成要从学会经营、学会管理、学会用人、学会理财几个方面去努力。

（1）学会经营。创业者一旦确定了创业目标，就要组织实施，为了在激烈的市场竞争中取得优势，必须学会经营。

（2）学会管理。要学会质量管理，要始终坚持质量第一的原则。质量不仅是生产物质产品的生命，也是从事服务业和其他工作的生命，创业者必须严格树立牢固的质量观。要学会效益管理，要始终坚持效益最佳原则，效益最佳是创业的终极目标。可以说，无效益的管理是失败的管理，无效益的创业是失败的创业。做到效益最佳要求在创业活动中人、物、资金、场地、时间的使用，都要选择最佳方案运作。做到不闲人员和资金、不空设备和场地、不浪费原料和材料，使创业活动有条不紊地运转。学会管理还要敢于负责，创业者要对本企业、员工、消费者、顾客以及对整个社会都抱有高度的责任感。

（3）学会用人。市场经济的竞争是人才的竞争，谁拥有人才，谁就拥有市场、拥有顾客。一个学校没有品学兼优的教师，这个学校必然办不好，一个企业没有优秀的管理人才、技术人才，这个企业就不会有好的经济效益和社会效益，一个创业者不吸纳德才兼备、志同道合的人共创事业，创业就难以成功。因此，必须学会用人。要善于吸纳比自己强或有某种专长的人共同创业。

（4）学会理财。学会理财首先要学会开源节流。开源就是培植财源，在创业过程中除了抓好主要项目创收外，还要注意广辟资金来源。节流就是节省不必要的开支，树立节约每一滴水、每一度电的思想。但凡百万富翁、亿万富翁都是从几百元、几千元起家的，都经历了聚少成多、勤俭节约的过程。其次，要学会管理资金：一是要把握好资金的预决算，做到心中有数；二是要把握好资金的进出和周转，每笔资金的来源和支出都要记账，做到有账可查；三是把握好资金投入的论证，每投入一笔资金都要进行可行性论证，有利可图才投入，大利大投入、小利小投入，保证使用好每一笔资金。总之，创业者心中时刻装有一把算盘，每做一件事、每用一笔钱，都要掂量一下是否有利于事业的发展，有没有效益，会不会使资金增值，这样才能理好财。

（5）要讲诚信。就创业者个人而言，诚信乃立身之本，"言而无信，不知其可功"，创业者在创业过程中，如不讲信誉，就无法开创出自己的事业；失去信誉，就会寸步难行。诚信，一是要言出即从；二是要讲质量；三是要以诚信服人。

（三）专业技术能力

专业技术能力是创业者掌握和运用专业知识进行专业生产的能力。专业技术能力的形成具有很强的实践性。许多专业知识和专业技巧要在实践中摸索，逐步提高发展、完善。创业者要重视创业过程中专业技术方面的经验积累和职业技能的训练，对于书本上介绍过的知识和经验在加深理解的基础上予以提高、拓宽；对于书本上没有介绍过的知识和经验要探索，在探索的过程中要详细记录、认真分析，进行总结、归纳，上升为理论，形成自己的经验特色，积累起来。只有这样，专业技术能力才会不断提高。

（四）交往协调能力

交往协调能力是指能够妥善地处理与公众（政府部门、新闻媒体、客户等）之间的关系，以及能够协调下属各部门成员之间关系的能力。创业者应该做到妥当地处理与外界的关系，尤其要争取政府部门、工商以及税务部门的支持与理解，同时要善于团结一切可以团结的人，团结一切可以团结的力量，求同存异，共同协调地发展，做到不失原则、灵活有度，善于巧妙地将原则性和灵活性结合起来。总之，创业者搞好内外团结，处理好人际关系，才能建立一个有利于自己创业的和谐环境，为成功创业打好基础。

协调交往能力在书本上是学不到的，它实际上是一种社会实践能力，需要在实践活动中学习，不断积累总结经验。这种能力的形成一是要敢于与不熟悉的人和事打交道，敢于冒险和接受挑战，敢于承担责任和压力，对自己的决定和想法要充满信心、充满希望。二是养成观察与思考的习惯。社会上存在着许多复杂的人和事，在复杂的人和事面前要多观察多思考，观察的过程实际上是调查的过程，是获取信息的过程，是掌握第一手材料的过程，观察得越仔细，掌握的信息就越准确。观察是为思考做准备，观察之后必须进行思考，做到三思而后行。三是处理好各种关系。可以说，社会活动是靠各种关系来维持的，处理好关系要善于应酬。应酬是职业上的"道具"，是处事待人接物的表现。心理学家称：应酬的最高境界是在毫无强迫的气氛里，把诚意传达给别人，使别人得到感应，并产生共识，自愿接受自己的观点。搞好应酬要做到宽以待人，严于律己，尽量做到既了解对方的立场又让对方了解自己的立场。协调交往能力并不是天生的，也不会在学校里就形成了，而是走向社会后慢慢积累社会经验，逐步学习社会知识而形成的。

（五）创新能力

创新是知识经济的主旋律，是企业化解外界风险和取得竞争优势的有效途径，创新能力是创业能力素质的重要组成部分。它包括两方面的含义，一是大脑活动的能力，即创造性思维、创造性想象、独立性思维和捕捉灵感的能力；二是创新实践的能力，即人在创新活动中完成创新任务的具体工作的能力。创新能力是一种综合能力，与人们的知识、技能、经验、心态等有着密切的关系。具有广博的知识、扎实的专业基础、熟练的专业技能、丰富的实践经验、良好的心态的人容易形成创新能力，它取决于创新意识、智力、创造性思维和创造性想象等。

上述五个方面的基本素质中，每一项基本素质均有其独特的地位与功能，任何一个要素都会影响其他要素的形成和发展，影响其他要素功能和作用的发挥，乃至影响创业的成功。因此，一个未来的创业者，不仅要注意在环境和教育的双重影响下培养自己的创业素质，而且要重视其整体结构的优化，在创业实践中不断提高自我的创业素质。

第三节　创业的基本流程概述

一、产生创业动机

一个新企业的诞生往往是伴随一种动机或创意而开始的。创业动机的产生受到个人特质、创业机会和创业的机会成本等方面的影响。诺兰·布什内尔可以说是真正的"电子游戏之父"。最初他在犹他大学玩过电子游戏机，这使他预见电子游戏在未来巨大的市场潜力，因此他开办了阿塔里公司。美国著名的联邦快递的发起人当时只是脑子里有一个想法，这是个有很大风险却孕育着无限希望的想法。风险投资专家非常欣赏隔夜传递的想法，因此投大量的资金，在经历了连续29个月每月损失一百万美元的痛苦过程后，联邦快递终于宣告成立。

二、建立合作班子

企业的创办者不可能万事皆通，他可能是技术方面的天才，但对管理、财务和销售可能是外行；他也可能是管理方面的专家，但对技术却一窍不通。因此，建立一个由各方面的专家组成的合作班子，对创办风险企业是十分必要的。一个平衡的和有能力的班子，应当包括有管理和技术经验的经理和财务、销售、工程以及软件开发、产品设计等其他领域的专家。为了建立一个精诚合作、具有献身精神的班子，这位创业家必须使其他人相信跟他一起干是有甜头的。

三、企业初步定型

通过获得现有的关于顾客需要和潜在市场的信息，全体公司员工着手开发某种新产品。在这个阶段，创业者们一般每天工作10~14小时，每周工作6~7天。这期间，创业者往往没有任何报酬，主要靠自己的积蓄过活。风险资本公司很少在这个阶段就向该企业投资（这种最原始的创业资本叫做种子资金），在这个阶段，支撑创业者奋斗的主要动力是创业者的创业冲动和对未来的美好向往。

四、制订企业计划

一份企业计划书，不仅仅是开办一个新公司的发展计划，也是风险资本家评估一个新公司的主要依据。一份有吸引力的企业计划书要能使一个创业者认识到潜在的障碍，并制定克服这些障碍的战略对策。

五、寻找资本支持

大多数创业班子没有足够的资本创办一个新企业，他们必须从外部寻求风险资本的支持。创业者往往通过朋友或业务伙伴把企业计划书送给一家或者更多的风险资本公司。如果风险资本公司认为企业计划书有前途，就与这个企业班子举行会谈。同时，风险资本公司还通过各种正式或非正式渠道，了解这些创业者以及他们的发明情况。风险资本公司往往是2~5家进行联合投资。在硅谷，风险资本界就像是一个乡村部落，如果一项特别有吸引力的投资只由一个风险资本家单干，那会被认为是贪婪自私的行为。

六、企业开张

如果创业家的企业计划书（一般是经过某种修正之后）被风险资本公司所认可，风险投资公司就会向该创业者投资，这时候，创业者和风险投资者的真正联合就开始了！一个新的企业也就诞生了。之所以说创业者和风险投资公司的联合是真正的联合，是因为风险资本公司不仅是这个新成立公司董事会的成员，而且要参与新企业的经营管理。帕洛阿尔托的财产营公司经理皮·约翰逊说：风险资本公司的作用就像牧师，对创业者起了一种心理按摩师的作用。

《《《《《 扩展阅读

有序创业 24 步法
【美】比尔·奥莱特

当我们找到进行创新性创业所需要的创意或技术之后就要不断地测试和丰富自己的创业计划。

（1）市场细分：是发现多个潜在市场机会的过程，是指企业根据自身条件和营销目标，以需求的某些特征或变量为依据，区分具有不同需求的顾客群体的过程。列出潜在市场后，你应当对其中一定数目的市场开展市场调查并进行行业分析，市场调查的目标不是提供完美的解决方案，而是从不同角度深入了解市场，确定业务中心。市场调查需要你和潜在客户当面沟通，或是观察他们的具体行为。帮助你对切入点市场做出选择。

（2）选择切入点：当你对潜在市场做了调查并完成统计，你需要从表中选择一个机会作为切入点市场，忽略其他市场。你必须对市场继续进行细分，直到你的市场机会能够满足三个条件：一是市场中的客户都购买类似产品；二是你的销售团队可以以相同方式向不同客户销售产品，基本不影响企业生产率；三是市场中的客户容易形成口碑效应。

（3）明晰最终用户特征：需要利用市场调查对市场细分中的典型用户做详细描述，严格定义目标客户。做好这一步能帮你形成正确观念，认识到必须围绕客户需求而不是你的兴趣或能力创办企业。

（4）估算切入点市场规模：利用上一步的客户人口特征确定切入点市场规模。利用市场规模数据确定是否要对市场继续细分，以实现更合理的切入点市场规模估算。具体方法：自上而下分析法，即通过市场分析报告估算市场规模；自下而上分析法，即符合特征的最终用户数量×每人每年为企业创造的收入。操作意义：避免你的切入点市场严重偏大（说明你还不够聚焦，需要继续细分）或者严重偏小（说明目标市场太小，很难引起投资人的兴趣)。

(5) 刻画切入点市场用户模型：从潜在客户中选择一位最终用户做模型，对其进行详细描述，让所有部门了解用户模型状况，持续深入地理解其特征，这是为了确保公司中的每个人都能不约而同的聚焦同一个目标。在此过程中，必须深入了解客户的采购标准和优先级别，了解客户的情绪和社交，对其需求、行为、动机把握得越深刻，成功开发产品和服务用户的概率越高。丰富有关用户的具体细节，然后将模型张贴到醒目位置，以便强化企业同一个奋斗目标。

(6) 产品全生命周期使用案例：产品全生命周期是产品的市场寿命，即一种新产品从开始进入市场到被市场淘汰的整个过程。这个周期在不同的技术水平的国家里，发生的时间和过程是不一样的，其间存在一个较大的差距和时差，正是这一时差，表现为不同国家在技术上的差距，它反映了同一产品在不同国家市场上的竞争地位的差异，从而决定了国际贸易和国际投资的变化。你需要描述你的用户是如何发现、购买、使用你的产品的，如何从中获得价值、如何付费，以及如何重复购买和口碑传播的。通过详细分析产品全生命周期使用案例，获得进一步的需求澄清，让团队形成共识和协同。为产品创建视觉化全生命周期使用案例能帮助你了解产品怎样融入客户的价值链，以及客户在采购产品过程中会遇到哪些障碍。

(7) 产品的核心规格，为产品开发视觉化演示方案。聚焦产品特点带来的利益。需要从核心着眼介绍产品，不要纠缠于产品细节，节省宝贵时间，也有利于产品的快速迭代。可以通过产品宣传册说明产品的特性、功能和价值。

(8) 量化价值定位：明确你的产品是如何为客户带来价值的。把量化的价值展示给客户。了解并用客户熟悉的方式描述当前产品或解决方案的使用状况；然后说明使用你的产品可能实现的状况，注意指出新产品可为客户首要聚焦的问题带来哪些价值。最好采用图形化单页说明方式，它能让客户马上明白你的价值定位，然后加以分析验证。做好这一步会对创业的整个过程发挥重要影响，因此，你应当多投入时间和精力优化你的价值定位。

(9) 识别10位早期客户：根据客户模型特征找到至少10位符合最终用户特征的潜在客户，拜访这些客户，验证他们和客户模型的相似度以及购买产品的意愿。此举能很好地证明你的前进方向正确无误，同时帮助你对前面的步骤做出调整。

(10) 定义你的核心竞争力，指的是你能比竞争对手更加高效地为客户带来利益的东西。你要寻找的是一种其他公司很难效仿的能力。虽然核心竞争力在整体解决方案中只占很小的一部分，但没有它你就无法形成有效的解决方案。你可以试想一下，你有哪些方面要比其他企业做得更好？你需要解释为什么你的企业能够为客户提供其他企业无法提供的解决方案。阐明你的企业能够比其他企业为客户提供更好的解决方案。

在前面的步骤中，我们一直聚焦的是如何满足目标客户的需求，接下来要做的是确定你的企业有何特别之处，即你手中的"王牌"是什么。

(11) 形象化展示竞争地位，展示你的产品在满足客户模型的两大优先需求方面做得有多好。相较于你的产品，现有其他产品在满足客户模型的优先需求方面做得有哪些不足。分析你选定的市场机会与企业的核心竞争力和用户优先需求是否匹配。确定竞争地位能快速验证你的产品和竞争对手有何区别,你需要根据客户优先聚焦的两大需求了解消费者当前的行为模式。这是一种非常有效的方式,它能引发目标客户的共鸣,向其传达企业产品在质量方面的价值定位。

(12) 明确客户的决策团队,明确谁是产品采购的决策者,会见有可能影响采购决策的成员。目标客户通常都是通过团队制定采购决策的,在他们当中,有些人会支持或反对采购,还有些人会表达观点影响采购过程。了解决策团队中每个人的角色和兴趣至关重要,这不仅有利于销售活动,而且有利于产品的早期开发和属性确定。

(13) 绘制获取付费客户的流程,描述客户决定采购产品的过程,估算产品的销售周期,识别任何可能延长产品销售周期的预算、法规或合规性因素。该流程能够说明决策团队是如何决定购买产品的,它还能揭示一些阻碍企业销售产品的隐形障碍。从过长的销售周期到无法预料的政府规定,销售产品要比满足客户模型的需求困难得多。这一步可以确保你及时发现销售流程中所有的潜在陷阱。

(14) 估算后续市场规模,考虑占领切入点市场后企业准备拓展的后续市场。它能让你在设计产品形成产能之前发现当前业务的长期潜力。确定可长期持续发展的业务有利于鼓励管理层、员工的士气,以及调动投资者的兴趣。反过来说,如果你在切入点市场的表现问题重重,它能帮助你清晰地认识其他潜在市场,果断决定放弃当前市场或是对创业目标做出修订。估算后续市场的规模是一项快速验证工作。

(15) 设计商业模式。商业模式就是如何创造和传递客户价值和公司价值的系统,包括四个要素:客户价值主张、赢利模式、关键资源和关键流程。了解不同行业现有的商业模式,说明你的产品怎样为客户创造价值。根据前面已经完成的工作步骤,运用头脑风暴为企业设计创新的商业模式。商业模式的选择对企业的盈利模式将产生重要的影响,商业模式一旦确定后,再改变就会很困难。因此你选择的商业模式必须能体现与竞争对手的不同之处,即你的优越性。

(16) 确定定价策略,利用量化价值主张和商业模式为产品确定合适的定价方案。商业模式很少改变,产品价格却经常会根据市场条件的变化而变化,导致这种变化的原因包括你在后续步骤中对客户的了解更加深入,以及市场条件的随时更新。这一步只是启动定价流程,是确定大致的定价模式而不是确定精确的产品价格,因为随着对市场的了解,定价策略随时可以更新。定价的本质是确定你的产品能为客户创造多少价值,然后从中抽取一定的比例作为回报。在确定产品价格的过程中,成本其实是无关因素。和晚期采用产品的客户相比,你可以向早期用户收取更高的价格。需要注意的是,在向早期试用者提供一次性折扣价格时,你的定价方法一定要灵活,因为他们要比普通的早期客户影响大得多,能有效推动产品的成功。

(17) 估算客户终身价值,是企业从第 0 年到第 5 年可实现利润的净现值。在这一步中,你要做的是:加总你能够从一个客户那里获取的全部销售收入;根据项目的投资回报率调整销售收入总额。它能避免盲目乐观,帮助你根据真实数据做出判断,同时深入了解推动企业实现收入的具体来源。

（18）绘制销售流程图，为产品设计短期。中期和长期的销售策略。它有助于说明企业如何进入市场，逐步修改销售策略，直至最终建立成本低廉的长期获取客户策略。销售流程包括产品宣传、客户培育以及销售实现。销售流程可以推动客户获取成本的降低，客户获取成本和客户终身价值可以定义企业的盈利能力。

（19）估算客户获取成本：根据销售流程，估算在短期、中期和长期方案中，企业获取一位客户需要支付多少成本。更准确有效的计算方法是这样的，先汇总一段时间的销售和市场费用表，然后用总成本除以这段时间获取的新客户数量。这是因为，随着销售流程的变化，客户获取成本会有所不同。你的企业正处于学习曲线中，会在目标客户群形成有效的口碑，这些都意味着客户获取成本应当随着时间的推移持续进行计算。我建议采用三个时段计算法以体现客户获取成本的变化趋势。

（20）识别关键假设条件，确定你的企业哪些假设性条件还未经测试验证，按照重要程度列出5~10个假设条件。它是验证主要市场调查的第一步，接下来是寻找客户，观察他们的具体行为是否符合假设条件。

（21）测试关键假设条件：根据列出的关键假设，设计经验化的测试验证或否定假设，以成本低廉、速度快、简单的方式对其进行测试，目标是收集经验数据，如成本目标和客户的采购兴趣，实施经验化的测试，它可以和前面做的市场调查形成互补，防止出现重大遗漏。市场调查和实验验证结果相结合，可以降低创业风险，让企业更好地开发产品和实现销售。

（22）定义客户最可能购买的基本产品，整合所有假设条件进行系统测试，找出客户愿意付费购买的基本产品特征。付费客户对产品的使用可以为企业提供信息反馈，帮助你不断对产品进行迭代开发。

（23）验证客户付费意愿，开发了最可能购买的基本产品，接下来要用数据说明有多少客户愿意付费购买。以量化方式证明客户将为你的最可能购买的基本产品付费。设计指标衡量最可能购买的基本产品在客户中形成的口碑。

（24）设计产品方案，以客户最可能购买的基本产品为基础，确定要为切入点市场客户开发哪些产品特征。占领切入点市场后，确定可以向哪些毗邻市场销售产品，以及针对每一个新市场如何调整产品。产品方案能提供长期视野，特别是产品和组织机构设计等方面，让你的思考目标更远大。方案会随着对切入点市场了解的深入不断调整，产品方案的意义在于为你提供系统化的开发指导，没有它你的创业无异于盲人摸象。

有序创业24步法能在创业初期以系统化的方式提供可靠的"产品—市场匹配"。随着最可能购买的基本产品开发的完成，之后的任务是继续关注以下方面：建立企业文化；搭建创始人团队；组建人力资源工作；开发产品实施销售；开发客服流程；开发财务部门；筹资拓展业务规模；业务规模化；优化公司治理等。

《《《《《 练习与思考

（1）创业者需要具备哪些基本素质？

（2）创业的基本流程有哪些？

第八章　努力经营创业项目

感性导言（1G）：在创业中，书写人生华章

（背景音乐）

据《2017中国创新创业报告》显示，2017年"死亡"的创业企业样本数为150家。寿命最长的搜狐社区，终是没有迎来自己18岁的成人礼，最短的之一悟空单车，两个月就消失匿迹。中国初创公司10年的存活率仅在2%。

就这样，没有一丝丝防备，有的昨天还是被各界共同看好的、熠熠生辉的创业明星，今天就余光散尽淹没在黑暗里；有的上一秒还号称行业第三、各种充值买赠，下一秒就突然关停、押金再也退不出来；有的线上还在年度套餐打折售卖，线下就已经部分门店关闭用户无法消费……

创业，是一条布满荆棘、行进艰难的路，在这条路上，有人跌倒后不再爬起，有人受伤后忍痛前进；有人半途打道回府，有人坚持不懈勇往直前。敢于创业的人，不管其最后成功与否，他们都是值得我们尊敬与学习的。

作为新时代的大学生，我们要坚定自己的职业理想，脚踏实地，在肩负实现中国梦的历史使命中放飞个人的创业梦想，在艰苦创业的不懈奋斗中书写人生华章。

通过本章的学习，进一步激发大学生创业热情，进一步强化大学生创新思维训练，在大学生组建创业团队，制定正确的创业战略、经营策略和模式设计等方面提供指导，以帮助大学生能更好地经营创业项目。

职场箴言

创业初期假如即对着好景气，往往就会丧失警觉性，因而忽略了治理上的重要性；假如初期并不怎么顺利，或许反要让大家一起拼命干活，必须以创业时的"血盟"精神作为企业经营的基础。

——邱永汉

创业起步阶段切记不能以利益为第一，应该提高自己的办学质量与服务品质，当你的口碑树立，自然会有可观的利益流入。

——文化事业管理专业2018届毕业生
首骏文化培训机构朱锦润

感人案例（2G）

案例一

海归女孩进深山建设"美丽乡村"

在深圳这座以敢闯敢拼的精神而为人称道的城市，有许许多多青年人以极大的勇气和坚定的追求走出舒适区，义无反顾地去追寻梦想，共同造就了这座"创新之城"。2018年"深圳十大好青年"之一的罗易，就是这样一个鲜明的例子。这个在特区长大的25岁女孩，从小就对自然和乡土有着特殊的情结。在美国芝加哥大学求学5年之后，她没有按照人们想象中优秀"海归"学子的"常规路线"，去从事"高大上"的行业或高薪的工作，而是毅然选择回到祖国农村的田间地头和大山深处开始了自己的创业之路。

2018年9月中旬，当记者见到罗易时，她刚刚去北京领取了联合国环境署颁发的荣誉——地球卫士青年奖中国区选拔赛青年环保人。然而，风尘仆仆的她只是用只言片语带过了获奖的事，反而兴奋地向记者讲述她即将赶赴湖北恩施利川进行龙船调原生态音乐再创作的计划。这个夏天，罗易还去了成都、凯里等地的山区，虽然晒得皮肤黝黑，神情也略显疲惫，但一讲起自己路途中的经历与收获就立即变得神采奕奕。

这个"海归"女孩的创业领域其实有点"另类"，说是创业，更多的其实是创新——罗易引入了"社会企业"这个概念，希望能结合中国农村的实际，创新探索出以公益为目的、能够实现自我造血、可持续发展的公益之路，为中国农村的自然环境和丰富独特的乡土文化注入长久而持续的生命力。

一个在大城市长大的女孩，为什么会对农村怀有特殊的情结和抱负，愿意走出"舒适区"，常年奔走在山区和田间地头？除了对儿时盐田海滨渔村自然和谐、风土淳朴的深刻记忆和怀念，2012年去卧龙拍摄纪录片的经历直接影响到她后来的决定。就是在这次卧龙之旅中，罗易发现，汶川地震之后卧龙的自然和乡土文化环境都受到了重创，然而在灾后的环境保护工作中，人们更多地将目光投向当地的自然环境，却没有重视乡土文化环境的重建。在她看来，人文环境的发展对于生态来说同样是非常重要的议题，只有平衡人与自然的关系，让对抗转变为共生的状态，才能实现可持续发展的良性循环。

"我国有6亿左右的农业人口，乡村承载着中华文明的独特基因，我们的祖辈来自乡村，很多的城市建设者也来自乡村，我们这些在城市里长大的新一代青年人更有责任为乡村的积极改变带来一些新贡献。"罗易说。

怀着对乡土环境这样强烈的初心与责任感，罗易为她创办的社会企业取名叫"老土"。创业两年多，她将近一半的时间都奔波在云、贵、川、藏、晋等十多个省份的山村和田野间，为了保护当地的自然和乡土文化环境，不断在教育、文化、农产品等各个领域尝试与农村公益结合。

"我国农村有自己的发展逻辑和特色,没法照搬国外的模式和样本。"罗易说,她现在做的,是讲述中国农村的故事。为了唤起下一代对乡村的关注,"老土"开设了"大山里的公开课",带领青少年到乡村体验成长中所缺失的拼图;为了保护正在消失的多元乡土文化,"老土"通过田野调查对这些文化进行挖掘和再创作,包括纪录片拍摄和口述历史工作坊;同时,"老土"还帮农村链接社会资源进行可持续发展,包括生态农业、垃圾处理、留守儿童教育等。

然而,这种教育、文化、农产品、环保公益多领域"跨界融合"的尝试,在运行初期并不被人看好。按照当前普遍的创业逻辑,无论是公益还是商业,都应该往细分领域发展,这种跨领域的模式可能在商业上很难获得成功。可是罗易却依然选择坚持,"陪伴农村发展不是一两年可以做完的,但这个发展节点必须有人做这样的事。"

对于成功的定义,这个90后女孩显然有着自己的看法:"创业不能急于眼前一两年的利益,特别是怀着这种公益初心,我们必须有更长远、整体的考虑,包括人们认知的提升和观念、生活方式的转变。"对罗易来说,成功是让人们未来不再一味羡慕国外的生活,能够发现国内原汁原味、独一无二的体验,重新拾起对乡村的感情。

而深圳这座城市包容的环境和创新拼搏的社会氛围,显然也为罗易的选择增添了底气:"深圳是一个开放、包容的城市,氛围和美国的加州很像。我的创业想法在两年前其实挺小众的,但是这里的人们不会简单地去评判,从政府到市场,都给了我相对宽松、包容的发展空间。"在"老土"办公室的所在地——深圳市罗湖区社会创新空间,还有其他十余家社会公益企业和组织正在孵化和成长。

将目标设立在五年、十年之后,这条公益企业的创业路,宛如一场马拉松,虽然艰辛又漫长,却由于人文关怀的灌注而充满了温度,注定不会是一场孤独的长跑。两年时间里,与罗易志同道合的"同路人"逐渐多了起来——从刚开始独自一人,发展到40多人,有从志愿者变为全职工作人员的,也有同她一样,在澳大利亚留学期间参与实习,毕业后选择加入团队的"海归"学子。奋斗路上,他们都有着同样的目标,不仅是为了自我价值的实现,更是为了让中国农村变得更好,让祖国更加美好。

(资料来源:http://news.ifeng.com/a/20180921/60079188_0.shtml)

 有感而发

《2016年度中国"三农"创富报告》显示,涉农企业快速增长,新进入企业明显增多,资本投入显著增加,种植业成为企业进入农业行业的主战场,农业大省更成为涉农资本投资的主阵地。涉农企业数量增加的背后,是资本实力的显著增强。据统计,截至2016年12月,涉农企业注册资本累计达87103.24亿元,是2010年3.11倍。

过去,我们很少看到优秀的人才到农村创业,普遍的人都认为只有到大城市才有出路,才能找到机会。当然了,大城市的创业机会多这不假,但实际上农村一直都是一个大有可为的地方。

近些年来,我国农村的面貌发生了巨大变化,农村劳动力正在从农村向城市的单向流动转为城乡互动,截至2016年底,农业行业企业数量已达148.97万户。90后"海归"女孩罗易走进深山建设"美丽乡村"给大学生创业做出了一个很好的典范。

因此，作为中国特色社会主义新时代的大学生，应当胸怀全球，创业时不能只看到城市，还要看到农村。与其在城市市场中搏杀，不如到农村广阔的天地去创一番事业。

就目前而言，农村的"大众创业、万众创新"才刚刚开始，罗易的创业实践告诉我们，当城市里竞争非常激烈的时候，农村却是一片广阔天地。

自从从国家层面鼓励和支持返乡创业创新的一系列政策出台以后，很多人看中的就是用地支持、技术培训、税费减免、资金帮扶、鼓励扶持方面的政策利好。这对于很多缺资金、缺技术、缺市场的大学生来说，在创业的道路上无疑是走了捷径，也更容易获得成功。

创业需要新思路，"三农"创业必将迎来新未来。

叩心自问

（1）你对大学生去农村创业有何见解？
（2）罗易是如何经营创业项目"老土"的？

职场箴言

你不能只是问顾客需要什么，然后根据他们的需要来生产，你会发现，当你生产出来的时候，顾客又想要别的新东西了。

——史蒂夫·乔布斯

年轻人创业除了闯劲外，还要重视对顾客进行回访，要重视员工培训，唯有经历酸甜苦辣，方显成功的可贵。

——工程管理专业2002届毕业生
无锡爱奇苹果专营店总经理鲍晓磊

案例二

创业中，独特的想法很重要
——记工程管理专业2006届毕业生陆爱森创业案例

在百度上搜索"正川建筑装饰设计（上海）有限公司"就会迅速跳出其相关页面，查找到工商信息：法人代表为陆爱森；企业类型为有限责任公司（自然人独资）；注册资本50万人民币；注册时间是2014年2月24日；注册地址为上海市奉贤区柘林镇胡桥社区农交路28号第1幢135室；经营期限为2014年2月24日至2034年2月23日等。

陆爱森是我校工程管理专业2003级学生。他来自农村，家人多在外打工，深知父母挣钱的不易。也正因为来自农村，他特别珍惜在大学的时光，学习勤奋刻苦。他不甘于平庸，希望通过自身的努力来改变家庭面貌，让全家人过上幸福的日子。

他不甘心像父母一样只做一个普普通通的打工仔，于是，在大学读书期间他就下定了决心要自己创业。

可是，在选择具体创业项目的时候他的脑海里却是一片混乱状态，如同许多的大学生创

陆爱森

业者一样,站在让人眼花缭乱的市场前竟不知道自己如何迈步,不知道自己能干些什么,仿佛有劲没地方使,特着急。

起初,他想在老家开个规模较大和环境较好的饭店。他认为饭店起点低,只要有关系,生意自然就来了。于是,他就开始寻找店面,询问租金,经过实地考察他发现自己太稚嫩了,开饭店并非想象中那么容易。即使开一个规模很小的饭馆也需要10来万的前期资金投入。此外,还有许多他不熟悉的东西。

毕业后最初的几年,他创业初心不变,经营过商铺、店铺,也与朋友合伙开过公司。其中有欢乐,也有烦恼,但他对自己的创业项目在内心始终不能认同,他感觉自己的能量还没有得到最大的激发,他要闯出自己的一片天地,他要做自己想做的。

经过几年的磨炼后,他决定选择社会有需求并和自己专业有交集的装饰行业作为创业项目。但在如何开办公司问题上,却有不同的意见与途径。有人建议,按照现有条件简单租个门面,从接小的工程与家装入手,逐步发展壮大,等自己资金充足时,再接大的工程。他认为时间就是金钱,现在房地产行情正处于热潮,装修装饰市场供不应求,机会一旦错过就永远丧失了。于是,他决定先寻接大工程,为公司的发展赚足第一桶金。市场青睐勇敢者,爱拼才能赢。

现在回头看他的运营模式不是从下往上,而是从上往下;不是从小到大,而是从大到小。他是先拿了个大的工程,把大工程赚的钱用于发展公司。有了充足的资金,他开始招聘优秀的设计师,再去夺取家装市场。如果他像一般人的创业过程,先从小的家装开始做起的话,由于是刚成立的小公司,资金有限,广告宣传差,知名度低,根本没有优势和其他的装饰公司竞争,拿不到家装的活,也就没法生存。

目前,正川建筑装饰设计(上海)有限公司主要经营建筑装饰装修建设工程设计与施工,机电安装建设工程施工,弱电工程施工,管道建设工程专业施工,市政公用建设工程施工，环保建设工程专业施工，水电安装，建筑防水建设工程专业施工，建筑智能化建设工程专业施工，建筑幕墙建设工程设计与施工，钢结构建设工程专业施工，综合布线，舞台搭建，景观设计，设计、制作各类广告等，总资产近千万元，公司年营业额 600 万元左右。

陆爱森的想法很独特，但就是因为他和其他创业者的想法不一样，所以才成就了他今天的事业。创业路上，独特的想法很重要。

有感而发

2016 年 8 月 16 日，广州白云机场"开放办机场，服务大提升"金点子意见征集活动评选结果揭晓。"在国际值机柜台附近增加地秤""推行后排旅客优先登机""设立特殊旅客预约服务平台"3 条金点子获得一等奖，各得奖金 1 万元（含税）。点子值钱在开放的中国早已经不是新鲜事了。

但就创业而言，每个创业者要想成功都必须有自己的金点子——独特的创意或想法。否则，就很难在激烈的市场竞争中立足生根。

陆爱森之所以能抓住稍纵即逝的创业机会，正因为他有与众不同的独特想法。所以，对于每一个想要创业的大学生而言，要充分利用在校读书学习的宝贵机会，加强创新思维训练，培养自己的创新习惯，提高个人的创新能力。

叩心自问

（1）你认同"思路决定企业出路"这样的说法吗？
（2）你从学长陆爱森的创业案例中得到了哪些收获？

职场箴言

你梦想成为什么样的人，你就能成为什么样的人。你今时今日所处的位置都是基于你所信赖和梦想的一切。

——奥普拉·温瑞

这是一个分工明确的时代，想靠个人的单打独斗而成就事业，是很困难的。因此，创业伊始，我们就要想办法找人合作。与人合作，不但能降低自己的风险，还可以向他人学习，经验越来越多。

——物流管理专业 2011 届毕业生
江苏飞益达包装制品有限公司总经理薛洁

感动体验（3G）："错在哪里"

体验活动：
【活动目的】
（1）通过体验让学生懂得打破思维定式的重要性，养成敢于创新的习惯。

（2）通过体验训练学生做事统观全局，全面系统的思维品质。

（3）通过体验引导学生在失败中反思，勇于纠错，继续前行的意志品质。

【活动准备】

（1）"错在哪里"测试问卷每人一份。

（2）黑色水笔每人一支。

（3）助教一名。

【活动过程】

（1）指导教师课程导语（参考）：

阿西莫夫是俄国血统的美国人，一生中撰写了400部书，算得上世界知名度很高的科普作家。在《智力究竟是什么》这篇文章中，他曾经讲过一个关于自己的故事。阿西莫夫从小就聪明，年轻时曾多次参加"智商测试"，得分总在160左右，属于"天赋极高者"之列，为此他一直扬扬得意。

有一次，他遇到一位汽车修理工，是他的老熟人。修理工对阿西莫夫说："嗨，博士！我来考考你的智力，出一道思考题，看你能不能回答正确。"阿西莫夫点头同意。修理工便开始说思考题："有一位既聋又哑的人，想买几根钉子，来到五金商店，对售货员做了这样一个手势：左手两个指头立在柜台上，右手握拳头做出敲击的样子。售货员见状，先给他拿来一把锤子；聋哑人摇摇头，指了指立着的那两根指头。于是，售货员就给他拿了钉子。聋哑人买好钉子，刚走出商店，接着进来一位盲人。这位盲人想买一把剪刀，请问：盲人将会怎样做？"阿西莫夫顺口答道："盲人肯定会这样。"说着，伸出食指和中指，做出剪刀的形状。汽车修理工一听笑了："哈哈，你答错了！盲人想买剪刀，只需要开口说'我买剪刀'就行了，他干吗要做手势呀？"

智商160的阿西莫夫，这时不得不承认自己确实是个"笨蛋"。而那位汽车修理工却得理不饶人，用教训的口吻说："在考你之前，我就料定你肯定要答错，因为，你所受的教育太多了，不可能很聪明。"

实际上，修理工所说并不是因为学的知识多了人反而变笨了，而是因为人的知识和经验多了，会在头脑中形成一定的思维定式。这种思维定式会束缚人的思维，使思维按照固有的路径展开。

人们在一定的环境中工作、生活和学习，久而久之就会形成一种固定的思维模式，使人们习惯于从固定的角度来观察、思考事物，以固定的方式来接受事物。

本次课程的体验活动是一个自我挑战的活动，是一个需要速度的活动，我们要看看哪位同学能用最快的速度完成总共30道题的回答。

（2）活动规则：

①答题过程中每位同学只能独立完成，不得交头接耳。

②答题卷反放于桌上，任何人不得提前阅卷和答卷。

③答题完毕后举手示意，并在卷面右上角记下自己完成的时间。

④时间三分钟。三分钟到时必须停止作答。

⑤违规者收回试卷，取消活动资格。

（3）助教上前发放试卷，反面向上。

（4）指导教师宣布活动开始，助教开始记时。

活动和题目具体内容略……

感悟分享（4G）：打破习惯

（1）请同学们相互检查一下答题状况，如果你还没有全部答完的话，请看第28题。其实这30道题只需做3道题即可，亲爱的各位，你做了多少题呢？

当你"幡然醒悟"的时候已经做了多少题抑或是根本没有醒悟过来只是在答题？

那么，我们究竟错在哪里呢？

其实，我们谈不上什么错，我们只是受了思维定势的消极影响。作为一个大学生，我们长期的学习经历使我们养成了一种呆板、机械、千篇一律的解题习惯。当新的问题出现时，惯性的解题方法让我们不知不觉地步入误区掉进陷阱。推而广之，当新问题相对于旧问题具有差异性而又不为人知时，由旧问题的求解所形成的思维定势则往往有碍于新问题的解决。因此，创新大多要从打破思维定势开始。本章前面所述的两个创业案例就是一个最好的证明。

很多时候，许多大学生在创业时只按照自己的习惯性思维做事情，结果把事情办砸了。如果我们能从局限的思考模式中解放自己，解放观念，勇于探索，奇迹就有可能出现。

①本次体验活动你是如何完成任务的？

②本次体验活动你为何没能及时完成任务？

③本次体验活动你有何感悟？

（2）指导老师要求学生以各小组为单位进行活动交流。

（3）由各小组推荐或自荐一名同学上台进行大组分享。

职场箴言

凡是创新的时代总会有人死在半路上，但是这些失败或者遇到困难的公司并不代表它没有价值，它的价值就是告诉大家其实这个领域是能够一试的。

——李学凌

自己在上学的时候对于赚钱没有太多的想法，真正自己创业了才发现，工作中的很多难处并不是自己能想象得到的，赚钱真的很辛苦。自己在学校的想法是不能完全融入工作当中的，还是需要脚踏实地、勤勤恳恳地去做、去钻研。只要自己认真对待，每做的一小步都会有很大的成就，再小的努力，乘以365都很明显。

——电子商务专业2018届毕业生
天津威驰远机电设备网店主朱家桦

感奋践行（5G）

《《《《《 知识导航：努力经营创业项目

第一节　创业项目的团队组建

一直以来，人们存在一些错误的观点，认为是创业者个人创办了公司。尽管创业者常常被表为孤胆英雄，但大量研究数据证明：事实并非如此，创业是由团队完成的。通常，创业团队规模越大，创业的成功率就越高。即创始人多意味着更高的创业成功概率。还有人把企业的成功关键归结为创业者的领袖魅力。实际上，个人魅力可能在短期内发挥重要作用，长期来看，相对于个人魅力而言，创业者必须具备其他更为重要的能力，如有效的团队管理能力、销售能力等。

一、创业团队组建的基本原则

（1）目标明确合理原则。目标必须明确，这样才能使团队成员清楚地认识到共同的奋斗方向是什么。与此同时，目标也必须是合理的、切实可行的，这样才能真正达到激励的目的。

（2）互补原则。创业者之所以寻求团队合作，其目的就在于弥补创业目标与自身能力之间的差距。只有当团队成员相互间在知识、技能、经验等方面实现互补时，才有可能通过相互协作发挥出"1＋1＞2"的协同效应。

（3）精简高效原则。为了减少创业期的运作成本、最大比例地分享成果，创业团队人员构成应在保证企业能高效运作的前提下尽量精简。

（4）动态开放原则。创业过程是一个充满了不确定性的过程，团队中可能因为能力、观念等多种原因不断有人在离开，同时也有人在要求加入。因此，在组建创业团队时，应注意保持团队的动态性和开放性，使真正完美匹配的人员能被吸纳到创业团队中来。

二、创业团队组建的主要影响因素

创业团队的组建受多种因素的影响，这些因素相互作用，共同影响着组建过程，并进一步影响着团队建成后的运行效率。

（1）创业者。创业者的能力和思想意识从根本上决定了是否要组建创业团队、团队组建的时间表以及由哪些人组成团队。创业者只有在意识到组建团队可以弥补自身能力与创业目标之间存在的差距后，才有可能考虑是否需要组建创业团队，以及对什么时候需要引进什么样的人员才能和自己形成互补做出准确判断。

（2）商机。不同类型的商机需要创业团队的类型不同。创业者应根据创业者与商机间的匹配程度，决定是否要组建团队以及何时、如何组建团队。

（3）团队目标与价值观。共同的价值观、统一的目标是组建创业团队的前提，团队成员若不认可团队目标，就不可能全心全意为此目标的实现而与其他团队成员相互合作、共同奋斗。而不同的价值观将直接导致团队成员在创业过程中脱离团队，进而削弱创业团队作用的发挥。没有一致的目标和共同的价值观，创业团队即使组建起来，也无法有效发挥协同作用，缺乏战斗力。

（4）团队成员。团队成员的能力的总和决定了创业团队整体能力和发展潜力。创业团队成员的才能互补是组建创业团队的必要条件。而团队成员间的互信是形成团队的基础。互信的缺乏，将直接导致团队成员间协作障碍的出现。

（5）外部环境。创业团队的生存和发展直接受到了制度性环境、基础设施服务、经济环境、社会环境、市场环境、资源环境等多种外部要素的影响。这些外部环境要素从宏观上间接地影响着创业团队组建类型的需求。

三、创业团队的组建程序及其主要工作

创业团队的组建是一个相当复杂的过程，不同类型的创业项目所需的团队不一样，创建步骤也不完全相同。概括来讲，大致的组建程序如下图所示。

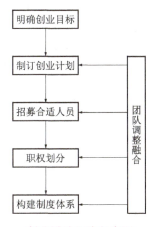

创业团队组建程序图

企业团队组建的主要工作：

（1）明确创业目标。创业团队的总目标就是要通过完成创业阶段的技术、市场、规划、组织、管理等各项工作实现企业从无到有、从起步到成熟。总目标确定之后，为了推动团队最终实现创业目标，再将总目标加以分解，设定若干可行的、阶段性的子目标。

（2）制订创业计划。在确定了一个个阶段性子目标以及总目标之后，紧接着就要研究如何实现这些目标，这就需要制订周密的创业计划。创业计划需要在对创业目标进行具体分解的基础上，以团队为整体来考虑创业计划确定了在不同的创业阶段需要完成的阶段性任务，通过逐步实现这些阶段性目标来最终实现创业目标。

（3）招募合适人员。招募合适的人员也是创业团队组建最关键的一步。关于创业团队成员的招募，主要应考虑两个方面：一是考虑互补性，即考虑其能否与其他成员在能力或技术上形成互补。这种互补性既有助于强化团队成员间彼此的合作，又能保证整个团队的战斗力，更好地发挥团队的作用。一般而言，创业团队至少需要管理、技术和营销三个方面的人才。只有这三个方面的人才形成良好的沟通协作关系后，创业团队才可能实现稳定高效的运转。二是考虑适度规模，适度的团队规模是保证团队高效运转的重要条件。团队成员太少则无法实现团队的功能和优势，而过多又可能会产生交流的障碍，团队很可能会分裂成许多较小的团体，进而大大削弱团队的凝聚力。一般认为，创业团队的规模控制在 2~12 人最佳。

（4）职权划分。为了保证团队成员执行创业计划、顺利开展各项工作，必须预先在团队内部进行职权的划分。创业团队的职权划分就是根据执行创业计划的需要，具体确定每个团队成员所要担负的职责以及相应所享有的权限。团队成员间职权的划分必须明确，既要避免职权的重叠和交叉，也要避免无人承担责任造成工作上的疏漏。此外，由于还处于创业过程中，面临的创业环境又是动态复杂的，会不断出现新的问题，团队成员可能不断出现更换，因此创业团队成员的职权也应根据需要不断进行调整。

（5）构建制度体系。创业团队制度体系体现了创业团队对成员的控制和激励能力，主要包括了团队的各种约束制度和各种激励制度。一方面，创业团队通过各种约束制度（主要包括纪律条例、组织条例、财务条例、保密条例等）指导其成员避免其做出不利于团队发展的行为，对其行为进行有效的约束，保证团队的稳定秩序。另一方面，创业团队要实现高效运作要有有效的激励机制（主要包括利益分配方案、奖惩制度、考核标准、激励措施等），使团队成员看到随着创业目标的实现，其自身利益将会得到怎样的改变，从而达到充分调动成员的积极性、最大限度发挥团队成员作用的目的。要实现有效的激励首先就必须把成员的收益模式界定清楚，尤其是关于股权、奖惩等与团队成员利益密切相关的事宜。需要注意的是，创业团队的制度体系应以规范化的书面形式确定下来，以免带来不必要的混乱。

（6）团队调整融合。完美组合的创业团队并非创业一开始就能建立起来的，很多时候是在企业创立一定时间以后随着企业的发展逐步形成的。随着团队的运作，团队组建时在人员匹配、制度设计、职权划分等方面的不合理之处会逐渐暴露出来，这时就需要对团队进行调整融合。由于问题的暴露需要一个过程，因此团队调整融合也应是一个动态持续的过程。在完成了前面的工作步骤之后，团队调整融合工作专门针对运行中出现的问题不断地对前面的步骤进行调整直至满足实践需要为止。在进行团队调整融合的过程中，最为重要的是要保证团队成员间经常性的、有效的沟通与协调，培养强化团队精神，提升团队士气。

创业的问题不在于说独自创业好，还是一个团队创业好。你更需要考虑的是你的项目现在需不需要伙伴，需要几个创业伙伴，或者说未来还要拉入几个合作伙伴。但是，不管几个人创业，你都需要学会处理团队关系，知道团队的重心选择，这些都是创业路上的重点。

第二节 创业项目的战略制定

一、战略规划的内容

战略规划决定着一个企业的发展方向和长远目标，创业企业的战略规划尤其重要。战略规划应该包括 5 个 W 和 1 个 H，也就是做什么（What）、为什么做（Why）、要达到什么目标（Where）、谁来做（Who）、什么时机做（When）和怎么做（How）。

二、战略规划的工具应用

首先，我们要明确几个问题。第一，就是你要做的事一定是没人做过或者有人做过但也存在差异的，所以也就意味着你没有可以借鉴的样本。第二，你做的事成为开天辟地第一次的概率也不大，也就是还是存在竞争对手的，只不过模式等方面有差异而已。第三，开公司一定不能离开客户，所以对市场的分析至关重要。

明确了这三个问题后，我想大家也知道在做战略规划时必须借助搜索引擎了吧？要搜索各种数据和信息，才能有一个清晰的认识。那么在这个搜索的过程中，肯定会出来很多的不同内容，如何去筛选数据和信息？首先要做的就是确保来源，主要是应该用政府官方的数据、几大新闻媒体的相关报道和国内及国际知名数据分析公司的数据，除了这三类数据，其他的数据都不够有说服力，特别是贴吧、百度、某业内公司数据等，都不能采纳。

最后，怎么做搜索才能达到更好的结果？主要是关键词搜索，一般都是 2~4 个字的词去搜索，同时可以用同义词去变着花样地搜索，为的是扩大数据量，防止把关键数据漏掉。比如要做线上服装搭配管理平台，搜索的关键词就是"服装搭配"，绝不是那么一大段话。再比如要做个视频制作资源整合的平台，可以搜索"视频制作"，也可以搜索"宣传片"，还可以搜索"传媒平台""电影制作"和"影视制作"。总之就是扩大自己的搜索数据量，尽可能不要遗漏信息。

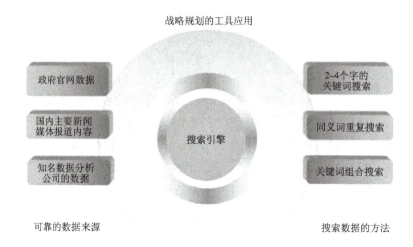

三、做什么

我们用搜索引擎进行查找，尽可能地把相关业务的公司都找出来，把对方的网址收藏起来，以备后续研究竞争对手时用到。一旦你发现有人和你做一样的事了，你就要想想是不是应该继续做了。比如有人要去卖羊绒衫，看看阿里巴巴上，卖羊绒衫的太多了，即便你的产品再好，也很难快速占领市场。再比如做打车软件，现在有滴滴这个巨头了，你还做吗？

四、为什么做

当你确定自己的事可以做了，那么就再想想做这个事有什么意义，也就是大家经常说的是否有刚需。所谓刚需，就是没有这个，就解决不了根本问题，有了这个可以马上提高效率或降低成本，甚至是改变时代，就如当年的新浪、搜狐和百度，真的是改变了人们的信息传播方式。所以，一定要列出来你所在的行业目前存在的问题，也就是痛点。

比如前几年的连锁药店，就是解决的药价虚高的问题。那为什么没有一个全国性在线药品销售平台？如果有了这个平台也许就可以再次降低成本啊。这个想法其实是错误的，因为药店一般都不需要太多人工的，但如果建立在线平台，配送人员的人力资源成本就会比门店成本还高，除非是全国性的连锁药店开个网站，让各地药店的人兼职去免费送货。你觉得这样的话，是否做在线药品销售平台真的有刚需吗？这就是如何进行刚需的调研。当然，方式方法还是要去搜索，包括搜索竞争对手信息、国家政策、新闻报道内容等。做完这个，你对行业痛点、你的解决方法和项目意义也就清楚了，甚至你的客户群体也就出来了，这个信息搜集的过程必须要打开自己的思路，不能局限在你能想到的范围内。

Step 2：确定为什么做 Why

| 可以从根本上解决问题 | 搜索竞争对手和国家政策等信息 | 打开思路，拒绝自以为是 |

必须是解决刚需

五、要达到什么目标

当你明确了自己为什么做之后，也就要想想自己要做多大的生意了。这时候就需要对市场规模和潜在发展前景做预测了。

首先查看竞争对手的相关销售数据，客户群体数量和相关产品的单价，再去掉竞争对手已经占有的市场份额，就是你还有的可以做的市场份额。这样，就决定了你可以做到的最大的规模，但即便这样也不够，你还要想如果有一天真的这个市场做得没有竞争了，你是否还有其他的业务拓展能力，也就是潜在的盈利市场，所以这个也得做相应的数据分析。当你做完了这个，你的产品体系也就差不多出来了，包括你的公司的最终规模预测也可以出来了。

Step 3：确定要达到什么目标 Where

分析市场规模和行业潜在发展前景

- 竞争对手销售额
- 竞争对手市场占有率
- 竞争对手产品单价
- 竞争对手客户数量
- 竞争对手客户群体

竞争对手数据分析　行业潜在盈利模式

六、谁来做

这时候就需要去想做这么大的生意，我该找什么样的人来和我一起做，再想需要这些人达到什么水平，以及这些人什么时候加入进来合适。

例如要开饭店，得知道自己该找哪些岗位的人，至少得有买菜的、切菜的、炒菜的和上菜的吧？但这些人都需要是什么水平的呢？五星级饭店的标准还是大排档的标准？这些人什么时候加入合适呢？可能前期饭店装修阶段只需要老板和财务及装修公司的人，装修快结束的时候开始招聘服务员，对服务员进行培训，马上要营业了，后厨的人才陆续到岗，而且前期可能每个岗位都只配置一个人，甚至两三个岗位配置一个人就可以，慢慢地随着业务增多，再进行人员配置。这就是所谓的人力资源规划阶段，甚至是每个人的工作内容最好都规划出来，避免职责交叉。

这个过程需要做前三年的组织架构规划、人员配置规划、招聘计划和人力资源成本预算，特别是第一年的，要做到每个月的规划都要有。

Step 4：确定谁来做 Who

七、什么时机做

当你做好人力资源规划后，公司的成本中的一半就已经出来了，你也就知道自己一年要投入多少钱了。这时也是你需要考虑自己能不能扛得住这么大盘子和压力的时候了，你要尽可能地避免资金链断裂的情况出现，所以你就必须考虑做这个事的节奏和时间节点了，也就是什么时间做。说实话，创业的人因为一心想出业绩，最初的规划都是很急切和全方位的，但当你的预算一出来之后，马上就会冷静下来，就会审视自己是否要做得那么大和那么快。所以这个时候就得去算什么时候做产品、什么时候做市场推广，是把产品一起推出还是一个个地推，是做全国性的推广还是某些地方的局部推广，以及什么时间做。在这个过程中，还可以想是否有其他可以利用的资源去高效而低成本地实现目标，比如资源整合。这时候就要开始去研究周边产品和市场了。

比如我要做岗位胜任模型，我的产品呈现方式就是视频方式，那么我就需要找到可以推广的渠道，做好相应的准备，甚至做好相应的战略谈判，便于日后的合作。这时就看创业者的个人资源了，还有就是相应的理念。与相关的人进行谈判的过程中，也就慢慢地总结出自己的方式方法和时间点了。

做好这个之后，你的"怎么做"也就出来一半的内容了，同时也会对前面的内容进行重复地修订。

Step 5:确定什么时机做 When

八、怎么做

最后就是怎么做了。当你做好了前面的 5 个规划，最后的一个规划内容也就出来一半了，只需要你对产品体系、定价、市场推广渠道、盈利模式、产品开发周期、产品开发供应链、营销渠道、营销时间、营销周期、营销手段等进行规划了，这时候就是一个团队沟通的过程了。创始人可以给出一个大体的框架，让团队的人给出建议。同时搜索行业内或相关行业的公司的网站，去研究对方的产品体系、营销渠道和营销手段等，需要做出列表，每个公司的都写清楚，找出差异点。同时也就做出相应的预算体系了。

Step 6:确定怎么做 How

以上的内容就组合成了一个详细的商业计划书和战略规划方案了。有些人会说，我有市场营销总监，让他们承担自己的部分好了。不行！即便你的总监是行业内最牛的人，但对于整个公司的预期和研判只有创业者最清楚，所以第一次的战略规划方案必须创始人自己做，然后让各模块的负责人来提意见和挑战你，在这个过程中，也就是让他们去明白你的思路和意图，也是考察团队成员的责任心、专业性和忠诚度的时候。

第三节　创业策略与模式设计

创业者总是忽略对商业模式的聚焦，在这个方面花费的时间极少。他们花大把的时间开发最终用户模型、产品说明和价值定位,展示如何为客户创造价值,但很少思考怎样把这种价值转化为有利可图的业务。他们总是聚焦技术和产品设计方面的创新但不肯研究商业模式的创新,急于向市场推出产品,然后随便借鉴市场中常见的商业模式展开经营。而诸多商业实践证明,那些愿意花时间和精力创新商业模式的企业,最终都获得了巨额利润。

谷歌搜索引擎产品是一个商业模式创新的成功案例。在谷歌之前,搜索引擎业务"价值获取框架"的商业模式,是在页面中插入尽可能多的广告条,每个广告条收取尽可能高的费用。但谷歌的做法不同,它采用简单的文字广告,可针对特定搜索利用关键字进行定位。广告商发现这种技术比广告条更有优势,因为它能提供个别广告有效传播的具体数据,这些数据又能促使广告商制作更有针对性的广告。可以说,造就谷歌成为今日互联网之王的不是其搜索算法方面的技术优势,而是这种前所未有的创新商业模式。

有鉴于此,我们应当认真思考该采用怎样的商业模式来获取价值,不要盲目跟风,照搬行业中大家都在采用的模式。作为新企业,有很多种商业模式可以选择,但客户群一旦确定之后再改变商业模式会变得很难。相对于行业中经营模式已经固定的其他企业,商业模式是初创企业可以利用的一大优势。应当从客户的角度评估商业模式,对不同的选择进行测试,直到最终确定最适合企业发展的商业模式。

对互联网企业来说,常见的商业模式有两种。第一种是免费模式,具体是指免费向用户提供产品的基本功能,但用户必须付费才能享受产品的高级功能,付费方式包括服务使用费或采购产品附件。第二种叫"边做边看"模式,是指利用投资者的资金寻找规模足够大的客户群,然后再考虑可以盈利经营的模式。

互联网时代应该做减法,简单、免费是主流。做减法的提问方式是:你做的最重要的事是什么?比如微信,侧重聚焦熟人社交。"互联网+"的本质还是互联网,区别只是"+"什么,"互联网+商品买卖"就是阿里京东等,"互联网+婚恋"就是百合、世纪佳缘等,"互联网+餐饮"就是饿了么等,"互联网+社交"就是腾讯等,"互联网+"的内容就是获取客户流量的药引子,免费低价是获取客户的核心。

但在今天,做减法的"互联网+"思维对于细分市场精准客户的深度服务是不够的。行为经济学家丹艾瑞里在其著作《怪诞行为学:可预见的非理性》中说,当价格为零时,人们会非常积极地使用产品,因为和不免费的产品相比它们不存在采购摩擦。免费可以吸引很多人试用产品,是一种有效地降低客户获取成本的策略。但它的作用也仅此而已,因为这并不能保证你吸引来的"客户"会为产品付费,企业还是要依靠付费客户才能实现收入维持经营。当"客户"免费使用产品时,你一样要产生生产成本。这是一个传统行业借助互联网升级改造的时代,互联网工具只是提升效率、改善体验、整合资源的手段。获取盈利靠的还是传统业务,是借助互联网升级改造的传统业务。

下面说说四个关键词。

第一个关键词叫共享。共享就是分解传统行业的价值链,也就是具体生产服务全流程,看哪些环节可以通过互联网共享。比如中小学教育,传统或教育机构包括建校、招生、教研、教学、服务全过程,而共享则是将"教学、教研"环节从各个分校抽离出来,通过互联网双师教学模式,共享总部的师资和教研,从而大幅提高了效率,根本上改变了传统教育机构的复制难度和教学质量的保障。

共享的操作方法有两个步骤,大家都可以结合自己的行业做尝试:第一步,做产业的价值链分析,把这个行业的客户,从享受消费的全过程,做一遍记录,分一分有哪些环节;第二步,看一看这些环节当中的哪一个可以拿出来,通过互联网共享。

第二个关键词叫赋能。也可以简单理解为武装,给它更先进的武器。今天的市场,想要在竞争中脱颖而出,必须具备大规模集团作战能力、标准化能力和工具开发的能力。比如小说《楚汉争霸》里,西楚霸王项羽,他能举起来一个1000公斤的铜鼎,是那个时代的战神。但今天一个特别弱的学生兵只要动动鼠标,一个导弹打过去就能把一个部队消灭,为什么?因为有更好的武器和工具。这就是一个赋能的过程。

第三个关键词叫裂变。传统的增长有两个形态,一个形态叫线型增长,就是由一到二,到十,一条直线地增加,一般说的同比增长就是这样。另一个形态叫指数型增长,就是一变二、二变四、四变十六,翻着番地增长。那么指数型增长如何实现?关键是裂变。所谓道生一、一生二、二生三、三生万物。裂变需要我们设计去中央化的扩张模式。比如海底捞,采用师徒制、直营扩张,师傅带徒弟,开枝散叶,师傅可以享受徒弟分店的回报。这样人人都想着孵化徒弟,实现扩张。

第四个关键词叫"闭环"。人们很容易被"捷径"吸引,创业者开始也是一样。在实现复制过程中,两三次尝试绕绕路,包括O2O,加盟,Tob销售等。核心思考方式都是能不能把一部分包袱和责任抛给别人。但最终发现,在裂变的过程当中,面对精准客户群体,满足其特定需求,必须建立和把控一个完整的闭环。在这个闭环当中,只有两种选择是能够走通的:一个是广战略,另一个是深战略。

什么叫广战略?即少变量、弱相关、低消费、千万级用户。比如说新概念英语教材在整个学英语的链条上只是一环,我只做教材就是少变量。那么你买了新概念教材就能学好英语吗?没人能保证,所以叫弱相关。那么一本新概念英语教材多少钱?20多块钱,很便宜,就是低消费。全国新概念英语能卖多少册?加在一起超过千万,也就是有千万级用户。

什么叫作深战略?即多变量、强相关、高消费、万级用户。还是拿新概念英语教材举例,我买过来,不仅提供教材,还提供老师、测验,同时督导你背诵课文,这就是多变量。只要你来到我这,按照我的要求去做,你的英语成绩就会大概率得到提升,这就是强相关。这个服务可能是2500元,也可能是25000元,属于高消费。用户的数量大概是万级,一个学生如果收一万元,一万个学生就是一亿元。

构思商业模式没有标准答案,它是根据你的企业的具体情况确定的。在分析商业模式时建议创业者思考以下两个方面。

一是客户:了解客户希望做什么。关于这一点,你在前面决策团队分析和绘制获取是付费客户的流程部分可以得到有效的反馈。

(1)做谁的生意。

关于做谁的生意,很多创业者都希望像BAT一样做几千万人甚至上亿客户的生意。在我看来，这样的机会在移动互联网时代已经凤毛麟角了。获得海量用户，建立大平台机会的大门已经关闭。细分品类，精准定义目标客户是成功之道。

腾讯出的一款游戏王者荣耀，同时在线用户达到近7000万，这就意味着每7个人当中，就有一个人在打这个游戏，这就属于海量用户，大平台的创业机会。但这样的机会大门，在今天的竞争生态之下关闭了。背后的原因是什么？移动互联网时代和互联网时代，所有的人、所有的企业，都在抢两个资源：一是手机上的那块屏；二是一个人一天的24小时。所以，当大量企业在人类生活的各个应用场景下，都已经大面积占有用户的手机屏和时间的时候，对于新的创业者，重新获得1000万量级客户的机会就越来越少。我们要在庞大的人群中去寻找特定的小人群。在黑马有个课程叫作"重度垂直"，讲的就是这个道理，从一个深井向下去挖。

（2）理解需求。

首先搞清两个特别容易混淆的概念，一个叫需求，还有一个叫需求背后的需求。例如，一个售楼小姐那来了两波客户，他们的需求都是要买两室两厅两卫的房子，这个需求是一样的。她向第一位客户张先生介绍，他们这个小区地理位置特别好，就在地铁11号线的始发站，房子特别好租，投资回报率可好了，租金特别高。张先生听完之后转身就走了，为什么？因为张先生买这套房子，是想让他的父母跟他一起住。他听说原来身边的这些人全是租户，感觉是不安全的。第二波客户李先生，售楼员换了方式介绍，我们小区都是老人，广场舞活动丰富极了。结果李先生也转头就走，因为他要两室两厅两卫是为了年轻人出租。

什么是需求？需求是表面上看起来客户对你的要求；而需求背后的需求是客户需求背后的根本原因。所以我们在精准定位客户时还要考虑需求背后的需求。理解了客户，就能够更好地做到有的放矢。

二是价值创造和获取：评估你的产品能为客户创造多少价值以及何时能为他们创造价值，然后确定哪种价值获取方式适合你的企业。就像现在投资人看项目，一上来先问你营收多少，利润多少，然后才会往下谈。回归商业的本质就是，先做好生意，再做好事业。很多创业者赚了吆喝，赔了买卖，什么都做对了，但就是赚不了钱。为什么？我们总结三个关键词：好产品，好员工，高定价。

（1）好产品。

在把握了客户以后，要在产品上花实实在在的精力。马化腾一直坚持做产品体验，刘强东定期自己送货，就是这个道理。有了好产品做支撑，你的定价和利润就有了根基。

（2）好员工。

用人是创业成败关键。同一岗位一个表现最棒的员工比最差员工产能高几倍？一般来说5到8倍。但基本工资高多少呢？一般来说20%就很不错了。创业者必须在正确的人身上肯于花钱。

什么是好员工？有几点参考：

其一，人岗匹配：人岗匹配是指员工之前工作90%以上和入职后做的一样。

其二，价值型而不是价格型：价值型员工和价格型员工最大的区别是一个是否认可差异化价值，无论在工作选择还是客户销售过程中都是如此，能够支撑高溢价，帮助公司获得高利润。但价格型员工对内只看短期利益，对客户只谈降价和促销，会把企业拖入泥潭。

其三，自驱力。自驱力强调员工自身成就欲望。有一本书讲的是谷歌，书名是《重新定义公司》，谈到谷歌的核心工作是招募创意精英。这群人招到了，管理成本就会降到最低，因为他们每个人都会废寝忘食地思考如何创造与众不同的价值。

(3) 高定价。

学会赚钱绕不开定价。这个钱不是黑心钱，而是你在给客户创造了更大价值之后，保障你持续创造更大价值的必要盈利。大家要分析自己产品服务的属性，了解价格弹性概念。价格弹性指价格变动带来销量变化的程度。弹性大意味着价格变动会带来销量大幅变化。反之意味着价格弹性低。

《《《《《 扩展阅读

活着就是一切

王潇

十年前的今天，2008年2月26日，我在北京市朝阳区注册了一个公司，开始了创业之旅。无论十年里经历了什么，我都有一个充足的理由庆祝今天，那就是，这个公司竟然没死，活过了十年。

以下我回顾的，是创业，也是人生，你可以把其中所有的"创业"二字替换成"人生"来读。

(1) 朴素和广义地理解创业这件事，凭一己之力活着就是创业，几个人抱团活更算。你有价值，客户有需求，找到客户，让他看见你的价值，你就开张了。售价大于成本，你就活了，就创起业了，都是这么开始的。

(2) 做什么方向，首先取决于你会什么，有什么，之后才取决于时代的机会。

时代一直有机会，时代的机会检验人类的贪婪与恐惧，热乎时永远趋之若鹜。非洲草原的一只羚羊首先吸引狮子、大批鬣狗和秃鹫，然后吸引寄生虫，最后骸骨交给大地，分羹都在食物链上。

那么你在非洲草原上是什么物种？你这个物种如何获取食物？你是食肉的小兽，还是其实根本不食肉？要先搞清你是谁，你的基本面是什么，在食物链中处于什么位置，才能匹配机会，判断它是否属于你。

(3) 你有价值，有办法把价值凝结在产品上，是确定创业方向和你能创业的基础条件。但这个价值不能是你自认为的，得是需求决定的，市场验证不了的都不能算。

当然需求有大有小，认为瞄准千亿市场才叫创业也行，但都得从小微开始；需求小也可以创业，只要有办法找到用户，利基市场有很多好生意。

(4) 不需介意生存期的自尊问题，即使用户认为你是一个为五斗米折腰做小买卖的或者推销员，你也要紧盯落袋为安的目标，把小买卖顺利完成。

眼前的生存跟你在哪个牛校读过书,在哪个厉害机构上过班都没关系,你要认清现状,其实你现在就是个做小买卖的和推销员,千里之行始于足下的时候到了。真要委屈不服,暗暗记在心间,成为自我激励的力量,真雪恨十年不晚。

(5) 即使自己的理想真的是改变世界,也别直接写在商业计划书尤其是产品介绍上,毕竟生存期里让人觉得靠谱更重要。

先想想自己这几年改变了自己多少,再想想从小到大改变了几个同学同事,如果没有,先拿自己和旁边人试手,能从现在开始影响一点点也是好的。无数人靠着点滴的进化和演变也在改变着世界。

(6) 创业者无优越感,创业不是可以夸耀的生活方式,个中之人大多报喜不报忧,谁难受谁知道。

创业是大逃杀游戏,小概率事件,5 年存活率 7%,10 年存活率 2%,IPO 比例 0.00002%。在各种忽悠渲染面前要独立思考判断,决定进入之前应该考虑 10 个晚上,深呼吸 100 次,再决定是否要铁了心成为小概率本人。

(7) 有必要做一些人格类型和风险偏好测试,以暗示自己具备参加大逃杀的人格优势。天生生物节律好,肠胃好,睡眠好,身体结实都是不可多得的生理优势,可以熬傻和耗死很多对手。

善于沟通,感染力强,心大坚韧等在创业里也是特别好的性能,最好还有一丝无法描述的邪恶人格魅力。以上种种,都是非充要条件,接近玄学,本来也没人说得清。

(8) 你要训练担当和带队的感觉,尤其在逆境时。你还要训练果断做选择,训练去除性格里的拖延和逃避。

你要是公司成长最快的人,以增加生存概率。你要为了做出正确选择持续地思考与学习,也随时准备好为错误买单,随时准备为失败负全部责任。

(9) 必须开始锻炼身体,必须,这简直就是创业的一部分,创业又称为百公里山地马拉松版大逃杀,体力有时候比智力还重要。

其他自我能效管理方法和情绪调节手段也都要学起来,用以研究自己、鼓励自己、对付自己、治疗自己,以后会频繁使用;创业中期也要着手研究别人、鼓励别人、对付别人、治疗别人,建议研习社会学和心理学。

创业讲究技不压身。

(10) 历史不争辩谁对了,只呈现谁留下了。创业也是。

你会发现这是唯结果论的世界,你还会发现你和抄袭狂和大忽悠同台竞技,他们的业绩因为不要脸又增长了,你还听到有人说要脸就是不够狼性的表现,总之无论你的三观架构是怎样的,创业都可以创到令你怀疑人生。

但你的价值观会经由这些涤荡变得更坚固,磨难会把你塑造成为一个更有型的人,并深刻觉知自己的原则。

(11) 必须管理情绪而不是放任情绪。

徒劳无功的绝望感会反复出现,无论你曾经历了多少不眠之夜,胃痉挛和尿血,过程除了你家里人其实没人在乎。与其自我感动，看丘吉尔的电影落泪，疑问经历了至暗时刻为何没迎来光明，不如赶紧为最坏的结果做准备。

我管理情绪的一个方法是，每当我内心陈述一个糟糕的情绪时，后面马上加一句独白"不然呢？"因为这是我选的，这就是创业，不然呢？

（12）情绪问题积累到一定程度，一定要寻求医生的帮助。创业以来，第一次让我重新审视这条道路的，是茅侃侃的死，他的死对我震动极大。

不只因为离去的是我的朋友，更是因为他身上投射了一部分的我自己，深夜筋疲力尽的那个自己。我调节情绪的另一个方法是，无论多投入，在适当的时候定期练习抽离，告诉自己这是一个人生游戏，在面对成年后的人生进入模式时，是我自己选择按下了"Hard 模式"的按钮。

但我要保留意志去思考，我这个玩家决定玩到什么程度，我是否有权限决定何时不玩，还有没有退出和转换到"Easy 模式"的可能。最后一个选择才是删号。但活着，才意味着一切。

（13）不存在平衡工作与生活这回事。无论创不创业，其实都不存在。

一天 24 小时之内，你的内心之中，永远有优先级，而你一定会为其排序。单位时间内，最重要的事只有一件，你的选择决定了时间的分布长度和投入程度，这些的叠加会呈现出结果。

如果你是目标感和执行能力很强的人，生活和工作的各自结果甚至会看上去优于其他只专注执行一个的人，但这依然是选择的结果。

（14）既然走上极少数人的道路，就不需关心大多数人的评价，不必向不相关的人解释，更不必因为看了几个公众号就对照顾家庭表示愧疚。

找到与家庭高效共处的心流时间，但要外包家务，让家务专业化职能化，像管理团队一样制定标准，定期验收，换取宝贵的时间。本来社会传统形象里也没有创业者，每天活在生死边缘的人，不要和琐事计较。

（15）时刻重温爱的优先级，谨记最爱的人始终是自己。正是因为爱自己，才想把唯一的人生活到淋漓，想拓展体验的深度、广度和密度，这是选择创业的重要原因。

爱的优先级里向下排序是家人，谨记这条道路里的悲欢都是你选的，你要承担所有责任和后果，遇到创业难题，别把情绪和抱怨指向家人。他们也很无奈，他们本来没打算作大逃杀参与者的父母、伴侣和孩子。

（16）创业和坚持俩字永远分不开，创业想做出些眉目，这个坚持的时间维度就得按 3 年起算，到 30 年上不封顶。

这么长的时间，肯定不是单纯靠咬牙打鸡血能扛下来的，一定得有点真爱，至少是能享受创造价值的过程。

有爱又赚钱是创业 Heaven 模式，有爱不赚钱是 Hard 模式，又不爱又不赚钱还愣坚持，真的就是 Hell 模式了。Hell 模式就和抑郁症很近了。又不爱又不赚钱的东西，不值得坚持。

（17）创业的初心，可以是各种，但是初心只有钱的话一定出现后继无力，因为钱毕竟不是意义和使命本身。

那些乐于探究真相，解决问题的创业者会越战越勇，那些得到用户价值回馈的创业者会自动加满使命。即使赚到钱，也得认真寻找钱后面到底是什么，会比较快乐。

（18）创业要抵御诱惑。创业是一场巨大的延迟满足，要努力抵御背离目标的当下满足。

如果时光倒流，十年中我最想探究的机会成本，就是想知道如果2014—2015年我没有在《时尚COSMO》做14个月主编，在那个时间窗口期，趁早创业的速度和方向会有什么不同。

当时我用临终法来观看人生体验的宽度，认为主编是个独特的体验，值得经历，但其实也有虚荣和好奇心参与了选择。这就是创业的最大成本：机会成本，因为世间没有如果。

（19）创业一定是To需求的，ToVC的都是投机分子，他们的口号是"离钱近"，他们追涨杀跌，听风就是雨，幻想干一票就跑，并永远在寻找下一票。

企业就是要赚钱，世代商贾都知道这是唯一真谛。融资是锦上添花，是扩大经营，是试错的粮草，但续命只是一时，命终归靠企业自己挣钱造血，这条命归根结底得是自己给的。

人和公司，都得"自个儿成全自个儿"。

（20）活着就是始终保持现金流为正，这是公司经营者的基本职责。

恶补财务基础，紧盯现金流表，量入为出，控制成本，至少提前一年做出最悲观的预测。

多数创业者都是"未来乐观主义者"，这是指战略而言，但是战术上，尤其在现金流管理上，一定要做"现实悲观主义者"，在阳光灿烂的时候修屋顶。

（21）现金流为正就是有能力持续造血，有收入源源不断地为自己续命。从第一天起，就要疯狂寻找客户。

你的种子用户群就是你的贵人，你公司的衣食父母，是他们告诉你产品的优缺点，建议你改良方向，帮你传播口碑，购买你不完美的产品的同时，还有耐心等你迭代。永远铭记他们，感谢他们。

在趁早文创业务里，我们把这部分客户叫做"有生之年"客户，承诺为他们终生寄送趁早每年的新品。

（22）好的创业公司＝高增长公司。从第一天起，要疯狂寻找你的主营业务，让这个业务成为现金牛业务，让你的产品成为品类中的黑马，能被人牢牢记住的爆款。

现金牛主营业务会成为一个创业公司第一波自信的来源，能在行业中撕开一个口子，深深扎根。有了稳健的主营业务，你就可以做新的财务规划，有胆量去尝试其他可能，钱就是你的胆量。

（23）正在尝试其中论证的业务是风险业务，要为其设立风险边界。

无论你尝试什么，都不要忘记继续让你的主营业务扎根，以稳固江湖地位。寻找到主营业务的公司，没有必要动不动就提Allin，因为你终于努力到第二阶段，不需要背水一战，不需要风萧萧兮易水寒。

作战最健康心理是进可攻退可守，保存实力，有回旋余地。

（24）在寻找主营业务和爆款产品的同时，要有非常强烈的知识产权保护意识，及早学习知识产权保护法，树立法律意识，规避法律风险，为你的产品注册域名和商标，信息产业类则要积极备案。

品牌是这个商业世界的最高形态，代表着信誉和质量保证，更是价值观和文化在用户心智上的烙印，要及早去为自己的品牌规范字体、字号、颜色和视觉使用手法，让你的品牌和产品在互联网和各处呈现统一和稳定的质感。

质感显得贵一些总没错。

（25）公司召开产品会要始终采用群策机制和创意优先机制，相信团队的审美和直觉。

趁早的经验是，在会议上团队认为惊喜和期待的产品，大概率会得到用户的惊喜和期待。

不要为了数量而容忍自己鱼目混珠，不要容忍自己泯然众人，永远相信和等待下一次惊喜的想法在会议室上空炸裂的感觉，珍视这感觉，迷恋这感觉。

（26）爱自己的产品，你不爱的产品，用户也根本不可能爱上，用户一定会感知到你的心血。

而你真正用了心血的产品，你也才会在构思和塑造中真的爱上。趁早文创诞生7年来，直到今天，我和团队还会情不自禁抚摸新品的封面和内页，都会抱在胸前甚至亲吻，持续迎接我们新生的孩子。

这感觉和我小时候画完一幅画的兴奋和幸福一模一样。只有这样，我们也才会发自内心地关心用户对产品的反馈。当看到用户表达也爱它时，也因为它改良了生活时，我们还会一次一次地感到欣慰和快乐。

（27）资本市场是双刃剑，是停不下来的红舞鞋。当你需要在小而美和搏大之间做出选择时，是一件好事，你会再次扪心自问，欲望，想象力，你会翻开遗愿清单，审视此生的意义。

我选择了融资的动机和意义强相关，我想要的不是长久的舒适，而是探索此生的限制在哪里。这个选择和任何人生转折点的重大转折一样，需要自己来做。

（28）一旦决定融资，除了准备BP，准备各种尽职调查材料，还要准备好心理建设。

好听些叫路演，其实也可以叫兜售，无论你多努力地兜售你那点儿能力和才华，依然可能惨遭修剪，屡屡碰壁。

但融资可以让你惊讶地发现这个世界有这么多标准，这么多看待价值的维度，你竟然有机会这么高密度地回答关于梦想和现实的诘问。

融资会让你的一个月像好几个月一样漫长，让你嗓子干哑，让你在自负和自卑之间来来回回。但你得挺住，你得为自己、团队和未来拢住那一口热气，寻找万千人中那一个或几个看好看懂和愿意赌你的人。

（29）如果你是创始人，那么做事的方法，思考问题的策略，定义什么是对，什么是好，什么做，什么不做，这些最基本的东西都是由你给出的，这就是企业的原始文化和价值观。

上行下效，强将无弱兵。如果是一个文化型公司，则创始人必须完成初步的哲学自洽，观点稳定，逻辑清楚，团队才有认知的基础，这些基础是干活的依据。

（30）如果你是一个完成了哲学自洽的创始人，是公司的精神领袖，你的公司又建立起了基础价值观和做事的基本原则，那这个公司的基础就比无数价值观混乱飘摇的公司强大得多。

或者说，你的起点，和世界上最伟大公司的起点已经相同了。伟大公司的最初都起源于强有力的精神领袖型创始人及其思辨系统，概莫能外。你需要做的是完善自己并升级系统，然后，在人海中一个一个找出你的团队。

（31）事在人为，人是一切，包括创始人和团队，人不行全不行，哪怕本来曾有过好机制好产品也一样。

团队准入和筛选机制要非常慎重，你要知道，力挽狂澜的是人，带来毁灭性打击的更是人。所有创始人却都要经历选错人的痛苦。好的团队是下场踢球，各怀绝技，指向一个胜利，有一个朝不同方向跑，都是在瓦解胜利。

无论生活还是工作，选人擦亮眼，选错早止损，这句说三遍，说十遍，说一百遍。

（32）你当然是孤独的，人皆孤独，创业会让孤独更具体。但孤独不是不花时间达成共识的借口。尽最大努力统一思想和坦诚沟通，无论团队多小和多大。

永远在团队行动之前，告诉大家背景资料，方案的依据，最科学的操作方式；永远在行动前允许大家争论和发问，在行动后带领大家复盘以改良行动，让组织的认知和行为不断进化。

（33）新人不会天然熟悉你的文化，只是具备理解文化的潜力。

你必须设计出一种机制，是培训，是组织学习，还是为新人安排教练都可以，但必须为传承做足准备，让下场踢球的球队对节奏和信号都心领神会。

当创业天长日久，样本量增大，你就能够设计出新人对文化适应度的测试机制，价值观认同永远是第一门槛，真正的认同一定会体现在做事原则中。

（34）文化型公司的最大价值就是文化，需要创始人本人就文化自信。

这个自信表现在对文化浓度的坚持，对标准的要求，可以做到9分的，不要做8分，更不姑且和放任到7分。

因为姑且和放任就是稀释和曲解的开始，再体现在产品，再传达到用户，继续递减到6分以下时，就是创业败相。在我，这里有血的教训。

（资料来源：百家号）

《《《《《 练习与思考

（1）在经营创业项目时，你认为最重要的有哪些？

（2）观看电影《中国合伙人》并写出观后感。

第九章　及时规避创业风险

感性导言（1G）：风险无时不在，无处不在

（背景音乐）

　　世界上没有100%安全的事，创业亦然。实体经济一直都是国家经济的命脉，而市场上7000万生意人则是这条命脉的毛细血管。但是，在产业升级和市场竞争白热化的双重压力下，产品同质化严重，行业冲击大，发展空间受阻。对资源有限的新创企业来说，风险则更高。然而，风险对创业者来说并非坏事。因为许多成功的机会就隐藏在风险背后，风险越大，成功的机会也就越大。既然如此，创业者要在市场中谋求生存发展，就必须树立全面的、清醒的风险意识，在经营活动中尽可能通过事先安排或主动干预，充分考虑企业的具体情况，以及经济性、可执行性和效率等因素，以最小的代价去最大限度地减少损失或其他消极影响，迎接紧随其后的成功。

　　本章通过大学生亲历的体验活动，帮助他们了解创业风险的种类，及创业不同阶段的风险清单的确定。通过本章的学习，帮助大学生学会识别、评估风险及设计解决方案。

职场箴言

　　有法度之制者，不可巧以诈伪，有权衡之称者，不可欺以轻重，有寻丈之数者，不可差以长短。

——《管子·明法》

　　创业中也曾迷茫过，也曾彷徨过，但最后凭着自己对这个行业的热爱坚持下来了。吃亏是福，从中可以吸取经验。

——汽车技术服务与营销专业2010届毕业生
昆山禾广丰汽车中介服务部法人顾广博

感人案例（2G）

案例一

仅存四个月的美容美发店

　　大学刚毕业的常军进了江淮汽车集团，成为市场营销策划的储备军，先从一名车间工人做

起，熟悉业务流程。当时，工作压力并不大，但每天都要工作十来个小时，常军觉得不开心。

在校期间常军曾经和朋友合伙开过花店，经营业绩也不错。此时的他再度涌起了创业的热情。于是，工作半年后他辞职了。

春节时，趁着全家人聚在一起，常军向家人们讲述了自己准备开一个美容美发店的创业策划。他坦言，自己并不喜欢这一行，美容美发店只是他构想里的一个过渡。他在策划案里写着，"赚到了第一桶金以后就会投资于其他行业，有资金投入的亲戚可以继续持股，享有分红。"

他的创业热情打动了长辈，长辈们也愿意给有激情的年轻人一个机会。于是，常军从亲戚那里筹到了开美容美发店所需要的资金——12万元。

"别人开店开一个，我读了大学，我能开十个！"腰里揣着钱的常军踌躇满志。春节刚过，他就和另外一个合伙人去了贵阳。之所以选择贵阳，是他感觉贵阳有市场，认为那里有品质的美容美发店很少。

来到了人生地不熟的贵阳后，他就给自己定下了两个月开业的目标。一切都是赶鸭子上架，仅选址、装修就将他折腾得够呛，"以前几乎什么都没做过，当时几乎什么都做过了。为了省下工钱，店里的墙都是我们自己刷的。"

5月，店铺如期开业。可是，客源却很少，他预想的"客流滚滚"始终没有出现。如此煎熬了半个多月后，他才发现自己犯了两个不可原谅的错误。一是选址错误，店面虽是在市中心地带，但是那个地区人流量并不是特别集中，而各项费用却很高，给后续的运营带来了沉重的负担。第二，居然到店面开张后才知道，美容美发的淡季主要在夏天，基本上从5月份开始就进入淡季了。

店面开支远远大于收入，并不丰厚的创业资金几乎弹尽粮绝，常军只能更加卖力。为了让第一次来的顾客成为回头客，他陪顾客买电脑，给顾客介绍客户，根据顾客需要延长营业时间……他的努力，也算是有了回报，经营收入一天比一天好转。

可是，问题也总是一个接着一个，团队之间的摩擦日益增多。

"我那时心太急，太浮躁，又拿捏不好轻重。什么事当说，什么不当说我也不知道。"常军说，自己一遇到挫折，比如当天客流量少、顾客不满意等问题，就变得很焦躁，容易对员工发火，不知不觉把负面情绪转移给了他们，也让员工心里产生了怨气。"刚创业的大学生，都没有什么管理经验。怎样去建立一个团队和培养一个良好的团队氛围，是我失败后经常会思考的事情。"常军说。

店铺的开销还是太大了，常军算了一下，就算完全步入正轨，也只是维持温饱而已，要想达到策划时预期的效果，完全不可能。

一个偶然的机会，他听说一所大专院校附近有一个美发店因老板有急事要转手，常军认为这是自己翻盘的好机会。那个学校光学生就有8000多人，如果8月份能盘下来，9月刚好开学，肯定赚钱。

当市中心店正处在风雨飘摇时，他又把精力完全投入到另外一个店铺。与老板洽谈，筹款，开始新一轮的四处奔波。正当事情就要一锤定音时，老板突然反悔了。而此时的市中心店，因为疏于管理，已全然不像样：员工懒散，处事马虎，待客不周到不热情，营业额下降到只比刚开业时好一点。

压垮常军的最后一根稻草是，有一天，他无意中看到镜子里的自己，眼神疲惫、胡子拉碴，完全看不到当初的激情和壮志，徒剩下无奈、疲惫和身心憔悴。那个晚上常军流泪了。第二天，他就着手盘掉店铺，开始重新写简历找工作。

有感而发

对于常军创业的失败，亲戚们怎么看呢？他舅舅说："他把每一步都设想得太好了，完全没有对意外情况的任何估计。年轻人刚出学校，有激情是好的。但是这个激情是刚性的，容易折断。"而从一开始就不赞成他创业的表哥说："我当初反对就是因为这个行业你根本不熟悉，那个地方你也不熟悉，你就要创业？如果贸然创业失败了，负债累累，对一个没有经济基础的年轻人来说，你以后的日子怎么过？"

常军也总结了自己创业失败的几点心得：第一，大学生创业一定要脚踏实地。看到创业成功的富豪榜，你可以想下一个可能是你，但不要想下一个一定是你。第二，适合的行业至关重要，如果进入一个完全陌生的技术性行业，你就可能处处受制于人。第三，要给自己留一些挫折的空间，初创业就满打满算那肯定失败。第四，资金和团队是关键。资金不充足时，一个紧密团结的团队更重要。你要从一开始就思考如何培养一个良好的团队氛围，时刻留心自己该说的话和该做的事情。第五，要及时关注国家政策。政府是鼓励和支持大学生创业的，在创业时国家是能够助大学生一臂之力的。所以，大学生创业者一定要多留心政府这方面的信息，了解政策，知道自己所能享有的优惠。切不可凭一己之力，心高气傲乃至一败涂地。

准备创业的大学生朋友们，常军自主创业失败的案例，警示我们创业胆大之余，还要心细，需要对创业微观环境和相关法律法规有细致把握。创业有风险，决不能简单鲁莽地决定。

叩心自问

（1）常军自主创业失败的主要原因有哪些？
（2）通过本案例的学习，你有哪些收获？

职场箴言

守法为官，一生平安；守法做人，清白本分；守法处事，达理明志；守法致富，根基稳固。

——田桑

作为大学生创业者，要始终保持积极向上的心态，学会主动争取政策的扶持，而不是被动接受政府的帮助，坚持下去，光明就在前方。

——工商企业管理专业2014届毕业生
萧县纵华光家电商城总经理纵华光

案例二

创业进行时
——记在校大学生祁敏杰创业案例

祁敏杰,1996年出生于江苏宿迁,是硅湖职业技术学院2017级文创学院室内设计专业的学生,在来硅湖之前就有过丰富的兼职经历。他从大一期间便开始了创业之旅,当时手上仅有1400元钱,借助微信,从贴手机膜开始,拓展到现在的线上二手电子产品交易。

回顾自己当时的创业项目,正是基于移动互联网时代信息流动快速、分享经济、电商蓬勃发展下消费观念的升级和商品更新换代的速度快,大多数人使用电子产品的更换频次就成了消费点。尤其是最近一两年,双11等购物节的流行,导致用户对闲置物品、冲动消费商品的处理需求逐渐旺盛,急需要得到合理的释放。对一些不能满足退货条件的闲置商品来说,二手交易自然成了普遍选择。据他调查,我国每年产生约3.7亿部废旧手机,过去五年到现在我国的废旧手机存量可达11亿台,当前我国废旧手机回收市场规模约为92亿元。由于交易产品高毛利、高频次、方便标准化的特点,是很容易找到盈利点的。

祁敏杰及其铺面

谈到创业风险,他认为找准定位最重要。据相关数据统计,20~35岁的白领群对闲置转手最有兴趣,此外,大学生群体也呈现上涨的趋势。在目标人群上面投放精力,迎合他们的喜好,等形成一定规模和成熟的模式以后再向更多人群扩展。术业有专攻,我们没办法做到面面俱到,要避免大而全,要把时间用来做更多的客户。

其次,抓服务质量,得人心者得天下。互联网时代是走流量的时代,因此他的生意也走的是薄利多销的路线。他说:"我贴膜贴的好又不要钱,可能下次客户就会找我买手机或卖手机了,再给朋友介绍,慢慢就有了量的积累,我这边一半的生意都是这样。若得不到客户的心,便没了根本。"

再次,慎选合伙人。找合作伙伴像娶媳妇一样,需要相互包容,厚德载物。对合伙协议要约定得细致明确,主动权才会掌握在自己手里。这个时代"不好意思"是最要不得的东西，脆弱的自尊心应蜕变为锁定目标的执行力。与优秀的人为伍，活到老学到老。并结合自己的经历，谈了以下几点要点：

（1）决策统一，确立领导力。不论你们是几个人创业，创业伙伴是你多么好的朋友，公司都需要一个绝对领导人，要么是你，要么是你的搭档。如果针对一个项目各自提出了不同的想法，各有各的道理，无法协调，最后采取了折中的办法，结果自然是一团糟。事实上，这样会导致团队执行力直线下降，严重损害公司正常运营秩序。

（2）个人利益服从团队利益，团队利益趋向创始团队。由于你是公司发起人，你的搭档是追随你而来的，你应该在公司创始阶段跟各位创始人讲明创始团队将来的利益分配问题，因为利益分配问题而导致搭档关系破裂的例子不在少数。如有可能的话，在利益分配上面尽量多为创始团队成员多考虑一点。

（3）力求创始团队的归属感。有时你的创业伙伴觉得是在帮你做事，其实是你的创业伙伴还没有产生归属感，他认为他在帮你，而不是你们一起努力奋斗自己的事业。你要想方设法地让创始团队产生团队归属感，让他们认定这是你们共同的事业，让大家都对共同的事业有信心，需要激发他们的内在原动力。若有搭档坚持不下去的情况会很影响创业团队的士气，创始人要做的是身体力行地给团队做表率，尽量让这位搭档愉快地离开，并继续给剩下的团队成员打气。

有感而发

一名优秀创业者的宝贵之处不仅在于懂得经营之道，还在于能够识别和规避创业所要面临的风险。创业本身风险巨大，一个人实现起来难度比较大，所以许多创业者都喜欢和别人合作共同创业。选择一个合适的创业伙伴是非常重要的。创业合伙人必须相互熟悉，相互信任，还要各有特长，合理分工，这是共同创业的基石。最重要的是要有一个明确的、获得大家认可的"带头人"，这是共同创业的关键。准确的"创业定位"，是成功创业的第一步。将目标客户群变得越窄，才能锁得越牢。其次还要以产品为中心，做好质的提升，并能灵活变通，应对市场风险。祁敏杰的创业经验告诉我们，要充分地调研自己的创业项目的技术门槛、市场客户渠道、同业竞争压力、财务是否可持续以及创业团队的组织治理方式等。

叩心自问

（1）大学生创业可能遇到哪些风险，你能总结归纳一下吗？
（2）通过本案例的学习，有何启示？

职场箴言

创业的路上，今天很残酷，明天更残酷，后天很美好，大部分人死在明天晚上，看不见后天的太阳。

——马云

这是一个充满了商机的时代，也是金钱至上的时代。有人在金钱面前，什么情啊，法啊，道德啊，统统都抛弃了。我觉得这样的思维是非常可怕的，大学生创业必须要依法而行。任何社会都不是绝对公平的,别去抱怨什么,审视自己,改变自己总是可以的吧。

——物流管理专业2011届毕业生
常州骏达汽配有限公司总经理黄俊

感动体验（3G）：创业风险自测

体验活动：

【活动目的】

（1）通过体验活动,使学生意识到新创企业不同阶段面临的不同风险。

（2）通过体验活动,促进学生对创业风险进行有效识别和管理。

【活动准备】

（1）《我的风险承担能力测评表》每人一份。

（2）《我的创业风险清单》每人一份。

（3）黑色水笔每人一支。

【活动过程】

（1）助教给每位学生发《我的风险承担能力测评表》（见表9-1）和《我的创业风险清单》各一份

（2）《我的风险承担能力测评表》：在下面两组题目中,找出最符合自己特征的描述,打"√"。

表9-1 我的风险承担能力测评表

A组		B组	
1. 你能接受赔钱吗？		1. 爸妈为你购买了疾病及养老保险了没有？	
2. 在压力之下,你仍然能够表现得很好吗？		2. 你父母或近亲中有经商的吗？	
3. 你对自己的决定是否有信心？		3. 一旦创业失败,丧失基本生活来源,你依然能体面生活吗？	
4. 在意外损失出现时你是否能控制自己的情绪？		4. 你需要归还较大数额的借款吗？	
5. 某大型公司邀你出任部门主管,薪金比现在高,但你对这个行业不了解,你愿意接受这个职务吗？		5. 你有其他渠道取得收入的能力吗？	
合计		合计	

统计后,若A组里有3个以上符合的,说明你是激进型而非保守的人；B组里若全部符合,说明你的风险承担能力是比较强的；但B组里若3个以上不符合,而A组中又是激进

型的人,则创业要格外多加小心。

(3) 每位同学在纸卡上写下本组创业框架表中你认为重要的 1~2 项基本内容,组长筛选掉重复的纸卡(标注上重复份额),教师帮助组长将纸卡分别归属在黑板上的项目、市场所需、组织所能、行业有容、财务持续 5 大类下。针对以上 5 大类创业内容,对应的 5 大类风险分别是指:项目风险指我们的项目在技术上实现不了,或做得了但钱不够;市场风险是指没有客户或渠道风险;行业风险是指行业价值链的定位,竞争所带来的风险;财务风险多指赔本赚吆喝,叫好不叫座;而体现我们核心竞争力的是我们对资源、能力的组织能力。

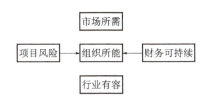

请同学们认真完成表《我的创业风险清单》。

我的创业风险清单

(1) 我们的项目风险:

我们的项目是否可行＿＿＿＿＿＿＿＿

我们的目标客户是否正确＿＿＿＿＿＿＿＿

我们的经验＿＿＿＿＿＿＿＿

(2) 我们的市场风险:

亟待解决问题经实证调研后是否为客户重要的问题＿＿＿＿＿＿＿

与现有的解决方案相比,我们能否帮助目标客户更便捷、更经济地解决问题＿＿＿＿＿＿＿＿＿

我们的定价策略是否科学＿＿＿＿＿＿＿＿

我们的产品服务能否吸引厂商,能否最终抵达最终消费者＿＿＿＿＿＿＿＿

我们的产品和服务涉及的知识产权战略是否考虑周全＿＿＿＿＿＿＿＿

(3) 我们的行业风险:

我们目标市场是否有广阔前景和环境趋势＿＿＿＿＿＿＿＿

我们未来 3 年的预期市场份额为＿＿＿＿＿＿＿＿

我们是否有竞争对手,我们的竞争优势是否持久＿＿＿＿＿＿＿＿

我们的退出策略有＿＿＿＿＿＿＿＿

(4) 我们的组织能力风险:

A:我个人的技能、经历、持久的关系有:

学位、专业证书＿＿＿＿＿＿＿＿

你收到的关于情商的评价＿＿＿＿＿＿＿＿

有益于创业的个人的经历＿＿＿＿＿＿＿＿

我在QQ、微信、校友会等社交平台的职场联系人有多少？_____

我的专家来源及咨询的问题：_____

关键同学与我的关系（正向/中立/负向）_____

我的支持者_____

B：我们的团队组织管理：

团队成员的个人背景及专长_____

我们的企业法律形态为_____

我们的组织治理结构为_____

（5）我的财务可持续风险：

我们想要的融资渠道是_____

资金的使用方式和预期会取得的巨大进展_____

为获取融资我们愿意付出的最大代价为_____

我们的收入结构_____

我们的成本结构_____

我们的财务报表_____

（A）当表格填好后，指导教师发布指令，各小组在组长的带领下进行交流活动：

（1）每个成员对自己的《我的风险承担能力测评表》进行较为全面的评价性表述，其他成员提出建议。

（2）小组成员交流各自的创业风险清单，总结共性风险及讨论如何规避，派代表发言。

感悟分享（4G）：应对风险的妙招

（背景音乐）

（1）指导教师体验活动感悟分享提示语（参考）：在市场的激烈竞争中，有些企业在竞争越战越勇，有些企业举步维艰，有些企业退市或转行。我们在使用计算机绘画时可能会用到"整合"工具，它可以把散的点线连为一个整体，上次课中的创业框架表就起到了整合的作用，让我们明晰创业的基本逻辑和具体内容。沿着这个基本逻辑和基本内容，创业的风险也潜伏在其中。如前所述，我们按创业内容的表现形式不同将风险分为项目风险、市场风险、行业风险、能力风险、财务风险。我们通过提前对这些潜在风险进行认知，可以提高创业者的风险感知能力，提前做好心理准备，思量应对风险的策略。风险应对的策略是：面对高危高频的风险，我们应该避免、抑制、转嫁；对于高危低频的风险，我们应侧重避免、抑制；对于低危高频的风险，我们应该避免、预防；对于低危低频的风险，我们可以风险自留。

①我有能力识别、评估和应对风险吗？

②你在本次活动中的感受是什么？

（2）小组分享：以小组为单位进行感悟分享。

（3）大组分享：由各小组推荐或自荐一名同学上台进行感悟分享。

职场箴言

在创业过程中,如果说压力,我认为选择什么不做是非常大的压力。因为在这过程中受到的诱惑太多了,每一个新的概念都可以做很大的东西。在商业上的策略不是决定做什么,而是决定不做什么。

——黄明明

随随便便不会成功,想要成功,必然付出更多,倾注所有。创业之根本,诚信与合作。

——汽车运用技术12届毕业生,昆山市周市美裕博汽车服务部法人曹雪亮

感奋践行(5G)

《《《《《 知识导航:及时规避创业风险

第一节　创业政策与法规

随着我国社会主义市场经济的发展,越来越多的人将会走上创业之路。依法创业是成功创业的根本。创业者要自觉地学习与企业经营有关的法律、法规,牢固树立起遵纪守法意识,以防范和避免在经营过程中出现与法律、法规相悖的做法。同时,要树立起自我保护意识,学会用法律武器保护企业的合法权益不受损害。本讲简单介绍在创业中常用的一些法律、法规和规章制度名称,供创业者参考。在实际创业中可借助专业服务机构来解决。

一、与企业创立相关的法律法规

我国对不同性质的出资人有明确的规定。按出资人承担责任的大小不同,可以有不同的企业法律形态。出资时,如果不是以货币资金出资,而是以实物、知识产权等无形资产或股权、债权等出资,还需要了解有关出资、资产评估等法规规定。这方面法律、法规最为常用:

(1)《中华人民共和国公司法》《公司登记管理条例》。
(2)《中华人民共和国合伙企业法》。
(3)《中华人民共和国个人独资企业法》。
(4)《中华人民共和国外资企业法》。
(5)《中华人民共和国中外合作经营企业法》。
(6)《中华人民共和国中外合资经营企业法》。

二、与企业运营相关的法律法规

(一)涉及企业纳税及其相关的财经制度

在经营中,应该首先了解企业需要缴纳哪些税,要熟悉国家对"发票"的管理要求。

这方面的主要法规有：

(1)《中华人民共和国税法》《税务登记管理办法》。

(2)《中华人民共和国票据法》。

(3)《中华人民共和国会计法》。

(4)《中华人民共和国证券法》。

税率直接影响到新创企业的出现。如果税率很高，创业者就只能保留所赚利润的一小部分，因而获得的潜在的收益就很少，以致不足以抵消创建新企业所带来的风险。

在个人独资企业、合伙企业和公司企业三种形式中，公司企业以有限责任和股份有限的形式出现，只承担有限责任，风险相对较小；个人独资企业和合伙企业由于要承担无限责任，风险较大。特别是个人独资企业还存在增值税一般纳税人认定等相关法规不易操作的现象，加大了企业风险。

在我国，对创业者而言，比较重要的税法有流转税法（增值税法和营业税法）和所得税法（个人所得税法和企业所得税法）。个人独资企业、合伙企业不适用企业所得税而适用个人所得税。创业者在选择创业所在地和企业形式时都应该考虑这些税收政策，充分运用合理的税收策略，实现税后利润最大化。

(二) 涉及企业用工及合同的相关法律、法规

企业要对外的所有市场活动都应依合同进行，此外企业内部聘用员工，也要了解涉及劳动法和社会保险的有关政策，包括劳动合同、试用期、服务期、商业秘密、竞业禁止、工伤、养老金、住房公积金、医疗保险、失业保险等诸多规定。重点有：

(1)《中华人民共和国劳动法》。

(2)《中华人民共和国劳动合同法》。

(3)《中华人民共和国合同法》。

(4)《中华人民共和国安全生产法》。

(三) 涉及有关企业运营管理的相关法律法规

(1)《中华人民共和国产品质量法》。

(2)《中华人民共和国反不正当竞争法》。

(3)《中华人民共和国广告法》（开展市场营销时用）。

(4) 消费者权益保护法。

(5) 招标投标法。应当了解的其他法律。

(四) 涉及企业知识产权的相关法律、法规

创业企业既不能侵犯别人的知识产权，又要建立自己的知识产权保护体系。

相关的法律有：

(1)《著作权法》；

(2)《商标法》；

(3)《专利法》；

(4)《民法通则》。

知识产权是指智力成果的创造人对所创造的智力成果和工商活动的行为人对所拥有的标记依法所享有的权利的总称。知识产权是创业者的重要资产，创业者往往缺乏对知识产权的了解而忽视了对其资产进行有效的保护，或者有意无意地侵犯了别人的知识产权，这对于创业企业都会造成严重影响。知识产权保护的法律形式有专利、商标、版权和商业秘密。

三、创业优惠扶持政策

（一）国家政策

2018年全国大学生创业政策简介：

（1）税收优惠政策。持就业失业登记证（注明"自主创业税收政策"或附着《高校毕业生自主创业证》）的高校毕业生在毕业年度内（指毕业所在自然年，即1月1日至12月31日）从事个体经营的，3年内按每户每年8000元为限额依次扣减其当年实际应缴纳的营业税、城市维护建设税、教育费附加和个人所得税。

（2）发挥小额担保贷款政策促进就业的积极作用。2018年大学生创业贷款政策是怎么规定的？

①大学毕业生在毕业后两年内自主创业，到创业实体所在地的工商部门办理营业执照，注册资金（本）在50万元以下的，允许分期到位，首期到位资金不低于注册资本的10%（出资额不低于3万元），1年内实缴注册资本追加到50%以上，余款可在3年内分期到位。

②大学毕业生新办咨询业、信息业、技术服务业的企业或经营单位，经税务部门批准，免征企业所得税两年；新办从事交通运输、邮电通讯的企业或经营单位，经税务部门批准，第一年免征企业所得税，第二年减半征收企业所得税；新办从事公用事业、商业、物资业、对外贸易业、旅游业、物流业、仓储业、居民服务业、饮食业、教育文化事业、卫生事业的企业或经营单位，经税务部门批准，免征企业所得税一年。从事微利项目的，可享受不超过10万元贷款额度的财政贴息扶持。

③各国有商业银行、股份制银行、城市商业银行和有条件的城市信用社要为自主创业的毕业生提供小额贷款，并简化程序，提供开户和结算便利，贷款额度在5万元左右。贷款期限最长为两年，到期确定需延长的，可申请延期一次。贷款利息按照中国人民银行公布的贷款利率确定，担保最高限额为担保基金的5倍，期限与贷款期限相同。

（3）进一步改进和完善"小额担保贷款＋信用社区建设＋创业培训"联动工作机制。有条件的地区要加大财政投入，积极引入风险投资资金，多渠道加大创业资金投入。

（4）高校毕业生自主创业的，免收有关行政事业性收费；毕业2年以内的普通高校毕业生从事个体经营（除国家限制的行业外）的，自其在工商部门首次注册登记之日起3年内，免收管理类、登记类和证照类等有关行政事业性收费。

（二）地方政策

2018年江苏省大学生优惠创业政策简介：

（1）持《就业失业登记证》（注明"自主创业税收政策"或附着《高校毕业生自主创业证》）的高校毕业生在毕业所在自然年（即1月1日至12月31日）从事个体经营的，3年内按每户每年8000元为限额依次扣减其当年实际应缴纳的营业税、城市维护建设税、教育费附加和个人所得税。

（2）对高校毕业生创办的小型微型企业，按规定落实好减半征收企业所得税、月销售额不超过2万元的暂免征收增值税和营业税等税收优惠政策。

（3）留学回国的高校毕业生自主创业，符合条件的，可享受现行高校毕业生创业扶持政策。

第二节 创业风险的种类

一、创业风险的来源

创业环境的不确定性，创业机会与创业企业的复杂性，创业者、创业团队与创业投资者的能力与实力的有限性，是创业风险的根本来源。研究表明，由于创业的过程往往是将某一构想或技术转化为具体的产品或服务的过程，在这一过程中，存在着几个基本的、相互联系的缺口，它们是上述不确定性、复杂性和有限性的主要来源。

（一）资金缺口

资金缺口存在于学术支持和商业支持之间，是研究基金和投资基金之间存在的断层。其中，研究基金通常来自个人、政府机构或公司研究机构，它既支持概念的创建，还支持概念可行性的最初证实；投资基金则将概念转化为有市场的产品原型（这种产品原型有令人满意的性能，的业务对其生产成本有足够的了解并且能够识别其是否有足够的市场）。创业者可以证明其构想的可行性，但往往没有足够的资金将其实现商品化，从而给创业带来一定的风险。通常，只有极少数基金愿意鼓励创业者跨越这个缺口，如富有的个人专门进行早期项目的风险投资，以及政府资助计划等。

（二）研究缺口

研究缺口主要存在于仅凭个人兴趣所做的研究判断和基于市场潜力的商业判断之间。当一个创业者最初证明一个特定的科学突破或技术突破可能成为商业产品基础时，他仅仅停留在自己满意的论证程度上。然而，这种程度的论证后来不可行了，在将预想的产品真正转化为商业化产品（大量生产的产品）的过程中，即具备有效的性能、低廉的成本和高质量的产品，在能从市场竞争中生存下来的过程中，需要大量复杂而且可能耗资巨大的研究工作（有时需要几年时间），从而形成创业风险。

（三）信息和信任缺口

信息和信任缺口存在于技术专家和管理者（投资者）之间。也就是说，在创业中，存在两种不同类型的人：一是技术专家；二是管理者（投资者）。这两种人接受不同的教育，对创业有不同的预期、信息来源和表达方式。技术专家知道哪些内容在科学上是有趣的，哪些内容在技术层上是可行的，哪些内容根本就是无法实现的。在失败类案例中，技术专家要承担的风险一般表现在学术上、声誉上受到影响，以及没有金钱上的回报。管理者（投资者）通常比较了解将新产品引进市场的程序，但当涉及具体项目的技术部分时，他们不得不相信技术专家，可以说管理者（投资者）是在拿别人的钱冒险。如果技术专家和管理者（投资者）不能充分信任对方，或者不能够进行有效的交流，那么这一缺口将会变得更深，带来更大的风险。

（四）资源缺口

资源与创业者之间的关系就如颜料和画笔与艺术家之间的关系。没有了颜料和画笔，艺术家即使有了构思也无从实现。创业也是如此。没有所需的资源，创业者将一筹莫展，创业也就无从谈起。在大多数情况下，创业者不一定也不可能拥有所需的全部资源，这就形成了资源缺口。如果创业者没有能力弥补相应的资源缺口，要么创业无法起步，要么在创业中受制于人。

（五）管理缺口

管理缺口是指创业者并不一定是出色的企业家，不一定具备出色的管理才能。进行创业活动主要有两种：一是创业者利用某一新技术进行创业，他可能是技术方面的专业人才，但却不一定具备专业的管理才能，从而形成管理缺口；二是创业者往往有某种"奇思妙想"，可能是新的商业点子，但在战略规划上不具备出色的才能，或不擅长管理具体的事务，从而形成管理缺口。

二、创业风险的分类

（1）按风险来源的主客观性划分，可分为主观创业风险和客观创业风险。主观创业风险，是指在创业阶段，由于创业者的身体与心理素质等主观方面的因素导致创业失败的可能性。客观创业风险，是指在创业阶段，由于客观因素导致创业失败的可能性，如市场的变动、政策的变化、竞争对手的出现、创业资金缺乏等。

（2）按创业风险的内容划分，可分为项目风险、市场风险、行业风险、组织风险和财务风险。项目风险，是指由于技术方面的因素及其变化的不确定性而导致创业失败的可能性。市场风险，是指由于市场情况的不确定性导致创业者或创业企业损失的可能性。行业风险，是指由于宏观经济环境发生大幅波动或调整而使创业者或创业投资者蒙受损失的风险。组织风险，是指企业高级经营管理人才、组织结构以及生产管理等能否适应创业的快速增长生产风险。财务风险，是指随债务、租赁和优先股筹资在企业资本结构中所占比重的提高，企业可能存在丧失偿债能力的风险和股东收益的可变性风险。

（3）按风险对所投入资金即创业投资的影响程度划分，可分为安全性风险、收益性风险和流动性风险。创业投资的投资方包括专业投资者与投入自身财产的创业者。安全性风险，是指从创业投资的安全性角度来看，不但预期实际收益有损失的可能，而且专业投资者与创业者自身投入的其他财产也可能蒙受损失，即投资方财产的安全存在危险。收益性风险，是指创业投资的投资方的资本和其他财产不会蒙受损失，但预期实际收益有损失的可能性。流动性风险，是指投资方的资本、其他财产以及预期实际收益不会蒙受损失，但资金有可能不能按期转移或支付，造成资金运营的停滞，使投资方蒙受损失的可能性。

（4）按创业过程划分，可分为机会的识别与评估风险、准备与撰写创业计划风险、确定并获取创业资源风险和新创企业管理风险。创业活动须经历一定的过程，一般而言，可将创业过程分为四个阶段：识别与评估机会；准备与撰写创业计划；确定并获取创业资源；新创企业管理。机会的识别与评估风险，指在机会的识别与评估过程中，由于各种主客观因素，如信息获取量不足，把握不准确或推理偏误等使创业一开始就面临方向错误的风险。另外，机会风险的存在，即由于创业而放弃了原有的职业所面临的机会成本风险，也是该阶段存在的风险之一。准备与撰写创业计划风险，指创业计划的准备与撰写过程带来的风险。创业计划往往是创业投资者决定是否投资的依据，

因此创业计划是否合适将对具体的创业产生影响。创业计划制定过程中各种不确定性因素与制定者自身能力的限制，也会给创业活动带来风险。确定并获取资源风险，指由于存在资源缺口，无法获得所需的关键资源，或即使可获得，但获得的成本较高，从而给创业活动带来一定风险。新创企业管理风险，主要包括管理方式，企业文化的选取与创建，发展战略的制定、组织、技术、营销等各方面的管理中存在的风险。

（5）按创业与市场和技术的关系划分，可分为改良型风险、杠杆型风险、跨越型风险和激进型风险。改良型风险，是指利用现有的市场、现有的技术进行创业所存在的风险。这种创业风险最低，经济回报有限，即风险虽低，但要想生存和发展，获取较高的经济回报也比较困难，一方面会遭遇已有市场竞争者的排斥或进入壁垒的限制，另一方面即便进入，想要占有一定的市场份额非常困难。杠杆型风险，是指利用新的市场、现有的技术进行创业存在的风险。该风险稍高，对一个全球性公司来说，这种风险往往是地理上的，常见于挖掘未开辟的市场，如彩电行业，利用原有技术进入农村市场。跨越型风险，是指利用现有市场、新的技术进行创业存在的风险。该风险稍高，主要体现在创新技术的应用方面，往往反映了技术的替代，是一种较常见的情况，常见于企业的二次创业，领先者可获得一定的竞争优势，但模仿者很快就会跟上。激进型风险，是指利用新的市场、新的技术进行创业存在的风险。该风险最大，如果市场很大，可能会带来巨大的机会，对于第一个行动者而言，其优势在于竞争风险较低，但是知识产权保护力度很弱，市场需求不确定，确定产品性能有很大的风险。

第三节　创业风险的化解

创业有风险，从商须谨慎。市场经济条件下，创业总是有风险的，不敢承担风险，就难以求得发展。关键是创业者要树立风险意识，在经营活动中尽可能预防风险，降低风险、规避风险。

一、预防创业风险"八字诀"：分析、评估、预防、转嫁

（1）学会分析风险。创业者对每一经营环节都要学会分析风险，做什么都不能满打满

算，要留有余地，对可能出现的风险要有明确的认识和克服的预案。

（2）善于评估风险。通过分析，预测风险会带来的负面影响。例如，投资一旦失误，可能造成多大损失；投资款万一到期无法收回，可能造成多大经济损失；贷款一旦无法收回，会产生多少影响；资金周转出现不良，对正常经营会造成哪些影响……

（3）积极预防风险。例如，对投资方案进行评估，对市场进行周密调查，制定科学的资金使用政策等。一旦某个环节出了问题，要有采取补救措施的预案，尽可能减少负面影响。同时，还要加强管理，建立健全企业各种规章制度，特别是合同管理、财务管理、知识产权保护等；在平时的业务交往中要认真签订、审查各类合同，加强对合同履行过程中的监督。

（4）设法转嫁风险。风险不可避免，但可以转嫁。例如财产投保，就是转嫁投资意外事故风险；购商品是转嫁筹资风险；以租赁代替购买设备是转嫁投资风险。创业也是如此，个人独资承担无限责任，但几个人共同投资，就能分散风险。

二、创业不同发展阶段的风险应对

一般分为种子期、起步期、成长期、成熟期等阶段。各个阶段由于创业企业面临的外部发展环境和内部资源状况的差异，带来各个阶段创业企业各不相同的风险类型和特点。具体来说：

（1）种子期创业企业：处于这一阶段的创业企业面临的最大风险是资金风险和技术风险。资金就如同种子发芽需要的水分一样，缺少了它种子就不可能发芽。由于种子期是创业企业诞生的第一步，要成长为参天大树，需要经历无数的风雨，因此成功的概率很低，关注的资金也非常有限。资金风险普遍是种子期创业企业的"命门"。还有技术风险。由于种子期创业企业的研发工作处于概念设计阶段，因此技术的可行性几乎无法判别和确定，所以处于该阶段的创业企业即使获得了少量的风险资金支持，也往往会因为技术问题而颗粒无收。

（2）起步期创业企业：资金风险依然是最大的风险。技术风险有所降低，但市场风险在初步显现和加大。起步期创业企业由于产品研发进入到需要进行中试和小批量的生产阶段，因此资金的需要量会急剧增加，但是由于市场的不确定性风险依然居高不下，这使得许多资金往往处于观望等待而不愿投入，因此融资依旧非常困难。在此阶段技术研发由概念和小试逐步走向中试甚至小批量试制，因此技术的研发风险和生产风险在逐步释放；但与此同时，随着产品样品的市场试用，产品不断接受市场的检验和反馈，于是潜在市场的风险不断显现。

（3）成长期创业企业：该阶段创业企业面临的最大风险是管理风险。步入成长期后，企业的发展在迅速地开拓，这个阶段的企业，技术风险逐步消除，市场风险也变得很小，许多风险投资基金也开始一改往日的态度，变得非常主动，竞相投资。但是该阶段由于管理的幅度在不断加大，人员在急剧增加，生产规模在不断加大，资金规模在不断加大，市场区域在不断拓展等等，这些因素都在迅速增加管理的难度。如何控制成本，如何保障质量，如何管理渠道，如何树立品牌……管理的风险变得最大。

（4）成熟期创业企业：成熟期的创业企业最大的风险是保守而不思创新发展的风险和产业多元化的风险。成熟期创业企业因为取得的成绩而不思进取，往往导致企业市场的萎缩而逐渐失去竞争力。另一个风险则是盲目的产业多元化，由于已经取得的成绩往往使企业领导者认为无所不能，不断地拓展不相关的行业导致资金链断裂而破产。

三、创业企业各阶段的风险解决方案

（一）财务风险解决方案

种子期创业企业资金风险解决方案分五步：第一步是制定一份完善的商业计划书。第二步是要筛选融资渠道和融资目标对象。融资渠道和融资目标对象的筛选以亲戚朋友、尤其是熟悉该行业的亲戚朋友或从事相关行业投资的企业或风险投资机构为主，避免漫天撒网，效率低下。第三步是洽谈交流。在第二步的基础上，拜访有兴趣的投资者，交流和介绍企业发展的长远规划、愿景和具体的发展策略。第四步：路演。在第三步的基础上，选择合适的时间和地点，向已有较大兴趣的投资者或投资机构进行现场路演。第五步：签约。起步期创业企业的融资步骤与种子期创业企业融资步骤基本相同。但由于其技术研发已经初见端倪，技术研发的信心大大增强而风险明显降低，因此在商务计划书中要充分展示技术研发的成效和进一步成功研发的信心。当然在后续各个步骤如交流、洽谈、路演过程中，这一方面依然是最需要不断强调的内容，以增强投资者的信心。

成长期和成熟期创业企业的资金风险已不是主要风险，而是逐步转变为财务管理风险。这两个阶段需要建立和完善创业企业财务管理制度，加强财务管理，包括现金流控制和管理、成本控制和管理、预决算控制和管理等。

（二）项目技术风险解决方案

由于技术风险主要集中在种子期和起步期创业企业，因此下面主要介绍这两个阶段的技术风险解决方案。

种子期创业企业技术风险的解决重点：重视技术方案设计的论证。技术方案是整个技术研发工作的起点，合理的技术方案论证要特别注意以下几个原则：要从市场的需求出发避免从技术而技术的观点；要从前人的研究基础出发，避免埋头拉车不抬头看路的做法；要从现实工艺状况出发，避免设计上先进而工艺上不可行，光顾设计一头的片面设计观；要从已有制造设备的状况出，发避免设备投入的急剧增加。其次，要重视技术合作。种子期创业企业各方面力量较为薄弱，需要运用出让少量股权或出让一部分劳动或其他的一些方法与外部的资源进行联合，降低研发的成本，减少研发支出。

起步期创业企业技术风险的重点环节是研发的新产品由中试到批量生产之间的技术风险。由中试到批量生产之间，存在较大的批量生产方面的系列技术问题，如生产线设计问题、批量生产工艺流程问题等等。风险解决的方案是采用分期投入、分期建设的方式，通过由小到大、由简到繁的方式逐步积累经验，推进批量生产计划。

（三）市场风险解决方案

创业企业市场风险在种子期阶段主要处于潜伏期，因此无所谓风险解决可言；而成长期和成熟期的市场风险已基本得以释放，只有起步期的市场风险在由潜伏而逐渐显现，如何化

解这一风险呢？首先要主动开展试用调研。将小试的样品尽可能多地寻找合适的目标客户进行试用，通过客户考核产品的功能性指标和非功能性指标，收集客户对这些功能性指标和非功能性指标的具体反馈意见和建议，以及关于产品价格和服务方面的相关意见和建议。其次，在开展现场试用调研同时，开展小型市场研讨会。邀请行业协会、政府主管部门的相关领导和专家进行咨询，探讨市场准入、市场定价、市场竞争策略等方面内容，听取专家意见和建议。最后，在前面两项工作的基础上，重新进行产品的技术改进，并进一步建立企业市场风险应对策略和运行机制。

（四）组织管理风险解决方案

组织风险集中于成长期爆发，这一风险解决方案的核心是紧缺骨干人才队伍的开拓建设和培养。此处的开拓建设是指贯彻"良将一名，胜似千军"的理念。通过用事业和重金双管齐下的方式，引进同行业相关企业骨干，充实到管理一线指挥作战。而培养，主要指通过提拔自身企业内优秀员工，大胆使用，帮助和鼓励他们尽快成长。由于是处于快速成长阶段，不可避免存在经验的欠缺甚至没有经验可言，因此风险企业在核心岗位人员配置时建议采用"AB岗"的方式。所谓"AB岗"是指类似"书记＋厂长"和"政委＋司令"的方式，这样的方式，充分发挥"相互帮助、相互协调、相互监督、责任共担"的团结协作的长处，可以增强核心岗位决策和执行当中的正确性，避免风险的发生。另外，要建立创业企业风险责任机制。创业企业风险责任机制是根据创业企业的风险控制规划和实施方案，确定相应的责任主体，做到风险管理工作各有其主，各司其职，各负其责。同时要建立和不断完善风险控制目标体系和风险报告制度。创业企业内部各风险管理运作主体要严格按照既定目标要求和具体标准从事相应的监控和管理。风险责任管理机制是有效控制风险的前提和保障。参照美国创业企业风险管理的组织设计，可以建立项目分析调查部门、投融资决策委员会、投资执行部门、风险控制委员会、审计监察部门等；以内部严密的组织分置来控制风险。

创业企业由于其固有的特点使得长期面临巨大的风险，但是只要企业领导人具有防微杜渐、居安思危的意识，并脚踏实地地建立和完善风险应对方案，就能临危而不惧，不断防范和化解各个阶段各种不同类型的风险，最终实现创业企业"迎'风'而上，破浪前行"。

《《《《《 扩展阅读

创业者必须注意的四点常识

俞敏洪

一、没有商业头脑，迟早要被玩死

任何理想和梦想都是建立在现实的不堪之上。

创业就像结婚，你首先要面对的是与恋爱时期不同的感情变化，那就是你结婚的对象有可能是一个不堪的男人或女人，而且你还要跟他/她过一辈子。这时才是梦想的开始，所以不能忍受现实的不堪，就很难谈梦想和情怀。

比如在教育培训领域，如今高科技侵入，各种各样新的模式出现，使中国教育出现新的沃土。资本开始对教育大量投资，行业里有太多竞争对手，身处其中的创业者必须砥砺前行，忍受不堪。

创业必须明白的一件事就是，任何不以挣钱为目的的创业都是要流氓。

现在很多年轻的创业者找我要投资，知道我喜欢谈情怀，上来就跟我谈情怀，说这件事多么有社会意义。我确实是喜欢谈情怀的人，创业者也可以跟我谈情怀，但想不通怎么挣钱就意味着你没有商业头脑，如果以这种状态进入商业领域，迟早是要被玩死的。

创业者还没为社会做贡献就谈情怀，是没有任何用处的。创业者需要实实在在想一下自己的商业模式，找到认可你商业模式的人，找到愿意投资你的人，让自己先活下去，这是首先要考虑的事。

而现在有些创业者拿了投资人的钱，一个礼拜后先将办公室扩大三倍。我问这是干什么呢，他说为吸引更多的投资人。还没有解决活下去的问题，你就想先解决面子问题，这样的公司我是不会投的。

创业者对商业要有深刻的理解。比如很多人冲进教育行业，想用互联网思维颠覆传统教育，但如果对教育的本质不理解，互联网颠覆传统教育的思路就是片面的，只有两者结合才能产生教育领域的新模式。这也是冲进教育领域的投资人突然发现这个领域原来也不好玩的原因。

有一本书叫《灰犀牛》，讲的是表面看上去危机好像不是冲自己来的，等到危机来到眼前的时候你想避开也来不及了。现在新东方对大数据和人工智能教学的投入将近10亿人民币，依然有点跟不上时代，但我们还得继续尝试做这件事，所以我每天都如履薄冰。

二、谁最终负责，谁说话算数

我知道有一家估值十几亿的公司，因为几个创始人打架快把公司打没了。

一个创业公司有内部纠纷很正常，新东方就是几个合伙人打架打出来的，但面对重大的矛盾我从来没有失去过主导权，因为大家知道如果俞敏洪走了，新东方就完蛋了。无论怎么打，俞敏洪都要留下来好好干活，给大家赚钱，这是大家共同遵守的底线。

所以，如果非要争个你死我活，宁可把公司弄没了也要把对方弄死，这就很麻烦了。估值十几亿的公司最后打没了，这是多大的仇恨呢？

避免这种情况出现的唯一办法就是一开始要有个主导者，遇到有争议的问题，最终由主导者说了算。我们不能学项羽一个人打天下，要学刘邦，他和团队中的韩信、张良也打架，但刘邦是绝对处于主导地位的。

在新东方我个性随和，但是在团队里威望是非常高的，不听我话的人请离开，否则没法主导公司发展，也没法对公司的最后结局负责任。我跟团队成员说得很直接，你们谁敢给公司负责任？负最终的责任？如果最终责任必须我来负，那最终就是我说话算数。必须有这样强势的主导者，公司才会长久。

三、有无远见，决定企业的高度

企业的生生死死是一个常态，在生死中不断大浪淘沙，最后淘出来的是最伟大的企业。

成功与失败之间，最关键的区别就是创始人有无远见。

创始人的基因某种程度上决定了企业的内涵和文化。"远见"是企业发展的要素中创始人需要具备的素质。世界上成功的企业，其创始人无一不是具备梦想和远见的。不管是马云还是乔布斯，或者其他伟大的企业家，都是很有远见的。

比如任正非，当所有的人都在倒卖外国技术的时候，他居然把自己赚的第一笔钱全部投到研发中去，到最后弹尽粮绝，终于收获了研发成果。当时中国不用他的产品，他就跑到南斯拉夫做成了第一单，起步就已经奠定了华为成为世界公司的基础。

任正非之所以敢于走出去，是因为他是学语言出身的，很早就学了三门外语，企业家的才能跟企业发展是有密切关系的。我也是学外语的，马云也是，所以说我们学外语的还是很有远见的。

一个人的远见和企业的远见都不是一蹴而就的，而是随着自己能力的提升不断延伸的过程。我本人就是从一个没有任何远见的农民，成长为了中国教育界有一定远见的企业家和教育工作者。描述个人事业时，不一定非要用"远见"这个词来形容，也可以说是"梦想"或"志向"。

我之所以一门心思连续考三年大学，绝对不是有"远见"地看到我未来能做成中国最大的教育集团，而是因为我知道，如果考上大学，我的生命之路就会从此不同。从这个意义上来说，"梦想"就是"远见"的一部分。

但光有远见也是不行的，还需要努力。人会有智商、家庭背景、长相上的差别，但是只要有一种东西出现了，就会使你在社会上层层进步，那就是努力。努力不是一味傻做，一头猪吃得再多，最后也只能被宰掉；努力也不是用蛮力，而是要用智慧。

四、游戏心态，输了再来

很多人把创业搞得太严肃。每个礼拜，堵在新东方大楼和洪泰基金门口的创业者不在少数，很多人精神紧张，这是非常危险的信号，因为他们没有放松的心态。

阿里巴巴是马云的第五个公司，前四个都失败了。当年他拉着十八罗汉宣布做阿里巴巴的时候，很多人并不情愿掏钱入股。但马云很放松，他坚信阿里巴巴必然会成为世界级的大公司，而且他有输了可以再来的心态。

创业者要搞清楚，激情跟钻牛角尖是两个不同的概念，缺少输了再来的心态是不行的。不要祈求创业一次成功，一次成功通常做不到，做到的话也只是个小公司。我就是创业一次成功的，新东方现在市值100多亿美元，而阿里巴巴现在市值5000多亿美元。所以创业者不用怕第一次创业不成功，虽然失败过，但是后面赢得更多。

（资料来源：搜狐网）

《《《《《 练习与思考

(1) 收集2个以上创业失败案例，并总结失败的教训。

(2) 尝试看懂企业的3个基本财务报表。

参 考 资 料

1. 人力资源社会保障部关于公布国家职业资格目录的通知. 中华人民共和国人力资源和社会保障部. 2017-09-12 [引用日期2018-04-30].
2. 重磅！国家职业资格目录公布. 中华人民共和国中央人民政府. 2017-09-17 [引用日期2018-04-30].
3. 我国已基本完成职业资格清理工作. 中国经济网. 2016-02-09 [引用日期2016-02-09].
4. 人事部办公厅关于专业技术资格证书发放问题的通知. 中国人事考试网. 1994-09-10 [引用日期2015-01-22].
5. 人事部关于印发《职业资格证书制度暂行办法》的通知. 中国人事考试网. 1995-01-17.
6. 人力资源和社会保障部人事考试中心简介. 中国人事考试网. 2011-11-11 [引用日期2015-01-22].
7. 人社部：无法律依据职业资格许可明年全部取消. 人民网 [引用日期2014-08-31].
8. 国务院取消11项职业资格许可考证热能否降温待观察. 新华网 [引用日期2014-09-01].
9. 内地取消67项职业资格许可和认定事项. 凤凰网 [引用日期2014-11-25].
10. 取消职业资格认定如何保障从业者质量？人社部回应. 网易新闻. 2015-11-25 [引用日期2016-11-26].